江澤民逼習近平反目成仇

王淨文、季達

前言

　　自從 2012 年 2 月 6 日重慶市公安局長王立軍出逃美國領事館以後，一場政治風暴席捲官場。若按官官相護的中共官場常態，假如沒有江派故意布署的血案與暗殺反撲，這場多米諾骨牌的傾倒不會這麼快地衝擊到中國腐敗之頂：江澤民與曾慶紅。這應了那句話「落水者，越掙扎越下沉；落馬者，越反撲越滅亡。」

　　2006 年黃海刺殺案，逼得胡錦濤不得不起而與江澤民博鬥；2012 年 2 月的重慶「共和國第一警長」王立軍逃進美領館案，令薄熙來這個「明日政壇新星」身陷秦城；3 月的北京槍聲，撞出了周永康的政變陰謀；6 月的湖南「六四鐵漢」李旺陽被自殺，迫使習近平撂挑子；2013 年 10 月，天安門汽車自殺式衝撞金水橋，轟動海內外；12 月，周永康的警衛祕書招供了北戴河暗殺習近平的經過，為周自己挖好了墳墓。

　　2014 年兩會召開前的 3 月 1 日，昆明爆發血案，凶手不是新疆人而是武警，順藤摸瓜，前軍委副主席徐才厚被抓；4 月 30 日，習近平幸虧沒在新疆吃最後的晚餐，躲過了曾慶紅借刀殺人的暗算。於是，曾慶紅被查。

　　2014 年 12 月 13 日，藉南京公祭，北京眾軍頭宣誓絕對效忠習，習則在南京宣布要與反人類罪決戰。聲稱個人生死「無所謂了」，江則叫囂要干政，「到死也不停下」，一場跨世紀的大決戰就這樣在人們眼前拉開了帷幕……

目錄

第一章

黃海血案 江澤民暗殺
逼胡錦濤反擊

中共前總書記胡錦濤在任期內，江曾集團曾三次刺胡未遂。
2014 年底，大陸媒體罕見曝光「胡錦濤黃海遇刺」細節。
2006 年 5 月胡錦濤在黃海視察北海艦隊所遭遇的炮擊暗殺，
拉開了「江胡鬥」生死搏擊的序幕。

江澤民屢次暗殺胡錦濤未遂，僅為人所知的就有三次。第三次是
2009 年 4 月 23 日暗殺行動再次失敗後的海上閱兵活動上，江的親
信郭伯雄在胡身旁行軍禮時手瑟瑟發抖。（新紀元合成圖）

第一節

胡錦濤隱忍江澤民 10 年

　　胡錦濤執政 10 年，可以說是「政令不出中南海」的 10 年，因為那時的中國還存在「另一個中央」，就是由周永康、李長春、賈慶林等江澤民的親信占多數席位的政治局常委會。徐才厚、郭伯雄等人在中共軍隊也公開把江澤民這個「軍委首長」的建議，放在胡錦濤這個「軍委主席」的命令之上。比如 2008 年汶川地震時，江澤民不下令調動軍隊，胡錦濤一天幾個電話也無法調動軍隊，結果等 10 萬士兵到災區時，已經是黃金救援時間之後的第三天了。

　　很多人把胡錦濤比喻成「小媳婦」，而垂簾聽政的「江太后」一直把持著中共政權，故而胡溫 10 年可以說是一事無成。不少學者評價胡錦濤「太謹慎、太保守」，與江澤民「強烈的表現慾相比，差異實在太大」。連外國人都覺察到了胡錦濤的謹言慎行，說看不透他在想什麼，「Who is Hu? 只有那張不見老的臉和式樣很好的一頭烏髮經常露面。」

從 1992 年被鄧小平看中之後，到 2012 年退休，20 年來胡錦濤一直生活在江澤民的陰影中。

誰也沒有想到，在 2012 年 11 月 15 日的中共 18 大會議上，胡錦濤突然宣布全退，以「捨身炸碉堡」的方式，逼迫江澤民停止干擾習近平執政。人們不禁要問，2009 年之前，胡錦濤對江澤民隱忍了至少 17 年，為何在最後 3 年要對江澤民發起反攻，民間還產生出一個新名詞「江胡鬥」，來形容兩人之間的生死搏殺。按照胡錦濤的性格，再忍三年就平安退休了，何必要惹那些麻煩呢？

掌握中共政局問題核心，以此為前提來回顧胡錦濤的仕途，胡被逼無奈、忍無可忍，最終與江澤民展開「江胡鬥」的歷程，也就清晰可辨。

命運安排了胡錦濤的仕途

1942 年 12 月 21 日，胡錦濤出生在江蘇泰州市，祖籍安徽績溪，父親是茶商，母親在他 7 歲時就病逝了。幼年喪母給胡的性格帶來很大影響。他從小就很聽話、溫和，喜歡讀書。16 歲時考上中國最好的理工大學：清華大學。畢業後到了甘肅。1974 年，因得到甘肅省委書記宋平的賞識，32 歲的胡錦濤開始步入仕途。文革期間，胡錦濤的父親胡增珏由於出身不好，被指責為「貪污分子」，並受到批鬥，死於 1978 年，終年 59 歲。

1982 年 9 月胡錦濤到北京，進入中共中央黨校司局級升副部級學員班，在這裡他遇到了胡耀邦的長子胡德平，當時任中國歷史博物館副館長的胡德平，也在中央黨校青幹班學習，兩人因志趣相投成為知心朋友。一天晚上，胡德平帶著同學胡錦濤來到了家裡，拜訪時任中共中央總書記的胡耀邦。大胡和小胡的第一次談話就相當融洽。以後胡錦濤又去了胡家幾次，與胡耀邦一家的關係自然也就密切起來。

不過，2013 年 11 月，在《胡耀邦兒子胡德平揭胡錦濤升遷的祕密》一文中，胡德平說：「我沒有帶著錦濤同志去見我父親。我是要澄清這一點。很多外國記者，尤其是日本記者很喜歡問我這個問題，但是我做澄清後他們都不登出我的觀點。2008 年，我去日本訪問，《產經新聞》記者又問我這個問題。我說，你要是問我這事，我們能不能達成一筆交易，如果我說了真話你一定得登。他說可以。我就告訴他，沒有這回事，我當時沒有去黨校，也沒有在 20 世紀 80 年代初和錦濤同志一起學習過。真實情況就是這樣的。錦濤同志的進步不是憑我們的個人關係，也不是憑親朋好友提拔上來的。」

網上傳說宋平是胡錦濤的伯樂，不過著名中共黨史專家李銳（1917 年 4 月～）也對胡錦濤早期的仕途起到了幫助作用。李銳參加過「一二九學生運動」，1958 年任水電部副部長，曾是毛澤東臨時指定的「通訊祕書」。他和黃萬里一樣，堅決反對江澤民建三峽工程，1980 年代初著有《論三峽工程》一書，多次上書中共高層，稱將來三峽工程完工，庫尾洪水位劇升，必然要為重慶「準備後事」。

因在團中央受排擠，1985 年胡錦濤被外調到貴州，任 3 年省委書記後，1988 年又被調到西藏當第一書記。1992 年因為高原反應，他回到北京治病，這時正趕上鄧小平南巡回來，準備要拿下不改革的江澤民。

1980 年 2 月，鄧小平在中共 11 屆 5 中全會上講話，要求中共中央委員會大量選拔 50 歲以下的官員。兩年後，在 1982 年的 12 大，年僅 39 歲的胡錦濤成為中央候補委員，自此開始了他的中共接班人之路。3 個月後，胡錦濤從甘肅進京，任共青團中央書記處書記，後升任第一書記。

1985 年下半年，鄧小平再次表示，中共當時的兩個主要任務是經濟改革和官員年輕化。鄧還將官員年輕化的重要性擺在經濟改革的前面。胡錦濤在團中央幹滿 3 年後，1985 年起下到地方，擔任貴州省委書記。1989 年前後，西藏局勢出現變動，鄧小平點名胡錦濤任西藏自治區黨委書記。

在西藏，胡錦濤用強硬的手法，很快平息了局面，給鄧小平留下深刻印象。1992 年胡錦濤回京病休期間，宋平再次向鄧小平推薦胡錦濤，這時正為隔代接班人發愁的鄧小平，一下就選定了胡錦濤。結果胡錦濤當下就留在北京。

1992 年，鄧小平在南巡談話中聲稱中共領導層的選擇標準：革命化、年輕化、知識化、專業化。胡錦濤在當年的中共 14 大上順利成為政治局常委。1997 年 3 月，胡錦濤陪伴鄧小平「走完最後一程」，與鄧妻卓琳一起將鄧的骨灰撒向黃海。

江澤民被兩度警告下台

1989 年「六四」後，踏著學生的血登上中共最高權力座位的江澤民，在國內掀起了一場所謂「社會主義教育、反和平演變」的極左運動，對於改革，江澤民陽奉陰違，竭力阻撓。

眼看自己搞的改革進行不下去，鄧小平多次給江澤民敲警鐘，江都不聽。最後，鄧小平學毛澤東，搞了個南巡。1992 年 1 月 17 日到 2 月 21 日，時年 88 歲的鄧小平到深圳等地巡視。南巡期間，鄧小平要湖北省委書記關廣富和省長郭樹言給江澤民帶話：「誰反對 13 大路線，誰就下台」；而且發表南巡講話，向江澤民發出最後通牒：「誰不改革，誰下台」。

同時，鄧小平讓楊尚昆、萬里負責籌備 1992 年底的中共 14 大「人事班子」，擬定包括總書記在內的新班子名單。除了鄧的密友、時任國家主席、軍委第一副主席的楊尚昆陪伴鄧南巡之外，鄧在這次巡視活動中，還單獨會見了喬石、劉華清、葉選平、朱鎔基、楊白冰等人。當時鄧小平想要喬石撤掉江澤民，但陳雲、薄一波等人在接受江澤民賄賂後，一再阻止鄧小平換掉江澤民，說：事不過三，不能一而再、再而三地撤換總書記。江澤民才被留下。

鄧小平曾在南巡前後多次派人和趙紫陽聯絡，想再次任用趙紫陽，但前提是趙紫陽得承認錯誤。在南巡途中，鄧小平一再提起趙紫陽，說趙紫陽主管經濟工作的那 5 年對「加速發展功勞不小」，但趙紫陽堅持同情「六四」學生和反對武力鎮壓，自己沒錯，不改初衷。不願承認自己「六四」殺人罪行的鄧小平，最後放棄趙紫陽，另外找人。

1992 年 10 月，在中共 14 大上，江澤民在軍方及楊尚昆兄弟、喬石、萬里、田紀雲等人的強大壓力下，被迫接受了鄧小平的「改革路線」。鄧小平雖然沒有撤換江澤民，但已經對江非常不滿，於是鄧打破慣例，為江澤民安排了接班人：胡錦濤。

有意思的是，1992 年，鄧小平警告江澤民，「誰不改革誰下台」。等到了 22 年後的 2014 年 8 月 18 日，習近平在深改組第四次會議上講話，強調要進行改革。8 月 19 日大陸官媒發表社評，借用鄧小平的話，再次向阻擋習近平改革的江澤民派系的人馬發出警告，有人甚至說，現在不是下台的問題了，而是「誰不改革，誰下獄」的問題了。

1997 年鄧小平去世後，江澤民更加獨裁殘暴，大權獨攬，並對鄧生前指定的隔代接班人胡錦濤處處設障，胡在危機四伏中熬到了 2002 年中共 16 大換屆。未料想，江指使心腹親信、中共中央軍委第一副主席張萬年為首的 23 名上將、中將等軍隊高級將領，突然聯名向大會主席團提出要求江連任下屆中央軍委主席的「特別動議」。面對突如其來的「宮廷政變」，胡被迫表態，江系「逼宮」終於達到留任江繼續掌控軍權的目的。不僅如此，江還為自己準備了隔代接班人：上海市委書記陳良宇，並要在 2007 年 17 大上進一步架空胡，為陳鋪路。

據海外中文媒體報導，胡在此政治局勢下，胡命令計劃聯合掌握中紀委的何勇，在 17 大前絕地反擊，以貪腐懲治了江的隔代接班人陳良宇，江系大傷元氣。當時，上海是陳良宇的「獨立王國」，胡無法從中共組織系統正面調查，於是借助經濟案件，派出大量可靠人員祕密進入上海，深入基層暗中查訪。令計劃與中紀委何勇則是這項計畫的祕密指揮人。

當時被揭露有周正毅案、劉金寶案和上海社保基金案，通過對上海三案的調查取證，獲得陳的大量犯罪事實。2006 年 7 月，胡以社保案作為發力點，江面對確鑿證據，只得棄陳自保。

江澤民三次暗殺胡錦濤

據海外媒體披露，胡錦濤上任中共總書記期間，至少遭遇了三次暗殺，其中包括 2007 年 10 月 2 日，上海世界夏季特殊奧運會期間。圖為胡錦濤出席該開幕式。（AFP）

　　對於權慾薰心的江澤民、曾慶紅而言，只要胡錦濤在位多活一天，對他們的威脅就增加一天。於是，從一開始，江澤民就想盡辦法要除掉胡錦濤。江隨時盯著胡，一旦胡出一點差錯，江就會藉機興師問罪，把胡廢掉。這也是胡錦濤一直小心翼翼，不敢出一點差錯的主要原因。

　　眼看捉不到胡錦濤的把柄，江澤民開始動用特務手法、甚至不惜搞暗殺，以謀取自己的絕對權威。胡錦濤被江澤民暗殺過多次，光外界知道的就至少有三次。

　　2013 年 4 月港媒報導，3 月中共人大會議召開前夕，胡錦濤即將退休之際，曾兩次行使中共國家主席職權簽署主席令，解封了 5 項列作「保密、防擴散」的檔案，以致中共黨政軍要員曾多次遇武裝攻擊、襲擊和暗殺的部分內幕被曝光。

據說胡錦濤簽署的有關解封「武裝攻擊」檔案中，從 1949 年 10 月至 1982 年 12 月的 33 年間，武裝暴力攻擊、襲擊中共黨政軍、機關部門（營地）事件發生 3447 宗（件）。襲擊和暗殺中共黨政軍、要員致其死亡的包括：省部軍一級 35 人，地廳師一級 216 人，縣（局）團一級 1645 人。

其中武裝暴力攻擊、襲擊和暗殺未遂的有：針對毛澤東：35 宗、劉少奇：12 宗、周恩來：17 宗、朱德：9 宗、林彪：8 宗、鄧小平：11 宗、宋慶齡：4 宗、華國鋒：3 宗、胡耀邦：2 宗、萬里：2 宗、楊尚昆：3 宗等。主要發生在他們出巡視察訪問、出席大型集會和公開場合、乘坐車輛行駛途中、下榻招待所或賓館內等期間。

胡錦濤卸任前解密多起針對中共黨魁及要員的武裝攻擊，最能讓人聯想到的是他自身曾經歷的多次謀殺。

2006 年江澤民搞的黃海暗殺

第一次是 2006 年 5 月 10 日左右的黃海砲擊，由於軍委主席的視察是保密的，精確日期外界還不知曉。

2006 年 5 月初的一天，已經當了 3 年「中共最高領導人」的胡錦濤，正以軍委主席的身分在黃海視察北海艦隊。胡錦濤很高興自己終於從江澤民手中獲得遲到兩年的軍權。

那天蔚藍色的大海上風平浪靜，胡正興致勃勃地乘坐在一艘導彈驅逐艦上巡視黃海，突然兩艘中共軍艦同時向胡的驅逐艦開火，幾聲巨響後，竟然打死了驅逐艦上 5 名海軍士兵！

　　驅逐艦上的官兵做夢也想不到有人竟敢在光天化日之下謀殺胡錦濤。因擔心還有後續的攻擊，驅逐艦在驚慌失措下立即轉頭，急速逃離北海艦隊的演習海域，直到進入安全海域才放慢了速度。

　　為避免再遭暗殺，胡換乘艦上的直升機飛回青島基地，未敢做任何停留馬上起飛。不過不是飛回北京，而是直飛雲南。胡錦濤在雲南待了一個星期後，才回北京露面。

　　事後調查發現，攻擊胡錦濤的命令是時任海軍司令員張定發下達的，而張定發是江澤民在軍中的鐵桿親信。事發後幾個月，張定發突然病死在北京醫院。

　　胡錦濤這次險遭暗殺事件首先由香港媒體披露。張定發死後沒有弔唁，沒有悼詞，官方媒體也沒有發布其死訊。只有中共軍隊小報《人民海軍報》刊出個 33 字的簡訊：「中央軍委委員、海軍原司令張定發同志，因病於 12 月 14 日在北京逝世，享年 63 歲。」

　　這個簡單得不能再簡單的履歷旁，甚至連黑白遺照都沒有，讓外界感覺驚訝。假如沒出事，以中共慣例，一個中共海軍司令兼中共中央委員、中央軍委委員、上將軍銜的人，能這樣悄然無聲的消失嗎？不過也有人稱胡錦濤還算厚道，沒有按謀殺罪治他。

　　砲擊發生後，為何令計劃要胡錦濤飛到雲南，而不去青島呢？

　　根據青島市委公開的大事記記載，「2006 年 5 月 6 日，江澤民視察青島奧帆中心建設情況。山東省委書記、省人大常委會主任張高麗，省委副書記、省長韓寓群，及青島市領導夏耕、張澤忠、臧愛民等陪同視察。」也就是說，在下令張定發暗殺胡錦濤時，為了萬無一失，江澤民還親自到青島坐鎮，布署暗殺行動，同時按照江澤民的戲子特性，他也想用高倍望遠鏡，現場觀看胡錦濤是如何被炸碎的。

哪知天意不隨人。這幾發砲彈就像長了眼睛一樣，就是不往胡錦濤身上去，結果把旁邊的士兵炸死了5個，也沒炸死胡錦濤。可以想像，沒準胡錦濤嚇得臉色蒼白，兩腿發抖。

當時胡錦濤不能回青島，一回去就會遭到江澤民、張高麗等凶手不顧一切的謀殺；也不能回北京，因為狗急跳牆，這時回北京，江澤民等人還會追殺，急迫中會再度鋌而走險。關鍵在於那時的北京也沒有完全掌控在胡錦濤手裡，江派大員劉淇還是北京市委書記、北京的一把手，而且劉淇還是北京奧運的負責人，實權在握。更不能去上海，雖然上海離得近，但那裡是江澤民的老巢，去那等於上門送死；也不能去東北，因為瀋陽軍區等地方也不在胡錦濤的控制之下，遼寧是徐才厚的老家，徐才厚是江澤民的鐵桿心腹；不能去甘肅，雖然那裡是胡錦濤官場發源地，但路途遙遠，而且蘭州軍區也不是胡的地盤。想來想去，到哪去逃生呢？

可憐胡錦濤，一個中共最高黨魁，此時卻找不到一個安身之地。被逼到這番地步的胡錦濤，這時才痛下決心：江蛤蟆！你不讓我活，我對你也不客氣了！

按照令計劃的建議，胡錦濤來到了雲南。雲南山多，地勢複雜，森林茂密，胡錦濤躲在那裡，即便江澤民要派飛機來追殺胡的難度也會很大，關鍵一點是，雲南省軍區的人都是胡錦濤當軍委主席時提拔起來的，對胡很忠心。於是，胡錦濤乘坐專機，直接飛往雲南。

2012年3月8日，官方雲南網發表了一篇文章叫《胡錦濤情繫雲南5次來滇考察》，奇怪的是，文章講述的都是2009年以前的事，好像把2009年的文章拿出來重新發表了一次。文章中引用胡錦濤的話說，「我到中央工作後，曾於 1993 年、1999 年和 2002 年三次來過雲南。」胡錦濤第四次到雲南就是和令計劃躲避暗殺的 2006 年 5 月 11 日至 15 日 6 天；第五次是 2009 年 7 月 25 日至 28 日因姚安地震胡前往災區看望。

文章說，「2006 年 5 月 11 日至 15 日，胡錦濤一行，先後來到西雙版納、思茅、昆明等地。」

由此推算，江澤民 5 月 6 日到青島，很可能胡錦濤是 5 月 9 日或 10 日去北海艦隊視察，遭砲擊後，胡逃亡雲南，5 月 11 日，胡錦濤趕緊聯絡團派的各路人馬，暗中布陣，等 12 日發現風平浪靜、暗殺只是一個局部行動，而沒有大規模的軍事政變之後，胡錦濤才鬆了一口氣，於是才在 12 日出現在民眾面前。不過地點不是昆明，而是景洪市基諾山鄉。

為什麼到景洪呢？景洪處在中國與緬甸的邊境線邊，這說明當時胡錦濤、令計劃把最壞的可能性都考慮了：假如江澤民這次暗殺把全國軍方都調動起來了，那胡錦濤就馬上逃到國外，像達賴喇嘛那樣建立流亡政府，或像晉國公子重耳那樣浪跡天涯。

這次暗殺經歷給了胡錦濤很大的觸動和壓力，這也是外界認為胡錦濤開始緊抓軍權的根本原因。此前，胡錦濤一直對江澤民的強權霸道採用隱忍態度，不和江去爭，江說什麼，胡基本上都是順從。在胡眼裡，自己任滿兩屆就退休，他不想和殘暴凶狠的江澤民爭來爭去的。這也是胡錦濤和溫家寶的不同之處。

漢獻帝轉生的傳聞

民間傳說，胡錦濤是漢獻帝（181 年～ 234 年 4 月 21 日）轉生。

漢獻帝名劉協，在位 31 年，是東漢最後一個皇帝。他 9 歲時就被董卓挾持當了皇帝，後被曹操控制，連自己的皇后都保不了。皇后被曹操滿門抄斬時，獻帝答曰：「我亦不知命在何時」。曹操死後，39 歲的獻帝把皇位傳給了曹丕，而獻帝活到 54 歲死去。

當然，胡錦濤不是漢獻帝，民間故事只是猜測胡錦濤性格陰柔那一面的來源。不過真實情況是，雖然胡錦濤 2002 年當上了軍委副主席，2004 年當上了軍委主席，但在 2007 年之前，胡錦濤能夠提拔的只有少將，而中將、上將的審批權都握在江澤民手中，江通過徐才厚、郭伯雄把持軍隊十多年。

2006 年 5 月的黃海暗殺是一個分界線。一連退讓的胡錦濤終於認識到，在與江澤民決鬥方面，他沒有任何退路：不推倒江澤民，胡錦濤自己就性命難保。於是這才有了後來令計劃查處陳良宇、重創上海幫的事。

胡錦濤回到北京後，第一件事就是在 2006 年 8 月份免除了張定發的海軍司令員職務，由吳勝利接任。第二件事則是胡錦濤由此開始「盤算」北京軍區的大權。胡錦濤選擇從最重要的北京衛戍區司令員和政委著手。第三件事就是如何布局 17 大，擊敗江派。

2006 年 1 月，原北京軍區參謀長、江澤民的親信邱金凱升任北京軍區副司令員兼北京衛戍區司令員，並晉升中將，還兼任中共北京市委常委。但是在 2007 年 2 月，當時還不是少將，且缺少地方軍區工作經驗的李少軍突然接替了邱金凱的衛戍區司令職務。而當時衛戍區政委董吉順是在衛戍區一級級升上來的，哪一級都有「關係戶」，突然被調任總政治部直屬工作部去當政委。

北京衛戍區擔負北京的警衛和守備。北京衛戍區屬北京軍區建制，受北京軍區和中共北京市委、市政府的雙重管轄。雖然當時衛戍區的司令員和政委都「改姓了胡」，但是畢竟北京軍區的司令和北京市委書記劉淇都不是「自己人」。所以，2007 年，胡錦濤又用自己的心腹房峰輝換下了原北京軍區司令員朱啟。

下榻上海西郊賓館 胡險些被炸

胡錦濤第二次被暗殺是發生在 2007 年 10 月 2 日，上海世界夏季特殊奧運會在上海開幕，胡錦濤出席開幕式。港媒披露，這次又發生了江對胡的未遂暗殺。

當時保衛部門在胡錦濤下榻的上海西郊賓館地下車庫內，發現食品專用車的司機坐墊下藏有 2.5 公斤裝有定時器的烈性炸藥。上海灘是江的老巢，從刺殺動機來看，係江澤民死黨所為。對於這次暗殺未遂事件，透露出來的資料很有限。

人們發現，胡錦濤很少去上海，據說原因之一就是聽不懂上海話。傳陳良宇掌權上海時，胡錦濤與溫家寶少往上海視察，就因市委常委開會時全是上海話，聽不懂。上海幫之所以這樣猖狂，故意不說普通話，就是要給胡溫難堪。

此前的報導稱，時任總理溫家寶曾經在政治局會議上遭到陳良宇的攻擊。當時江澤民勢力強盛，上海地方大員也能欺凌溫家寶，直到 2006 年陳良宇被胡錦濤拿下後此局面才結束。

雖然胡錦濤很長時間不去上海，但等到江澤民勢力大衰後的 2013 年 7 月底，中共北戴河會議前夕，中共 7 常委以及一直待在上海的江澤民都聚集北戴河時，網上傳出胡錦濤輕鬆出現在上海的照片，當時胡錦濤戴墨鏡、穿休閒裝遊覽，顯得格外輕鬆。這也暗示在 2013 年北戴河會議上，江澤民已被控制。

青島閱兵 胡差點被謀殺

第三次是 2009 年 4 月 23 日，中共海軍史上規模最大的多國海上閱兵活動在青島海域舉行，來自 29 個國家的海軍代表團、14 國海軍 21 艘艦艇匯聚黃海。胡錦濤理所當然要參加。自上次黃海遇刺後，胡對軍隊的關注和人員的提拔都要親自過問，對於軍隊的異動也早加以防範。

在閱兵開始前，胡得到密報：江澤民的人馬準備在 23 日早上 9 點開始閱兵時、在 14 國海軍艦艇的面前，將胡擊斃，搞個震驚世界的「黃海謀殺案」。

然而胡突然改變計畫，先會見了 29 國海軍代表團團長，同時派軍中心腹將企圖謀殺的海軍艦艇官兵制服。12 時左右，在一切穩妥後，胡身著西裝開始了閱兵。儘管平安無事，但他無法壓抑自己的憤怒。當日大家看到，胡錦濤在出席海上閱兵活動、招手致意時，他臉上每塊肌肉都繃得緊緊的，而旁邊站著的軍委第一副主席、江的親信郭伯雄行軍禮時，手在瑟瑟發抖。

又一場震驚世界的暗殺血案沒有發生，但江胡生死決鬥的血腥和慘烈，也令胡錦濤背水一戰的決心更加堅定，以至於最後胡錦濤上演了一場「捨身炸碉堡」，令外界甚感震驚。

在講述江胡鬥之前，我們先從一些故事中看看胡錦濤的家庭私生活以及他青年時代的戀愛史。

第三節

胡錦濤的家庭私生活

清華時代的胡錦濤祕聞

2006 年 8 月 23 日，《大紀元》報導了《張孟業談胡錦濤和劉永清的大學往事》。當時以聯合國難民身分在泰國避難的法輪功學員、原廣東省電力工業學校高級講師張孟業，回憶了他與清華大學同班同學胡錦濤和劉永清夫婦的交往過程，講述了他遭受的牢獄之災，並寄望於胡錦濤能以中華民族前途為重，堅守良知道義。下面是張孟業講述的內容。

胡錦濤的大學同班好友張孟業因為修煉法輪功，被江澤民點名關進監獄。張孟業 2006 年 9 月流亡泰國時，喪生在一場離奇的車禍中。（大紀元）

「舞劇表演」

我和胡錦濤、還有他的夫人劉永清在清華大學同窗了六、七年。1959年「大躍進」快結束時，我們一起考入了清華大學水利工程系河川樞紐與水電站建築專業。水利系在清華屬於冷門小系，我們年級不足150人，分5個班，我們三人分在了同一班（水55班）。

剛入校時，水利系搞了台迎新晚會，高年級同學要求我們新生出兩個節目。我們同學出身貧寒的也不少。我來自廣東梅縣農村，胡錦濤是江蘇泰州人，劉永清是四川重慶人。

那時我們有些膽怯，只有一個女生表示可以表演一個獨唱，第二個節目眼看就要難產了，突然不知誰指著我說：「小廣東，你身材不錯，一定會跳舞。」

我身高1.65米，但腰板比較直，長得比較精神。於是大家跟著起鬨，非要我表演個舞蹈。我不怎麼會跳舞，也沒登台表演過。正當我不知所措，很為難時，就聽身高約1.75米的胡錦濤說話了：「張孟業，沒關係，大家推選你跳舞，你就答應下來吧。」

「可是……」沒等我解釋完，胡錦濤就很有信心的說：「我可以幫你編一台舞蹈，咱們再找幾個同學一起演，肯定行。」

於是我們找來6個同學，胡錦濤擔任舞劇總編，不但負責動作的設計，音樂的選取，還手把手的教我們。幾天後在迎新晚會上，我們短小精悍的舞劇受到熱烈歡迎。

令我印象最深的是，胡錦濤雖然親自編導組織了這台節目，但他把功勞全記在我的名下，他讓我主舞，他當配角。胡錦濤在泰州中學時就擅長舞蹈，後來他進了清華大學文工團，最後還當上了文工團的政治輔導員。

　　從這小事上就可看出胡錦濤做人的風格，他從不出風頭，為人很謙遜。後來我們曾分在同一個寢室一起學習生活過，在清華園裡度過了人生中最難忘的六、七年青春時光。

拉力實驗

　　1999 年「7・20」江澤民公開下令打壓法輪功後，為盡量減少損失，我整理家裡的東西，無意中翻出了一份實驗報告，那是大學二年級做材料力學的拉伸試驗，在實驗報告的最後是實驗人簽名，我一看，上面還有胡錦濤和我的親筆簽名，還有馮秉衡、許寶玉與黃明華。

　　同時我還找出了四年級時我們全班照的那張 24 人合影，當時胡錦濤很瘦，看照片的人都認不出誰是胡錦濤。可惜的是，這些照片都留在我廣州的家裡了。當地公安把我家貼上了封條，我們誰也沒法進去拿了。

　　當時我們在清華的學制為 6 年，說是本科文憑，實際上是按研究生的要求來培養的，學習壓力很大。我讀到四年級後，身體一直很不好，消化力很差，吃什麼拉什麼，身體吸收不了營養，最後導致肝臟出了問題。也不是肝炎，就是人很瘦，吃不好飯，睡不好覺，精力很差。等到大學 5 年半上完所有課程後，我實在支撐不住了，回家休學了一年，66 年才回來繼續實習和畢業的。

品學兼優

　　胡錦濤也是 66 年才畢業的，他門門功課都是最好成績 A。在我的記憶中，我們全年級中門門 A 的似乎只有兩人，胡錦濤就是其中一個。

　　由於成績優秀，後來他被抽調到學校文工團擔任專職政治輔導員，於是他延後了半年才大學畢業。

　　在我印象中，那時的胡錦濤性格內向，不太愛說話，辦事很小心謹慎，但思維也很活潑，接受新生事物的理解能力和分析能力都很強。他對人很平和厚道，從沒跟人吵個什麼或爭個什麼，人緣很好，是誰見了都喜歡的那種人。

　　記得 1979 年我去南京時，遇到大學的同學，她談起胡錦濤就讚口不絕。那時胡錦濤跟劉永清結婚後，在甘肅水利部第四工程局工作，好像擔任的是施工隊黨總支書記。

　　據說胡錦濤在單位上上下下反映他都很好。他當時相當於處級幹部，他跟下面的工人和科長等手下相處得很好，有問題他總是耐心解釋，對同級的中層幹部他也很會處事。凡是託他辦的事，他都辦得很認真，辦完後總會給人（包括一般的工人）一個答覆。工程局的領導也喜歡他踏實肯幹的作風，一句話，他很會做人。

同學姻緣

　　上二年級後胡錦濤似乎就搬到文工團宿舍去住了，那時清華很重視文工團，有好幾百人，經常搞演出，胡錦濤作為骨幹，後來又成了全校文工團的團總支書記，一天到晚很忙。

　　我身體不好，與同學間交往不多。但有一段時間我擔任過副團支書，劉永清是團組織委員，我們五個人的團支委經常在一起開會，所以我與劉永清彼此很熟悉。

　　劉永清是那種比較典型的四川姑娘，個頭不高，長得小巧玲瓏，人很開朗活潑，說話很快，像連珠炮似的。同學們都笑稱她「小不點」，她為人很好，大學 6 年一直擔任團組織委員，大家都很喜歡她。

當時學校裡是不允許談戀愛的，他們可能是高年級後期才開始的。胡錦濤人長得不錯，成績又好，性格脾氣也溫和，加上能歌善舞，又在文工團裡負責，追求他的姑娘，可想而知是不會少的。我不知道他倆是怎樣談戀愛的。不管怎麼說，我這把年齡的人可能都覺得，婚姻是命運的安排，其實一切都是有安排的。

1965 年劉永清畢業後分到甘肅，1966 年胡錦濤畢業後也到了甘肅，他倆好像是 1970 年結婚的，有一兒一女。我畢業回到廣州後，我們很少聯繫，直到 30 年後我們才又見上一面。

人生命運

一次寢室同學聊天，曾談論到誰今後可能會當大官時，記得許寶玉、黃明華都說我具有官相，可同學曹金堂（後改名叫曹磊）說：「我看胡錦濤最有官樣，你瞧他走路的姿勢，邁個八字腳，四平八穩的。」

曹金堂預言準了，可惜的是，由於肝硬化，他在 94 年就去世了。曹金堂擔任河南鄭州市委書記時，幹得很好，趙紫陽很賞識，要提拔他當河南省副省長，可由於肝病及其他原因未能如願。

我也是肝病的受害者。我在廣州工作時，領導也曾把我作為廣東省電力局局長的候選人來培養，但由於我患有嚴重的肝炎、肝硬化，這些事都沒成，這是後話。上了年紀的人回頭看看人生，其實很多事都是命運的安排。

記得我們班上當年那些很積極，表現很突出的人，幾十年過去後，人們的預測和期待都沒能成為現實。在當時，胡錦濤給人的印象並不是太左，他對人辦事比較有人情味，處事也顯得平和、中庸、厚道，不是那種激進式人物。

出人意料的小廣東

我們畢業後第一次見面是 30 年後的 1995 年 4 月，歷經了反右和文化大革命等 30 多年的風風雨雨，昔日的青年在臨近花甲之年再度相會在母校，世事的變遷，人世的變化，讓人很是感慨。

我們當年近 150 位同學中，大約已有十多位離開了人世。那次聚會是在清華大學水利系，許多同學都攜配偶參加的集會，胡錦濤夫婦也來了。當大家看到我這個當年被病痛折磨得休學一年的老病號，紅光滿面、精神十足的活著時，大家都感到十分意外。

在那次聚會中，劉永清也很感慨我這個小廣東的變化，於是我夫人送給了她一本《轉法輪》，聽說後來她也煉法輪功了。

不久又有了一場更大範圍的聚會，那是 1999 年 4 月 24 日，在北京水利電力科學院的禮堂，慶祝清華大學水利系 59 級入學 40 周年。會上胡錦濤表示：「不是我胡錦濤有多大本事，是歷史把我推上了這個位子。」

那天下午我也站起來發了言。當大家看到我這個因疾病而「仕途不順」的學友，現在紅光滿面、神采奕奕的站在那，都被震撼了，都為我奇蹟般的康復感到高興。

我向分別 35 年的同學們講述了我修煉法輪功的神奇經歷。畢業後我身體一直不好，後來得了肝炎，並導致嚴重肝硬化。十幾年來我頻頻住院，天天吃藥，成了單位出了名的「藥罐子」。

從 1984 年開始，我先後學了十幾種氣功，但始終沒有解決根本問題。最權威的醫生說，「肝硬化是治不好的。注意營養休息，加上用藥得當，使它不發展，或發展緩慢，就已經謝天謝地了。」

正當我快絕望時，1994 年 7 月，我有幸遇到了法輪功，再沒有用任何藥物，包括任何補藥的情況下，經過 8 個月的認真修煉，我的肝病徹底根治了。

我發言結束時，坐在第一排的劉永清帶頭鼓掌，並特地轉過身向我夫人羅慕欒致意。當時在場的同學們都很激動，大家熱烈鼓掌，會場上充滿了由衷的喜悅，我夫人被感動得哭了。

我當時沒講的是，為了去聽李洪志老師在 1994 年 7 月 19 日在廣州舉辦的第四期法輪功學習班，我先後買的兩張票都被人偷了。當時票很難買到，第一次我託華南理工大學的黃老師幫我買了一張票，票價 50 元。在回家的公共汽車上，我的票和 200 元隨身帶的錢被小偷偷走了。

後來黃老師向總站作證，他們免費給我補了一張，可回來在飯店吃飯時，我的法輪功學習班入場券又被人偷了，兜裡的 200 元錢也沒了。但冥冥之中我認定我應該去聽這個報告，於是我又託人去買票，第三次買票後我終於如願以償的學習了法輪功。看來人要得正法多不容易啊。

九死一生

可是不久就到了 1999 年的「7・20」，江澤民下令打壓法輪功。7 月 22 日後，我被廣州公安兩次非法拘留。11 月我和夫人去北京上訪，被抓回廣州。2000 年初，江澤民到廣東視察後，批評廣州鎮壓法輪功不得力，於是我成了廣東省第一個被抓去勞教的法輪功學員，那年我快 60 了。

在廣州第一勞教所，警察要我放棄修煉法輪功，就用長時間的勞動來折磨我，並曾被雙手銬抱大樹三天三夜，當時寒冬臘月的，又凍又累，放下來時，手銬已深深勒入我的肉中了。

就這樣過了兩年，勞教期滿後因拒絕放棄信仰，我又被延期釋放。於是我被迫開始絕食，我共絕食了 47 天。在後來的 28 天裡，我連水也不喝了。等 2002 年 2 月 10 日我出來時，我已是骨瘦如柴，體重不到 70 斤。

神奇的是，儘管遭受這樣的迫害，我不僅老命沒有丟掉，連肝病也沒因此而復發。顯而易見，我如果不是修煉法輪功的話，就算我張孟業有 3 條命，也早已丟在勞教所裡了。

幾個月後，我與老伴又被綁架到廣州黃埔的所謂「法制教育學校」，人稱洗腦班，非法關押了半年多才被放出來。在那裡，我遭受了多種酷刑迫害，最殘忍的是，「610」的人把我用繩子緊緊捆綁起來，然後把人倒提起來，把我的頭按到裝滿髒水的廁所馬桶裡，等我快窒息時才拉起來，反復這樣一上一下的折磨我，搞的我欲生不能，求死不得。

2004 年底，廣州天河區「610」企圖再次綁架我，未遂之後，我們被形影不離的監控、盯梢、威脅，2005 年底，我們被迫逃出國門，來到泰國尋求聯合國難民庇護。

老友勸善

這些年遭迫害以來，我先後多次給胡錦濤夫婦寫信，早在 1999 年 10 月我就寫了《我對法輪功的了解和認識》，全文 17 頁紙一萬多字，託人轉交給劉永清，也不知道她收到沒有。

我寫信的目的，一是以普通公民的身分向國家領導反映實際情況，二也是以朋友同學的身分，勸胡錦濤夫婦做好人生的選擇。

「真善忍」是上蒼賜予我們每個人的精神財富，也是神靈給我們設定的做人標準。反對「真善忍」天理的，只有那些邪魔、爛鬼。它們詆譭神、佛的惡行，必然導致下無生之門的可悲結局。

人世間的榮華富貴都只能是過眼煙雲，貪圖眼前利益，因軟弱膽怯而迷失了人的本性，那才是生命永遠的痛悔。我想藉此勸兩位老同學，以第三者的身分靜下心來讀讀《九評共產黨》，看看《賜字胡錦濤》、《令人震撼的預言－最後的祕詩》、《唐子：誰是天滅中共將淘汰的人？》善惡一念，生死其間。

其實邪惡不可怕，我在勞教所、洗腦班遭受了那麼多常人無法想像，也無法承受的折磨，但我走過來了，正如高智晟律師所說，神與我們並肩作戰。自古以來邪不壓正，只要我們堅守道義良知，蒼天就會保佑我們。

祝天下所有人都能在正邪大戰中擺放好自己的位置。「天滅中共，退黨保平安」，這絕不一句口號，也不是人的戲言，那是神定的規範，是未來生命的選擇標準。

赴美之前 張孟業離奇身亡

就在《大紀元》這篇採訪發表一周後，2006 年 9 月 1 日早晨 5 點多，在泰國政治避難的張孟業，在去公園煉功的路上被一輛貨車撞倒，3 天後在一私人醫院離奇去世。

車禍發生的第一天，醫生說問題不大，但三天後醫院稱張因脾臟破裂和腦震盪而死亡。在這之前的兩周，張孟業剛得到聯合國難民署的通知，要把他們夫妻倆安置到美國。張孟業曾表示，他到美國第一件事就是要起訴江澤民，揭露江犯下的酷刑罪和反人類罪。

　　羅慕欒表示，能去美國揭露中共的迫害，一直是張孟業的心願。另外，在張孟業去世前幾天，他告訴當地法輪功的義務協調人，說他懷疑身邊認識的人中，有混進來的中共特務。

胡錦濤之子也曾遭遇暗殺

　　胡錦濤和劉永清育有兩個孩子。老大是兒子胡海峰，老二是女兒胡海清。2009 年薄熙來、周永康收買百度後，網路上出現不少有關胡錦濤兒女貪腐的事，不過等到薄熙來倒台後，網網路上出現一些闢謠的文章，真實情況如何，還有待考證。

　　2013 年 11 月，加拿大家園網站轉載了楊國選的文章《揭祕胡錦濤兒女不為人知的低調人生》，讓普通百姓能看到胡家的一些私生活。文章稱，胡錦濤兒子胡海峰，1971 年出生，北方交大畢業，清華大學 EMBA。胡海峰，名字「海峰」，大海之峰，必定是「波濤洶湧澎湃」，這應該是承襲父「濤」之意，或者說承襲父親之志，走從政之路。女兒名叫胡海清，也是取了母親劉永清的清字而成。

　　2013 年 5 月，胡海峰任浙江省嘉興市委副書記。網路上人們看到坐在廳局級位置上的，是個滿頭白髮的人，按年齡來看，胡海峰也才 42 歲。在中共官場，一個小小市委書記地位很低。胡海峰的很多同學的官銜都比他高。

　　胡海峰曾任清華同方威視公司總裁，繼後擔任清華大學副祕書長。官方資料顯示，2010 年 4 月 6 日，中共浙江省委任命：清華大學副祕書長胡海峰兼任浙江清華長三角研究院黨委委員、書記、院長。據台灣《壹周刊》報導：5 月，胡海峰應台灣「亞太和平研究會」邀請，以浙江清華長三角研究院院長身分，參加「亞太和平研究基金會」主辦的研討會。

2013 年 5 月 29 日，中共內部文件顯示，胡海峰協助市委書記，負責農業農村、群團工作，分管市農工委、市農辦、市委黨校、市總工會、團市委、市婦聯、市科協。聯繫經濟工作和殘聯、計畫生育、紅十字會工作。

胡海峰的妻子王珺，1973 年出生。1995 年北方交通大學計算機科學系畢業後，先在北京大學經濟系獲得碩士學位，後在清華大學獲經濟學博士學位。再留校擔任清華大學經濟管理學院院長助理、金融系教授。

胡錦濤曾被多次暗殺，胡錦濤的兒子也差點被暗殺。

維基解密於 2011 年公布了一份美國駐上海領事館在 2007 年 10 月 5 日發往美國華府的電報，標題為《南京學者對中國政治暴力的看法》。電報中說，南京一學者表示，政治暗殺和暴力發生在中共政界，甚至偶爾會觸及到高層領導。該學者說，前中紀委書記吳官正的兒子在青島被謀殺；中共國家主席胡錦濤的兒子也曾成為暗殺目標。

這份電報說，南京大學教授谷某（音譯）表示，這樣的事情在各個省份都很多見。許多地方官員生活在持續的恐懼中，他們成為那些被他們的政策所傷害的人的目標，也是他們那些覬覦更多上升空間的下屬，或是將他們視為對自己權力產生威脅的上司的眼中釘。

谷教授在 2007 年 9 月 28 日的一次討論中表示，據其一名在北京市公安局工作的親屬透露，前中央政治局委員、中紀委書記吳官正的長子在 2007 年 1 月被謀殺。他當時去山東青島出差，為其所工作的一家國企簽訂合約。他的屍體據認為 3 天後才在其酒店客房內被發現。

青島市公安局的官員告訴谷教授的親戚，吳官正的兒子是被謀殺，並且稱這是北京的罪犯幹的。現場沒有留下此人進出酒店頂層房間的任何證據，也未留下任何可指向嫌犯的證據。

谷教授也表示，對其他高層官員和其家屬的暗殺也不是沒聽說過。他說，2006 年，中共國家主席胡錦濤的兒子曾成為暗殺目標，但沒有成功。因此，胡錦濤的兒子之後被加強保安，包括其工作的同方威視公司。

谷教授也提出，2002 年，時任中共副總理的曾培炎在黑龍江遭遇的那場廣為人知的車禍，實際上是被他的中央政府經濟政策損害了的官員們所精心策劃的奪命企圖。

由此可見，中共官場之凶險，不是官媒所謂一片大好能掩蓋的。

胡錦濤女兒：「最是無情帝王家」

胡錦濤的女兒胡海清，到美國後改名胡曉樺（Hu Hsiao-Hwa），出生於 1972 年，1989 年至 1993 年就讀於清華大學熱能工程系空調專業。她不僅學習好，而且為人隨和、低調，在校期間跟另外四個同學住一間學生寢室，周末騎一輛舊自行車回家看父母。4 年間，沒有人知道她的家庭背景。

畢業後胡海清要出國攻讀 MBA，父親胡錦濤堅決不同意。女兒雖與父親大吵一頓，但還是執拗不得，只好在上海上市的高科技公司清華同方找了一份工作。半年後，胡海清利用單位外派的機會，瞞著家裡準備在比利時學習 MBA，三個月後胡錦濤得知，大發雷霆，要求馬上回國。迫不得已，胡海清又回中國工作，先後任職兩家外企。1995 年，在位於上海的中國歐洲工商管理學院註冊，完成 MBA 課程，拿到工商管理碩士學位。

茅道臨，1963 年生於上海，1985 年畢業於上海交通大學計算機系，1987 年留學美國，後獲斯坦福大學工程經濟系統碩士。1993 年任華登國際投資集團副總裁。1999 年初加盟四通利方公司（新浪網前身），任營運長。

茅道臨臉龐瘦削、禿頂、戴眼鏡，相貌平平，但做事精明，為人低調，活潑敏捷。因緣巧合，1988 年，茅道臨認識了胡海清。當得知胡海清的家庭背景後，時年 35 歲的茅便開始對 26 歲的胡展開了愛情攻勢。

愛情順利進展，但胡海清並未將此事告知家裡。在她的心目中，父母對她的要求太多了，她不想成為別人的政治代價，她想有自己自由的生活，父親的多次干涉使得她十分厭惡，因而她決定一切都自己來。於是，胡海清開始做生意。茅就給她指引了一條發財之道。當時，醫改還沒有進行，很多醫院都對外承包。茅要她去承包醫院，而第一個選定的目標就是哈爾濱醫科大學附屬醫院。

當時哈醫大院方並不想承包，但是胡海清找到了她的田鳳山叔叔——時任黑龍江省省長。田鳳山和胡錦濤關係尚好。眼見胡錦濤即將登頂，便不遺餘力為他的女兒大開綠燈。哈醫大前院長金錚知道後，覺得此事不妥，於是找到當時任中紀委書記的尉健行轉告了胡錦濤。胡錦濤再一次大發雷霆，勒令女兒退出，並把田鳳山一頓訓斥。胡海清的如意算盤再一次落空，但她不甘失敗，又繼續開始承包深圳人民醫院。這一次沒找人，資金全都是自己張羅。但還是被其父阻止。胡海清不由得仰天長嘆：為何生於帝王家？

雖然茅道臨指點胡海清承包醫院不順，但是這段戀情對茅道臨的事業有極大幫助。由於這層關係，2001 年 6 月，新浪董事會在逼走新浪創始人之一的原 CEO 王志東之後，馬上提拔茅道臨為 CEO。茅道臨也確實有兩下子，上任後不久，新浪的財務收入止跌回升，並實現連續五個季度的持續增長。

天下沒有不透風的牆，胡海清和茅道臨的戀愛消息終於被胡錦濤得知，胡錦濤又是大發雷霆，堅決不准。這一次胡海清沒有讓步，寧可斷絕父女關係。後在其母的勸說下，胡錦濤在家親切接見了茅道臨，不得已同意他們的戀愛關係，但是要求茅道臨盡快退出新浪。茅道臨只好答應，但說需要一點時間。

此後，胡海清屢次被父親召見，被動之以情曉之以理，終於打動了胡海清，開始站在乃父一邊，勸說茅道臨離開新浪，退出商界。而茅道臨一拖再拖，到了 2003 年胡海清再也不耐煩了，在其父的嚴厲警告下，對茅道臨下了最後通牒，新浪與她選其一，並要求從此淡出商界。茅道臨不得不重新衡量。選擇新浪，必定離開胡海清，可是離開胡海清自己在新浪乃至中國還有什麼價值？誰還肯把自己奉若上賓？於是 2003 年 5 月 11 日茅道臨提出辭職。他在國內就沒有任何職務了。

不久，茅道臨把新浪的個人股份賣掉 37.5 萬股，變現 1687.5 萬美金。手中還留有 90 萬新浪股，價值 4500 萬美金。此時茅的個人財產已經逾億。

拿著一大包錢何去何從？在國內不但茅道臨再找不到合適的

位置，而且無數家企業高薪聘請胡海清也都被胡錦濤阻擋。於是茅道臨提議回美國過隱居生活。胡海清通知其父，胡錦濤堅決不許，無奈之下胡海清心意已決，寧可棄父，不能棄夫。於是當即便和丈夫去了美國，當年在夏威夷悄悄結婚，過著隱居的生活。

如今胡海清夫婦早已拿到美國綠卡。其父胡錦濤鞭長莫及。胡海清的這一做法，使得海外媒體對胡錦濤議論紛紛。國內也成為政敵不斷攻擊的口實。

有人評價說，胡海清的人生或可套用一句不恰當的詩：「紅顏未老恩先斷，最是無情帝王家。」

第四節

2013 年胡痛批江干政

　　儘管在任期內，胡錦濤小心翼翼地順從江澤民，但等到習近平開始動手要懲罰江澤民時，胡錦濤也站出來痛斥江澤民的惡行了。

　　2015 年 1 月，《爭鳴》報導說，已經退休的胡錦濤在一次中共黨內生活會上發言，痛揭江澤民在自己執政期間種種劣行。胡錦濤在兩屆中共總書記任內的若干重大政策和問題，均因爭議和分歧擱置，其中一個重要原因是退而不休的江澤民頻繁地發表意見和建議，造成政策擱置或遭否決。

　　報導中說，江澤民從 2004 年 4 月被迫「全退」至 2012 年 11 月初，共對中共黨內、軍內工作批示「意見或建議」超過 120 次之多。對此，《動向》雜誌早前也有類似刊文報導。2014 年 9 月 28 日，在中共生活座談會上，胡錦濤給自己兩屆工作評 50 分，承認不及格；之後胡錦濤嚴詞批評江澤民亂政和提議中共中央對江澤民全面評價。

　　文章稱，胡錦濤批評江澤民違背 5 項原則：第一，江澤民違背政治上的承諾和承擔；第二，江澤民違背中共黨內組織原則；第三，江澤民違背中共黨內章程紀律；第四，江澤民違背中共元老的勸導和意見；第五，江澤民違背中共黨內決議。

　　據報，胡錦濤列出江澤民從 2003 年至 2012 年向中共政治局提出的「建議」、「意見」多達 400 多條；提名中共中央至地方省級領導人選 170 多名；因為江澤民的「看法」、「意見」，造成擱置的政策和決議等多達 155 項。

　　胡錦濤在會上提議習近平，對江澤民作全面評價。

　　江澤民本來應該在中共「16 大」上像胡錦濤一樣交權，一併交出中共黨政軍之權全退，但其繼續賴在軍委主席位子上不走。直到 2004 年 9 月，江澤民才不得不把軍委主席之權交給胡錦濤。

　　多年來很少在公開場合露面的前中共中央軍事委員會祕書長楊白冰，2012 年曾表示，江澤民退而不休，垂簾聽政是黨內最大的醜聞。

　　此外，江澤民多次遭中共黨內元老炮轟。2007 年 3 月，前中央政治局常委、全國人大委員長喬石致函中央政治局，指出把健在的、已退下的領導，人為地抬高、吹捧是反科學的，這被認為矛頭直指江澤民。

　　民間對江澤民戀權干政的譴責聲也是很高，稱江澤民在歷史上應定位為「一個利慾薰心的小丑」。

　　很多人說，江澤民小人得志的劣根性在任期內惡性發作，缺乏自知之明，80 多歲仍硬撐著充當 21 世紀的「慈禧太后」，欲做終身制「太上皇」，用槍桿子「垂簾聽政」，在中共人大、政協十屆二次會議上，以一個中共普通黨員兼軍頭的身分，厚顏無恥地走在中共黨魁、國家主席胡錦濤前面。

以戀權著稱的江澤民，除了退而不休的醜聞外，還曾在兩屆政治局常委中大量安插親信，以掣肘和控制胡溫，讓胡溫政令出不了中南海；而胡溫在江的干政下，一直被外界認為「無作為」。

胡錦濤還表示，江澤民採取的不正當手段使得中共常委會和政治局內部山頭林立，重要事宜、政策出台後即夭折停頓。也就是說，胡溫的政令不出中南海的關鍵原因就是江澤民干政。

第二章

重慶血案
引爆中南海政治海嘯

2012 年 2 月 6 日深夜，原重慶市公安局局長、副市長王立軍因深恐跟英商海伍德一樣遭薄熙來夫婦滅口而出逃美領館事件，令江澤民集團薄熙來、周永康等政變密謀破產，也引發中國政局發生巨大變化。

假如王立軍（左）不出逃美國領事館，他就會像海伍德（中）那樣，被薄熙來（右）夫婦殺人滅口。（大紀元合成圖）

第一節

薄谷開來活摘器官 滅口海伍德

《大紀元》獨家獲悉，薄谷開來
是活摘器官、販賣屍體的主謀。
圖為薄谷開來（左）2007 年 1 月
17 日在薄一波弔唁儀式上。（新
紀元資料室）

　　在中共官方的報導中，薄熙來的妻子薄谷開來，因為謀殺了英國商人尼爾·海伍德（Neil Heywood），於 2012 年 8 月 20 日，被安徽合肥中級法院判處死刑，緩期兩年執行。官方稱，谷的殺人動機是因為海伍德威脅了她兒子薄瓜瓜的生命安全，不過，薄瓜瓜本人、海伍德的朋友，以及很多證據都顯示，這只是中共法庭的藉口，真實原因官方並沒有公布。

　　2012 年 8 月 9 日，薄谷開來涉嫌殺死英國商人尼爾·海伍德（Neil Heywood）一案在安徽合肥中級法院開庭。庭外五步一崗，警備森嚴。包括海伍德的親友、英國駐華使領館官員、部分媒體記者、中共人大代表、政協委員等 140 多人，出席了這個被稱為中共審判「四人幫」30 多年來最引人注目的案件，眾多記者和民眾被阻擋在外，官方稱，「這是政治事件，不要參與」。

審判現場：沒穿囚衣的殺人嫌疑犯

2010 年 4 月重慶「唱紅打黑」，當原重慶市公安局長文強被審判時，他被套上了一件醒目的橘紅色囚犯背心，李莊律師受審時也被穿上了一件綠色軍用棉大衣，而殺人嫌疑犯薄谷開來卻身著高級名牌襯衣，雪白顏色跟黑西裝搭配起來，還是一副偶爾眼露凶光的貴夫人模樣，而且在押期間她可能因為「心寬」而體胖。按慣例，殺人犯出庭一般要帶腳鐐手銬，最多坐到被告席上才鬆開手銬。

起訴書稱，薄谷開來及其子薄瓜瓜與海伍德因經濟利益發生矛盾，谷認為海伍德已威脅到其子的人身安全，決意將其殺死，遂安排重慶市委辦公廳工作人員、同案被告人張曉軍邀約並陪同海伍德從北京到重慶。2011 年 11 月 13 日晚，薄谷開來到海伍德所住的重慶南山麗景度假酒店 16 棟 1605 室與其飲酒、喝茶，趁海伍德醉酒嘔吐後要喝水之機，將事先準備並交給張曉軍攜帶的毒藥倒入海伍德口中，致其死亡。

庭審後，合肥法院副院長兼發言人唐義干稱：「薄谷開來辯護律師認為，海伍德在案件起因上有一定責任，薄谷開來在作案時行為控制能力弱於正常人，並且在檢舉他人犯罪上有重大立功表現等，請求法庭判決時綜合考慮；張曉軍辯護律師提出，張是協從犯，請求法庭依法減輕處罰。」

官方所稱「重大立功表現」是指薄谷開來舉報了 4 名曾經包

庇她的人：重慶市公安局原副局長郭維國、重慶市公安局刑警總隊原總隊長李陽、重慶市公安局技術偵查總隊原總隊長兼渝北區公安分局原局長王鵬飛、重慶市公安局沙坪壩區公安分局原常務副局長王智。合肥中級法院在審理薄谷開來的第二天，審理了這4名王立軍的親信。

外界評論說，薄谷開來無情無義地舉報保護過她的人，而這些人都是因為薄熙來的威權才被迫這樣做的，她自己被審，反過來還把王立軍的人馬整了一把。

谷是活摘器官販賣屍體的「惡魔」

不過，官方這一天的演戲能騙過普通百姓，卻騙不過懂法律、懂政治的人。一位西人讀者質疑說：「假如海伍德教唆薄瓜瓜幹壞事或威脅到他的安全，薄谷開來既然自稱是中國最好的律師，她為什麼不去報警？任何警方都會重點處理這類騷擾、恐嚇、勒索案。男孩的父親比紐約州州長還有權些，她為什麼不叫總檢察長、民政局局長以恐怖分子的名義處理此事？」

更多了解中國官場黑幕的人明白，像薄谷開來這樣志在奪江山、當中國頭號人物的人，是不會在乎海伍德提出的那點錢財的，什麼偷情、貪腐，全是煙幕彈，一個在海外已有了幾十億美元、幾輩子都花不完的女人，會為了多少錢去殺一個外國男人呢？一個女人要狠毒冷酷到什麼程度才會親自動手殺人呢？連王立軍那樣奉命監聽中共最高領導人談話的心腹都不能信任，可見薄谷開來要掩蓋的祕密比「謀反」更重大，一定是涉及到她的生死才不得不親自動手殺人。

　　果然如此。據《大紀元》獲悉：薄谷開來殺死海伍德的主要原因，是為了掩蓋其活摘法輪功學員器官和非法販賣屍體的罪行。這事一旦被曝光，死的不光是薄谷開來，薄熙來也必死無疑。

　　薄谷開來是活摘器官、販賣屍體的主謀。在她和薄熙來的指使下，大連是最早活摘法輪功學員器官的地區。薄谷開來和海伍德在英國開了家合資公司，專門負責把器官和屍體賣到海外。當發現中紀委、美國及英國等情報部門都在追查此事後，薄熙來、薄谷開來將海伍德滅口。

　　《大紀元》還獲悉，王立軍出逃美國領館的根本原因是為保命，他若不出逃，就會死在薄谷二人手上。王立軍交給美國使館的材料主要涉及薄谷二人活摘器官、販賣屍體的罪行。薄谷開來被稱為「十惡不赦的惡魔」。

薄熙來夫婦靠鎮壓法輪功 討好江澤民

　　尼爾·海伍德（Neil Heywood），1970 年 10 月 20 日出生在英國曼城，據說是英國公民、前英國（1929 年至 1935 年）駐天津的總領事翟蘭思的後代。海伍德 22 歲時就來到北京語言大學學習中文，1994 年到大連金沙灘楓葉國際學校教英文，並先後在幾個貴族小學任職。在那裡，他認識了自己的中國妻子王露露，兩人結婚後生了兩個孩子。

　　那時薄熙來任大連市長，和大連市委書記曹伯純鬥得正酣。曹伯純抓捕了為薄熙來盜賣土地從中牟取巨額利潤的代理人：大連房地產開發辦主任鄭惠。薄谷開來收取巨額諮詢費後，付款的商人提出想要哪塊地，薄就寫張條子給鄭惠，鄭就把那塊地批給那個商人。若依此往下追查，曹伯純就能查出薄谷兩人獲得的數十億乃至數百億人民幣的非法收入，從而把薄打下台。薄谷兩人如驚弓之鳥，於是開始請海伍德等人幫忙把資產轉移到海外。

緊接著就到了 1999 年 7 月 20 日，江澤民不顧中共中央政治局其他 6 人的反對，悍然發動了對修煉「真善忍」的法輪功學員的文革式的鎮壓。當時中國很多省份的中共官員及幹部都對迫害政策持保留或抵制態度，但唯獨薄熙來所在的大連跟隨江的迫害政策。

1999 年 8 月 10 日到 15 日，江澤民巡視遼寧來到大連，薄熙來為了戰勝政敵、升官發財，竭力討好江。薄不但公開違反中共慣例「活著的領導人不豎紀念碑、不掛巨幅畫像」，在大連掛出了江的巨幅畫像。等江一到大連，看到自己的巨幅照片赫然懸掛在大連市中心的人民廣場，忍不住心花怒放，手舞足蹈起來，不過真正讓薄得到江歡心的是他在法輪功問題上的積極跟隨。

據薄最信任的司機王某某披露，江對薄講：「你對待法輪功應表現強硬，才能有上升的資本。」認識薄谷開來的人都說她非常精明能幹，思維縝密、處變不驚、深謀遠慮、行事果決，這位北大的政治學碩士，外加其女太子黨身分，被稱為「中國的傑奎琳·肯尼迪」、「大連的江青」的女強人，她嗅得在當時追隨江的迫害政策最能博得江的歡心，以此換來薄熙來的升官發才之道。

於是，大連很快成為全中國迫害法輪功的最慘烈的地區之一，薄熙來也因此迅速升官。1999 年江澤民巡視後不久，薄被提拔進了遼寧省委，2000 至 2001 年期間薄當上了遼寧省委副書記、代省長，2002 年成為省長。明眼人知道，這一路都是踏著法輪功學員的鮮血爬上去的。

大連建監獄城關法輪功 屍體廠貨源充足

當時去北京上訪的法輪功學員非常多，北京附近的監獄、勞教所都裝不下了，而薄熙來最先在大連擴建新建大型監獄和勞教所，如大連監獄、南關嶺監獄、金州監獄、瓦房店監獄、莊河監獄，還有周水子教養院、姚家看守所等，把大連建成了一個「監獄城」，不光大連的法輪功學員被關在那兒，其他地方的法輪功學員也關在那兒。等薄熙來當上遼寧省代省長後，他又新建擴建了瀋陽馬三家勞教所、龍山教養院、瀋新勞教所等，很多新建的勞教所專門關押法輪功學員，那時有大量來自全國各地因為不願株連他人而不報姓名的法輪功學員被薄熙來祕密關押在薄掌控的監獄中。

就在江巡視後不久，薄谷開來就開始謀劃如何在鎮壓法輪功上撈政治資本的同時，也能在經濟上斂財。從公開資料看，1999年 8 月，中國第一家屍體加工廠在大連成立，這家德國獨資企業是經大連市外經貿局和大連市工商局批准、薄熙來親自點頭成立的。其註冊資本 800 萬美金，一期投資 1500 萬美金，預計 5 年後再追加投資，地點就選在大連高新技術開發區依山傍海的地方。

當時這家屍體工廠的老闆還得意地告訴中外記者，工廠之所以選在大連，理由非常簡單：政府支持，政策優惠、優秀的勞動力、低廉的工資，以及豐富的屍體來源。由於利潤豐厚，大連一個中國人也開始創辦了第二家屍體加工廠，等到了 2003 年，中國大陸出現了十多家屍體加工廠，中國成了全球最大的人體標本輸出國，同時，中國器官移植數量也呈蘑菇狀急速增加，最後成為器官移植大國。

2000 年薄谷開來住在英國的伯恩第斯（Bournemouth）。據英國內政部的公司登記信息顯示，她以英文名字「Horus Kai」註冊了「Adad Ltd.」公司，2003 年該公司解散。同是 2000 年，海伍德在英國以他母親在倫敦的家庭住址，註冊了一家名為「尼爾·海伍德聯合公司」（Neil Heywood & Associates）。英國媒體懷疑這是海伍德幫助薄家轉移資產的途徑，但這些公司的內幕絕不這麼簡單。

從 2000 年谷海二人在英國開辦公司以來，海伍德就直接參與了薄谷開來盜賣屍體的罪行。

據海外人權組織調查，2000 年到 2006 年，中國至少有 4 萬多例甚至高達 9 萬多移植器官來路不明。在遼寧多達 5 個海內外做廣告宣傳的網站上，人的器官被分類標價，眼角膜被標價 3000 美金，一個心臟被標價 18 萬美金。其中最大的網站就位於遼寧省的瀋陽。

「天網恢恢，疏而不漏」，雖然薄谷開來把這些罪惡的勾當掩蓋得很深，但老天爺還是在種種「巧合」的背後讓其露出蛛絲馬跡。

遼寧一農家小院驚現 30 多具屍體

2006 年 5 月 20 日《遼瀋晚報》報導，遼寧丹東市郊區樓房鎮小孤山七組的村民向當地公安局報告，在村裡一個出租的農家大院裡發現了 30 多具人的屍體，主要是中年人和年輕人，男女都有，但沒有老年人的屍體。

這些屍體是從哪來的呢？遼寧官方馬上稱是醫學標本，但一位曾在大連醫學院工作的醫生介紹說這絕對不可能。標本來源一般有三種，一是病人在醫院去世後，同意捐獻遺體；二是由死刑犯捐獻的；三是公安提供的一些不明屍體，但所有這些屍體都會在醫院及時處理，不可能流失到農村，而且一次就在偏僻農家大院發現 30 多具屍體，數量之多，必有黑幕。

此前《瞭望東方周刊》女記者于津濤先後兩次報導大連有個神祕的屍體加工廠。2003 年 11 月的《屍體工廠調查》和 2005 年 10 月的《大連屍體工廠依然神祕》兩文中，報導了很多異常現象。

這家坐落在大連市高新技術開發區七賢嶺附近的德資企業，廠房占地近 3 萬平方米，6 層行政辦公樓孤零零地矗立在荒草叢生的院落裡，看不到人走動，工廠用圍牆圈著，也沒有掛任何廠牌，來往車輛都走地下通道，十分隱祕，連開通勤車的司機都經常更換，生怕外人知道。

公司對外宣稱是從國外進口屍體，在大連加工後再運出國，不過這家公司在沒有拿到中共衛生部及國家質檢總局的出入境批文的前提下，就已經完成了 13 批次的進出口業務。而且記者採訪當時，發現其廠房內就有 600 多具屍體，而他們一次就出口上百具屍體，規模之大，令人震驚。

據中國人類遺傳資源管理辦公室及衛生部科教司的人介紹，當時中國還沒有任何一家從事人體生物塑化技術的生產廠家辦理過准出入境證明，以及「出入境特殊物品衛生檢疫審批單」，衛生部科教司衛生技術管理處的劉爽表示，「讓我們感到震驚的是，這些屍體公司為何能在中國海關和進出口檢疫部門如履平地，它們又是依據哪一條規則辦理通關和檢疫手續的？」據悉，此事的背後就是薄熙來和薄谷開來的暗箱運作。

且不說薄熙來的後台薄一波了，就說薄谷開來，她的父親谷景生是中共 50 年代的少將，曾任新疆生產建設兵團政委。在太子黨中，北京大學畢業的政治學碩士薄谷開來算是佼佼者，加上苦心經營，她在中共高層、特別是中共軍隊內很有人脈，很多薄熙來辦不到的事，她出面周旋就能辦成。

薄熙來被抓初期坊間傳出消息說，薄谷開來自己招供，她是薄熙來與周永康之間的聯絡人，薄熙來和周永康密謀政變，她是主要參與者。其實薄的很多事都是由谷開來幕後策劃指使，這點薄熙來自己都公開承認，「唱紅打黑」中谷給了他很多「幫助」，至於重慶「打黑」中拿李莊開刀，也有薄谷開來有意針對李莊的老闆、原政法委書記彭真的兒子傅洋這個因素在裡面，早年薄一波和彭真是政治盟友，但薄谷開來和傅洋卻是競爭對手。

《瞭望周刊》的報導刊出時，就有人質疑大連這家違背人倫、備受爭議的屍體加工廠公開接受採訪的真實目的，恐怕是想藉媒體報導來為自己開脫，從而掩蓋真相。由於沒有經過進出口檢測，加上直接從大連進出口，是否真的從國外運來屍體很值得懷疑，完全有可能只是在報關單上假裝從國外運來屍體，而實際是把大連的屍體運出國。

獨家調查發現一個神祕女人

小孤山農莊屍體案在網上傳出後，引起國內外普遍關注。兩天後，大陸媒體統一口徑稱是商業用標本，出口到國外，《華商晨報》5月22日以《遼寧丹東神祕小院將屍體做標本銷往海外》為題，暗示屍體不是出口做教學標本，而是用來參加屍體展。

　　丹東位於瀋陽與大連的三角形地帶，小孤山就在國道201旁邊，到大連高科技開發區很順路。從瀋陽蘇家屯到小孤山屍體院，再到大連屍體加工廠，都是只有兩個多小時的車程。

　　由於此前兩個月的2006年3月9日，《大紀元》披露了遼寧蘇家屯曾經有過活摘法輪功學員器官的祕密地點，為調查屍體來源和去向，《大紀元》派出特別調查員到小孤山進行了實地調查，並在2006年10月31日發表了《遼寧農家院30多具屍體大案更多發現》的調查報告，裡面就提到一個女人的事。

　　據村民介紹，當時丹東樓房鄉各村政府已收到指示：不許談論此事，嚴密監視外來了解真相的人，一旦發現就必須立即舉報，特別是法輪功學員來調查。若舉報一名法輪功學員，鄉「610」獎勵1萬元獎金。外界評論遼寧官方的這個通知是「此地無銀三百兩」，更讓人懷疑屍體加工點與活摘法輪功學員器官相關。

　　據調查，這個偏僻山溝的小村莊只有20多戶人家，發現屍體的大院大約占地三畝，曾經是個養牛場，最後一次來租房的是個40多歲的女人，村民描述說，此女老闆長得不錯，自己開一輛小車，僱了七、八個年輕人。

　　據村民講，被《遼瀋晚報》5月20日曝光的那30多具屍體，是5月17日運來的。裡面有大人和小孩，主要是中年和年輕人，男女都有。村民發現，院子裡的人經常在前院架起幾口大鍋煮屍體，煮得惡臭熏天，他們把廢水倒在院子的坑內，時間長了，院裡的一口井都臭了，因為地下水是相通的。另外，他們後院在解剖人體，村民們看到過城裡來的大學生，還有帶眼鏡的女學生。

　　《大紀元》前去調查時，以前存放人的大冰箱和煮人的大鍋都還留在前院裡，沒搬走。為什麼屍體裡沒有老年人呢？年輕人的紅色肌肉纖維比較豐滿肥大，脂肪含量少，塑化製作起來更容易。

　　2006 年 7 月，一位曾在大連屍體加工廠工作過的職工投書海外明慧網：他們廠是由薄熙來親自批准成立的，屍體主要是來源不明的中國人（這跟《瞭望周刊》說的外國進口屍體的說法不一致了，但跟人們看到的屍體展中的中國人體態相吻合）。他們的主要工作是首先把屍體放入福爾馬林液中浸泡，再在低溫下用丙酮置換掉冰凍體液中的福爾馬林，這樣屍體就能永久保存，並能進行各種切割和雕塑了。浸泡屍體後的福爾馬林直接排到大海裡，據大連電視台報導，近年來那段海域污染十分厲害，海水都發紅發渾，養殖的海產品全都被毒死了。

　　中國刑事訴訟法第 348 條規定：對於監獄、勞教所犯人死亡或死刑犯的屍體，「通知罪犯家屬在限期內領取罪犯屍體；有火化條件的，通知領取骨灰。過期不領取的，由人民法院通知有關單位處理。」很多大陸律師質疑說，這條法律漏洞百出，由於中國火化條件很成熟，家屬很可能只能領取骨灰，卻見不到屍體，這就給偷盜屍體帶來了可能。當薄谷開來把屍體加工塑化出國這條路蹚出來後，據大陸網友曝光，很多殯儀館都出現了盜賣屍體現象，家屬收到的說不定是別人的甚至是動物的骨灰。

　　《大紀元》獨家獲悉，最早出現活摘法輪功學員器官的罪惡是在大連，薄熙來、薄谷開來是最早從事販賣法輪功學員器官、屍體的罪人。據一位瀋陽老軍醫此前透露，東北有很多關押法輪功學員的祕密場所，在軍方的押送看管下，數十萬法輪功學員「被失蹤」。當有需要器官的病人出現時，醫院就根據此前獲得的體檢驗血數據，將符合組織配對的法輪功學員押送到一個無人知曉的房間，迅速對其實施開膛破腹，取出所需的心臟、肝臟、腎臟等器官，在 15 分鐘內冷凍後，最短時間內拿去給病人做器官移植手術，一個器官賺取數萬、數十萬美金，剩下的屍體被薄谷開來等人販賣到大連等地的屍體加工廠，然後賣出國做標本或屍體展覽。

根據追查國際和《大紀元》獲得的信息來看，活摘法輪功學員器官的罪行開始主要發生在中共解放軍和武警部隊醫院，而薄谷開來在軍方很有影響力，而且她和兩任政法委書記羅幹、周永康都很熟，加上中共黨徒很多都是見錢眼開、沒有人性的惡棍，只要薄谷開來一提出來利益均沾，很多人就跟著她一起幹。

當時的王立軍就在「錦州市公安局現場心理研究中心」親手活摘過法輪功學員器官，其罪行是他自己在 2006 年 9 月 17 日「中國光華科技基金會」的頒獎大會上不小心洩露出來的。他主要研究讓人麻醉死亡的注射液以及器官冷藏液的配方，如何改進才能保證器官存活時間更長、更鮮活，更有利於移植手術的成功等罪惡技術，國際社會稱這是比希特勒的毒氣室和日本侵華的 731 部隊更殘酷更血腥的罪行。

追查國際還公布了 2002 年 4 月 9 日，在瀋陽軍區總醫院 15 樓的一間手術室內，一位警察親眼看到兩個軍醫將一個活著的 30 多歲的修煉法輪功的中學女教師，在沒打麻藥的情況下，活生生地摘取了器官，將她活活害死。（更多事實請見新紀元出版的新書《中南海政治海嘯全程大揭祕（上）圍繞習近平接班的政變陰謀》）。

關於屍體的處理，明慧網上也有大量報導，很多法輪功學員被非法抓捕後，很快被折磨致死，而家屬卻無法看到親人的遺體最後是如何被火化的。

如 52 歲的哈爾濱市紅旗鄉果樹示範廠木工郭士君，2004 年 2 月 13 日被判勞教 3 年。2005 年 2 月 1 日，長林子勞教所才將遭酷刑折磨奄奄一息的郭士君放回家，但兩天後，勞教所警察又到家中將郭士君綁架到勞教醫院說做什麼檢查，8 天後官方宣稱郭士君去世。但 2005 年 3 月 29 日深夜，在家人毫不知情的情況下，警察拉走遺體，說是去火化，但家屬很懷疑遺體的去處。

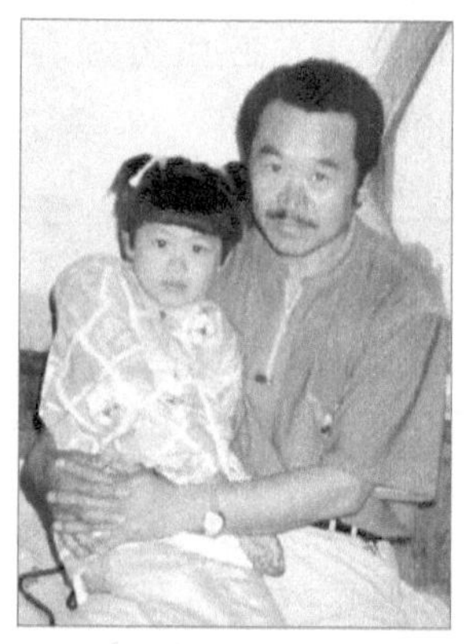

遭酷刑迫害致死的郭士君（右）生前與女兒合影。（明慧網）

更奇怪的是 33 歲的法輪功學員李梅的遺體。李梅是山東省萊陽市龍旺莊鎮溪主村人，2001 年 4 月中旬，李梅被強行帶到萊陽市黨校進行洗腦。其間李梅因堅持煉功，被打碎脊椎骨導致下肢癱瘓，後被送到萊陽中心醫院，5 月 28 日李梅在醫院死亡。事後，鎮政府給李梅的家屬 3 萬元並強迫家屬簽字，讓她家人對外說是自殺，並將李梅生前照片全部搜走。

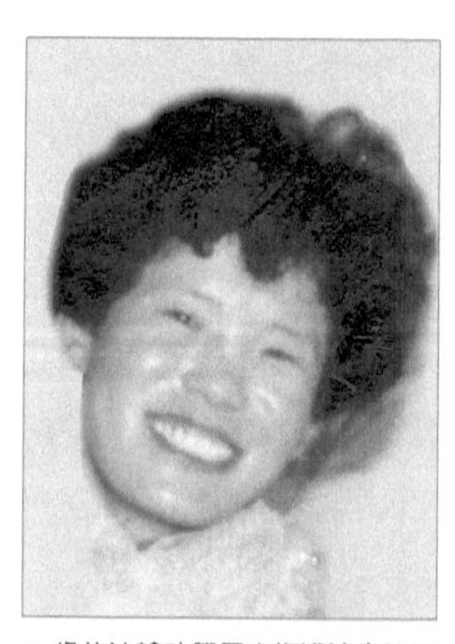

33 歲的法輪功學員李梅遭迫害致死後身體被人盜賣。這張照片是從李梅的結婚照裁剪而來，由於在親戚家，才沒有被官方搶走。（明慧網）

李梅去世後，家人想從醫院接回她的遺體安葬，但官方要求家屬支付 6 萬元才給遺體。李家根本拿不出這麼多錢，只好放棄拿回遺體的要求。李梅的丈夫不服，曾請過律師，但無人敢接此案。後有知情人透露，李梅年輕姣好的身體被人盜賣了。

類似這樣的案例在中國比比皆是。當時江澤民發出密令是，對法輪功學員要「名譽上搞臭，經濟上搞垮，肉體上消滅」，「打死算自殺」，由於政法委同時掌控公安局、檢察院、法院和律師協會以及宣傳機器等，薄熙來等人的違法行為不但沒有被懲罰，反而被獎勵。比如薄手下的馬三家教養院，2000 年 10 月曾把 18 個女法輪功學員剝光衣服投入男牢房，任人強姦，這樣的惡行卻得到中共的大力嘉獎，其所長蘇境被獎勵 5 萬元、副所長邵力獲獎 3 萬元。

海伍德被各國情報部門緊盯

回頭再說海伍德與薄谷開來的事。從 1990 年代，海伍德就成了薄家的圈內人，表面上他幫助薄谷開來把兒子薄瓜瓜送到英國留學，並成為薄瓜瓜在英國的法律上的監護人，但海伍德主要工作是幫助薄谷開來在海外洗錢，其中包括販賣器官和屍體的黑心收入。據說谷、薄在海外的資產高達 80 億美金。

早在 2006 年 3 月《大紀元》就獨家報導了中共活摘法輪功學員器官的黑幕，有多位證人公開站出來作證，隨後，加拿大人權律師大衛‧麥塔斯和加拿大前國會議員、亞太司長大衛‧喬高進行了獨立調查，證實中共活摘法輪功學員器官是「這個星球上前未有過的罪惡」。兩位大衛還周遊全世界，拜訪各國政要，呼籲他們加入對這一罪行的調查。他們的調查結果被匯集成書《血腥的器官摘取》（Bloody Harvest, The killing of Falun Gong for their organs），大衛‧麥塔斯還因此獲得諾貝爾和平獎提名。

書中披露，他們兩人採訪中國證人安妮時，安妮明確表示，她丈夫從 2001 年底至 2003 年 10 月，共摘取了約 2000 名法輪功學員的眼角膜，另一個醫生摘腎，又一個醫生摘肝，每個手術都是在法輪功學員未死亡的狀態中進行的。安妮並確定瀋陽血栓醫院地下集中營關押約 5000 至 6000 名法輪功學員，到 2004 年她離開血栓醫院時，已剩下約 2000 名左右。

於是從那時起，各國政府都責令各自的情報部門祕密調查中共的活摘器官罪行，不過由於商業利益，目前各國都沒有公開調查結果，但很多國家採取了相應措施，以免今後罪行被公布後，本國民眾追究，他們才有開脫的藉口。因為第二次世界大戰結束時，當人們看到被納粹折磨致死的 600 多萬猶太人屍骨時，全人類莊嚴宣誓：「Never Again」絕不會再次容忍反人類罪行的出現，誰反人類，誰就是全人類的敵人，每個國家每個公民都有責任有義務站出來制止這些罪行，誰也無權保持沉默。

據美國消息人士透露，海伍德因為捲入活摘器官和販賣屍體的反人類罪行，被多國情報部門祕密調查。

海伍德曾為英國哈克路特公司（Hakluyt & Company）提供過服務，這是由一位前英國軍情六處（MI6）特工與他人創辦的企業情報諮詢公司，因而有傳聞稱海伍德是軍情六處特工，由於是個 007 迷，海伍德的二手灰色捷豹車牌號就是 N007W3。

消息稱：「其實人們搞顛倒了，不是海伍德為特情工作，而是他被特工用這種方式給盯上了。」

2006 年 4 月《大紀元》獨家披露中共活摘法輪功學員器官罪

行後不久，英國天空電視台 Sky TV 派遣一位喬裝成病患的記者至中國，證實了在中國所發生的非法器官移植販售的事實。

當時，Sky TV 也是從 MI6 得到確切信息才決定派出記者暗中製作現場調查報導的。Sky TV 派了一位祕密記者，帶著一架隱形相機，喬裝成一位需要肝臟移植的病患到中國的東方器官移植中心調查，但是否有 MI6 特工跟隨拍攝組到現場，那就不得而知了。東方器官移植中心的工作人員聲稱器官來自於死刑犯，但他同時表示，移植中心有「最好的門路」，不需要等待，只要你出得起價，馬上就可以進行。這位記者以大約 5 萬 3000 美元購買了一個人的肝臟。

一向保守的英國人歷來都不願在國際事件中率先表態，但在 2006 年 4 月 19 日，英國器官移植學會率先發表聲明稱：「不斷增加的證據顯示，中國有數以千計的死囚器官，在『沒有得到本人同意』的情況下，被摘取用於移植手術。」他們強烈譴責中共的惡行，這也是在得到確切信息後才敢公開表態的。

就在海伍德被殺一年前的 2010 年，他竭力想讓中國籍妻子王露露取得英國護照，以便全家逃至英國。他們的兩個孩子都擁有英國護照，當時就讀於英國杜維琪學院（Dulwich College）的北京分校，但王露露的英國護照卻令人驚訝地被英國內政部拒絕了。當時海伍德非常氣憤，他的朋友們也為他鳴不平。其實這背後是有原因的。

美國政府也同樣採取了措施，來表明他們對器官罪行的譴責。

2011 年 6 月，美國政府修訂非移民簽證申請表 DS-160，新增了移植器官的問題，要求每位來到美國的移民，必須聲明自己沒有參與活摘器官的罪行，就跟過去必須聲明自己不是納粹成員一樣。2012年美國公布的2011年度中國人權報告中，提到中共活體移植器官的罪行，在2012年「7·20」的法輪功集會上，美國多位國會議員也公開譴責中共活摘法輪功學員器官。

2012年7月出版的《國家器官》（State Organs: Transplant Abuse in China）一書中，多名醫學界權威探討了中國以國家機器的方式參與器官移植濫用的現象。其中被譽為科技界最有影響力的十大人物之一、美國賓夕法利亞大學生物倫理學中心主任亞瑟·卡普蘭在書中提到：中國大陸活摘器官「為需求而殺人」的現象「普遍存在」。

這些都說明，薄谷開來、薄熙來、王立軍等惡人犯下的十惡不赦的罪行已無法掩蓋，其反人類罪行已經逐漸擺在國際檯面上，各國政府都不得不面對這個令本國民眾震驚的國際事件。

溫家寶提議查辦活摘器官案

不光國外在調查薄谷開來、薄熙來的罪行，中國國內也在調查。

2007年薄熙來因被法輪功學員在海外起訴並在澳洲被宣判有罪之後，被溫家寶和吳儀聯手貶到重慶。據維基解密網站透露，有消息人士在2007年11月9日表示，時任中共商務部長的薄熙來將下放至重慶市任市委書記；且重慶市委書記將是薄政治生涯的最後一站；薄不會再獲得晉升，因為溫家寶稱：「薄的明顯負面的國際形象不利於擔任任何更高級職位。」

當王立軍逃館事件發生後，《大紀元》獨家報導說，王立軍交給美領館的資料有六大類，其中之一就是活摘器官。有消息稱，溫家寶在中南海內部會議上說：「不施麻藥，摘活人器官，還拿去賺錢，這是人幹的事情嗎？這種事情發生多年了，我們要退休了，還沒解決……」「現在出來王立軍這件事，全世界都知道了，藉處置薄熙來把法輪功的問題解決了，應該是水到渠成……」

溫家寶還提出將薄熙來送入監獄，溫說：「前六、七年，其實更早時候，鎮壓法輪功給中國帶來的可怕後果就已經看到了，我們經過調查發現江澤民使用令人震驚的國家財力去鎮壓一個手無寸鐵的民間團體，非常荒謬，一直到現在，這個問題中央都沒有去面對、去解決。」

在 3 月 14 日兩會結束後的記者會上，溫家寶說出不少意味深遠令人回味的話。他說：「苟利國家生死以，豈因禍福避趨之。」「對於我在任職期間中國經濟和社會所發生的問題，我都負有責任。為此，我感到歉疚。」「努力以新的成績彌補我工作上的缺憾，以得到人民的諒解和寬恕。」

「在我擔任總理期間，確實謠諑不斷，我雖然不為所動，但是心裡也不免感到有些痛苦。這種痛苦不是信而見疑、忠而被謗的痛苦，而是我獨立的人格不為人們所理解，我對社會感到有點憂慮。我將堅持人言不足恤的勇氣，義無反顧地繼續奮鬥。」

之後，第二天 3 月 15 日，胡溫即拿下薄熙來，切斷了鎮壓法輪功的血債幫後繼保護權力的血脈；到了 3 月 19 日晚，北京傳出槍聲，坊間傳說「天線寶寶」（溫家寶）大戰「康師傅」（周永康）；4 月 27 日，山東盲人律師陳光誠又非常神奇地從數十人的 24 小時監控中，勝利大逃亡至北京美國大使館，令世界再度關注政法委周永康的惡行。

中紀委調查王立軍、薄熙來和海伍德

中紀委對薄谷開來、薄熙來的調查，是和調查王立軍同時進行的。當時薄熙來想藉治理重慶之際，抓住原任重慶市委書記賀國強和汪洋的把柄，以便為自己撈取政治資本。在文強案、李莊案上，谷薄二人展示的黑心手法，讓時任中紀委書記的賀國強非常氣憤，於是在公心私心的結合下，加上胡溫也讓通過全方位的圍堵，脅迫重慶在「唱紅打黑」方面不要做得太出格，還有傳說中令計劃等人對 18 大的人事密謀等因素，於是，中紀委用了非常強硬的方式調查此事，海伍德都被中紀委約談了幾次。

來自國內外的全面調查，讓薄谷開來坐立不安，到了 2010 年，她越發變得神經質，認定是她小圈子內的人出賣了她，於是開始懷疑身邊的人。據海伍德向他的朋友描述說，薄谷開來要求她的小圈子中的人和自己的配偶離婚，並向薄家宣誓效忠。海伍德拒絕離婚後，薄谷開來大怒，越發懷疑海伍德。

就在海伍德被害死的前一個月，2011 年 10 月，中紀委再次對王立軍進行腐敗調查，而薄熙來為了自保，準備放棄對王立軍的庇護，王為此很不滿，王薄兩人關係出現裂痕。

據《紐約時報》報導，王立軍也曾兩次向中紀委舉報薄，但其舉報被駁回。當時王立軍曾指控薄谷開來向海外轉移了大量資金，還說薄熙來在治理重慶期間想要與「黨中央」對抗，包括對其他高層領導人布署竊聽行動。

不光王立軍、薄熙來被中紀委調查，海伍德也成為中紀委調查的重點。2012 年 5 月 12 日，日本《產經新聞》報導說，和薄家有十多年交往的英國人海伍德在他成為中紀委調查對象、並幾次談話後被毒殺，有情報證實，是薄熙來親自下發的殺人命令，薄谷開來和張曉軍在現場毒殺了海伍德。一名重慶市官員夏澤良被逮捕，承認他準備了毒藥並交給了薄熙來的下屬。

此前有消息稱，張曉軍是薄熙來父親薄一波的警衛，但據《洛杉磯時報》8 月初報導，30 歲的張曉軍來自山西省，有一名兩歲的兒子，他為谷家工作多年，在軍隊中被分配給薄谷開來的父親谷景生做助手，他的工作涉及保鏢和家庭助理。

《洛杉磯時報》還說，官方放料給海外中文媒體說，薄谷開來有精神疾病，這是谷可能被免除死刑的信號。此前新華社稱，薄谷開來殺死海伍德是因為她認為他對她兒子薄瓜瓜構成「人身安全威脅」。但有薄家朋友向《洛杉磯時報》表示，不知道海伍德對薄瓜瓜曾經有過任何威脅，他認為這個強加給海伍德的指控，是為了減輕谷開來的罪行。他還透露，薄瓜瓜對案件保持沉默是因為擔心被控走私錢財到國外而成為被告。

薄谷開來殺紅了眼 王立軍為保命而出逃

關於王立軍是如何介入海伍德案件的，有幾種不同的說法。日本《讀賣新聞》引述中共官員消息指，5 月 10 日，一名共黨幹部在小型會議時對屬下透露了海伍德遭毒殺經過：據稱薄谷開來與張曉軍將毒藥摻入飲料中讓海伍德喝下，他一度將毒液吐出，兩人遂將海伍德架著，強灌毒藥，事後重慶公安局副局長郭維國把海伍德嘔吐物取回保管，作為呈堂證據。

另一種說法是洪春寶在《傾城禍水薄谷開來》中寫道，11 月 15 日當賓館服務員發現一個外國人死亡後立即報案，王立軍第一個趕到現場。在其他現場勘查人員到來之前，憑藉他多年的現場勘查經驗，他迅速判斷這個現場是偽造的。於是他揪下了海伍德一縷頭髮，並小心翼翼地從屍體上採集了血樣。後來證實，海伍德死於一個高級間諜用的專用毒品，叫「Ａ一號」。

等死亡鑑定書出來後，王立軍故意給薄谷開來打了一個電話，薄谷開來在電話那頭大怒：「死了就死了，這混蛋早該死了！你還留著屍體幹什麼？趕緊燒掉！」王立軍笑著把手機收起來，剛才薄谷開來的那些話已被他錄音了。

隨後王立軍把海伍德的血樣交給了他從遼寧帶來的助手王鵬飛，王鵬飛也是為王立軍出逃提供汽車的人。兩天後，海伍德妻子王露露來到重慶。薄谷開來和王露露見面時，有人聽到薄谷開來的哭聲。最後王露露同意不解剖，並在火化單上簽字。據說王露露得到了1000萬的封口費。至今王露露還被扣留在北京接受調查，無法前往英國。

王在逃往美國領事館時，曾向美方透露，薄谷開來坦承是她害死了海伍德，想藉此讓薄熙來脫身，王還將海伍德屍體樣本與警方對海伍德案的調查報告交給美方。

還有種說法來自博訊消息，說王立軍派手下的4個得力助手在第一時間趕到了現場。他們是在庭審時被薄谷開來揭發的4個人：郭維國、王鵬飛、李陽、王智。勘探結果很快把殺人嫌疑直指薄谷開來和張曉軍。薄谷開來知道事情敗露後，當即打電話給王立軍：「人是我派人殺的，你看著辦吧！」

王立軍向薄熙來報告了案情，希望薄熙來與薄谷開來切割，誰知王當場挨了薄熙來一個巴掌。薄谷開來隨後親自找王立軍的4個下屬談話，威逼利誘，薄谷開來對郭維國開出的條件是：王立軍被免職後，由郭維國接任重慶市公安局長。4 人中只有王鵬飛沒有接受薄谷開來提出的任何條件，一直堅持海伍德就是被他人謀殺毒死，後遭到薄谷的一連串打擊報復。

王鵬飛知道薄谷開來下一步要對王立軍痛下殺手，自己也做好了最壞的準備，並且寫好遺書交給司機保留，一旦不測立即公開。王鵬飛冒死保留了一份海伍德死後的血液樣本，正是這份輾轉藏在北京西山某重要人物家中冰箱裡的血液樣本，成為公安部海伍德案複查組給谷、張定罪的重要證據，也是胡、溫最後決定對薄熙來重拳出擊的重要籌碼。王立軍事發後，薄谷開來親自指揮對王鵬飛雙規，在被薄谷開來關押 43 天後，剛被放出來沒幾天，王鵬飛等人又被中紀委抓捕，並被立案審查。這 4 人也像張曉軍那樣當了權貴的替罪羊。

當王立軍發現是薄谷開來害死海伍德後，本想與薄熙來結成同盟，大家互不揭短，互相保護，共同對付中紀委的調查。誰知薄谷二人殺人殺紅了眼，一不做，二不休，在殺死海伍德之後，也要殺死王立軍，以便徹底地殺人滅口，因為王立軍知道的事，比海伍德多很多倍。

第二節

薄熙來定三套方案殺王立軍

薄熙來針對王立軍的三套「殺局」

海伍德死亡之前，中紀委不但約談了海伍德，同時調查人員還質詢了王立軍。海伍德死後，中紀委不但查海伍德的離奇死因，同時還查王立軍在遼寧的貪腐問題。王立軍害怕了，他想找薄熙來出面保他，於是自認為抓住了薄谷開來把柄的王立軍，用海伍德案威脅薄熙來，言外之意，假如你薄熙來保我王立軍不被中紀委查處，我王立軍就保薄谷開來逍遙法外。

假如這時薄熙來與王立軍結成同盟，那就不會有後面的一系列事情發生，薄熙來也許就接班周永康，薄熙來、周永康企圖推翻習近平的政變也就可能快實現了。江澤民、曾慶紅布置的薄熙來、周永康政變計畫，就會順勢在 2014 年找個經濟危機或政治事件，或恐怖事件，把習近平推下台，就像當年把胡耀邦、趙紫陽推下台一樣，讓薄熙來當中共總書記。

不過，人算不如天算。結果薄熙來打了王立軍一耳光，還把王立軍身邊的人，包括司機等十多個下屬抓起來，最終薄王徹底翻臉，反目為仇。

2012 年 2 月初，薄熙來決定謀殺王立軍，免除後患。據《新維月刊》報導，薄熙來當時為了殺掉王立軍曾經準備了三套「殺局」。

這個由薄的核心團隊（以徐鳴、車克民為主）為「王立軍之死」設計的三套方案是，一是被黑社會報復致死，也就是「被犧牲」，最後給他一個英雄稱號；二是畏罪自殺；三是因精神抑鬱症而自殺。

第一個方案因王立軍高度警覺，要製造現場的難度較大，第二個方案的不利之處在於，王立軍畏罪自殺的話，對重慶打黑是一大否定；因此最後還是選擇因抑鬱症自殺操作。據說當時重慶第三軍醫大學已經按照安排，編造了王立軍患有嚴重抑鬱症的假病歷。

當時的王立軍，不但被迫繳了槍，還失去了護身公安的保護，他擔心自己和海伍德一樣被謀殺，於是，在無路可走的情況下，上演了出奔美領館一劇。深知中共官場黑幕的王立軍明白，只有把事情搞得國際關注，才可能逃脫被謀殺的命運。

第三章

北京血案
令計劃兒子慘死

令計劃被調查，讓三年前令計劃之子令谷的法拉利車禍事件再度被搬上檯面。這場交通事故到底是一宗謀殺、一宗醜聞，抑或只是一場單純的車禍意外，在中共有意封鎖訊息下，更顯疑點重重……

2012 年 3 月 18 日令計劃的兒子令谷車禍身亡。（新紀元合成圖）

第一節

令計劃兒子慘死法拉利車禍

2012 年 3 月 18 日凌晨 4 時左右，一輛法拉利跑車由西向東行駛至北四環保福寺橋東南角時，突然撞到橋體南側的牆壁上，隨後又撞向北側護欄。這樣不斷的來回碰撞，等失控的法拉利最終停下時，車身已嚴重分裂成兩段。路面被散落的汽車零件鋪滿。面目全非的法拉利跑車停在馬路北側，發動機則位於路中央，已經起火燃燒。車上包括司機在內共有 3 人，一男兩女，全部被遠遠地甩出車外。

120 急救中心的醫生確定男子當場死亡，另外兩名女子重傷，被立即送往醫院進行救治。與此同時，消防隊員對起火的發動機進行滅火。

外媒：一場車禍改變中共政局

半年後，2012 年 10 月 22 日，臨近中共舉行 18 大領導層人事換屆之際，《華爾街日報》在一篇報導中披露了這起車禍的一些內幕。

據《華爾街日報》報導，法拉利車禍事件發生當天，時任中辦主任令計劃為了掩蓋這起車禍中死亡的其子令谷，下令調派中辦下屬的中共中央辦公廳警衛局人員到現場封鎖四周。而令計劃的這個舉動被他的政治對手抓到了攻擊他的把柄。

據稱，中共中央辦公廳警衛局，是中辦下屬正軍級單位，又稱公安部九局，亦警亦軍，是一個極特殊的部隊，負責保衛中共黨政軍領導人身安全，包括中共中央總書記、其他中共中央政治局委員、政治局常委等黨和國家領導人。出動中央警衛局，這非比尋常，當年中共四人幫在懷仁堂被捕，執行任務的就是中央警衛局。所以，令計劃為私人原因貿然出動警衛局人員去封鎖現場，觸犯了中共黨內遊戲規則的大忌。

報導稱，令谷以「王子雲」的化名入讀北京大學，車禍之後，有些同學不相信令谷或他的父母親擁有那輛出了車禍的法拉利跑車，他過去曾經開過一輛 BMW 汽車，而且大家都知道他的朋友們中不少都擁有名貴跑車。圈內人都知道，大陸的富二代經常交換駕駛對方的跑車，有些索性到汽車代理商借出汽車代步。

《華爾街日報》引述車禍其中一個女傷者的朋友表示，20 來歲的女傷者，是西藏自治區一個幹部的女兒，她在出事的前一天晚上才認識令谷，但不清楚他的底細，只知道他姓王，自稱是從事投資生意的。

2012 年 12 月 5 日，《紐約時報》發表了署名安思喬的評論文章《一場改變中國政治格局的車禍》。該文章針對令計劃處理兒子遭遇這起車禍的方式發表評論說：「事件的大體輪廓在數月前浮出水面，但如今更加明確的是，車禍和拙劣的掩蓋行為造成了更重大的後果，改變了中國共產黨上月進行的十年一次的領導層換屆的進程。」文章分析稱，2012 年入夏時，即將離任的中共國家主席胡錦濤本顯得相當強勢。就在其政治對手薄熙來因其妻子被指控謀殺一名英國商人而狼狽下台之際，中共黨內以前黨魁江澤民為首的元老因令計劃掩蓋其子死亡真相的行為而向胡錦濤發起質問。

文章表示，據一些現任及前任官員、黨內高層以及其他人士披露，法拉利事件的曝光，加速了胡錦濤的失勢，並讓江澤民從中得勢，其盟友主導了由 7 個人組成的新一屆領導班子，把胡錦濤的數名親信排除在外。

到了 2012 年 12 月 5 日，網上開始出現為令計劃「正名」或進一步「誣陷」的各種消息，信息媒體戰更加激烈。有文章稱車禍的確發生了，但在北大讀書的令谷僅僅是送同學回家，車上的人都穿戴完整，根本沒有玩什麼「車震」。調查發現，死者的血液裡酒精含量奇高，達到令人難以置信的程度，其後腦部有明顯的鈍器硬傷。言外之意，令谷是被人打死的。

法拉利事件是偶然事故還是政治謀殺？

再等到車禍發生一年半後的 2013 年 11 月，香港雜誌《前哨》突然發表報導稱，令計劃兒子的「法拉利」車禍涉及政治謀殺。

該報導引述北京高層消息人士曾透露，2012 年 3 月 18 日的「法拉利事件」實質是「令計劃的兒子遭到政治謀殺，曾慶紅、周永康藉此施放恐怖，威脅高層其他人對薄熙來案『收手』。」

　　報導稱，「法拉利事件」中其實並無「車震」一事，令谷是趕赴派對途中出事，而且事出蹊蹺，絕非一般尋常車禍，而是恐嚇威脅未果的報復性政治謀殺。

　　據報導，車禍發生後，令計劃遲遲不肯將其子的屍體火化，而是將遺體至今存放在零下 20 度的冰櫃中。令曾向中共中央提出申訴，要求對其子車禍死亡展開調查，揪出幕後殺兒凶手，並稱真相一日不大白，冰屍便一日不解凍。

車中人裸體 還是被剝掉衣服？

　　回頭再看大陸媒體當時的報導。2012 年 3 月 18 日，《新京報》、《北京晚報》報導說，北京發生一起嚴重車禍。車禍發生在 18 日凌晨 4 點，北京海淀區保福寺橋附近一條因下雪而變得濕滑的環路上，一輛法拉利跑車撞擊到護欄後，嚴重損壞，車上有一男兩女，男子當場死亡，兩女重傷送醫，其中一名女子嚴重燒傷，死於 7 月或 8 月。

　　官方媒體沒有說明死者身分。不久，撰寫新聞並拍攝新聞照片的消防人員遭到上級訓斥，並被沒收相機和電腦。中共中宣部還下令《北京晚報》不得傳播那張車禍現場照片，警方、消防部門和幾家當地醫院也拒絕置評。

　　《環球時報》英文版第二天報導說：「幾乎所有關於周日導致一名男子死亡，兩名女子受傷的車禍連夜遭到刪除，引發人們懷疑已死亡的駕車者的身分。」不久那篇文章也被屏蔽。人們從照片上看到，那輛出事的法拉利跑車幾乎被撞成了一堆廢鐵。

　　當時就有專家質疑，因為法拉利名貴跑車有很強的抗撞擊能力，被撞成這樣，碰撞前的車速可能在 180 公里以上，這樣的超高速度在北京公路上基本上是不可能做到的，由此人們懷疑這不是一起尋常的車禍。

3月下旬，海外有中文網站引用報導稱：「死者是中共九常委之一、全國政協主席賈慶林的私生子。」之後坊間流傳稱，賈慶林的這個兒子是賈與一名陶姓美女所生。賈慶林在福建時勾搭上她，當時她 28 歲。賈慶林從福建來到北京後，兩人的生活相當低調。

然而到了 2012 年 6 月 2 日，有兩家媒體發表了內容幾乎一模一樣的「獨家車震門報導」。文章稱：「3 月 18 日半夜，北京的車禍中，令計劃的兒子駕駛的 560 萬的法拉利撞毀，令公子即刻死亡。令計劃是辦公廳主任，胡錦濤最信任的人。」

文章還說，「令計劃的兒子北京 3・18 駕車作愛車禍死亡，如此重大案情的掩蓋牽出了『國家安全沙皇』周永康、令計劃和薄熙來 2009 至 2012 年的『三角』政治同盟。薄熙來事發後，這個同盟被打破，但 3・18 離奇車禍讓周永康、令計劃開始新的結盟。」

隨後文章開始講述令計劃如何操縱「18 大」前的「海選」，周永康和令計劃如何聯手將車禍事件「嫁禍」給賈慶林，令計劃如何有野心，想成為中共接班人接替習近平等。

還有台灣媒體稱，車禍發生後，令計劃要求北京警方更改兒子證件上的名字，並支付同車兩女孩每人高達 6900 萬元台幣的「封口費」，要求二女家屬不得對外張揚，否則家人會逐一失蹤，「連屍體都找不到」。

令計劃被暗算 跟隨胡錦濤忍受？

2012 年 12 月 19 日，港媒《星島日報》稱，已有警方調查作出結論，令計劃的兒子當時並非駕駛員，是一女孩在駕車。車上兩女子是同學，也沒裸體。前一段網上傳令計劃太太谷麗萍被雙規，是子虛烏有的捏造，大家都熱情支援谷麗萍的工作。網上還傳令家的兄弟姐妹紛紛出事，其實全部安好。

文章還說，「上級從大局出發而作的安排，明眼人都知道這是『親者嚴』，而令計劃則是有胸襟大度地配合。與他共過事的人，對他的人品和工作作風評價都很高。」文章認為，流言對令計劃窮追不捨，其實是對著胡錦濤而來。而胡為避免中共黨內出現分裂，就讓令計劃忍著。

目擊者：當事人衣著整齊

等到了 2014 年 12 月 22 日令計劃被查後，大陸網站「好酷」轉載一篇自搜狐署名「新聞當事人」的文章《保福寺橋神祕車禍》，對那場引發無數討論的車禍細節給出不同的描述。

文章寫道，兩年前的 3 月 18 日凌晨 4 點 10 分，雨後的北京城，黑夜寧靜得有些安詳，駕車前往機場的沈先生停下車，在路口等待紅燈。突然，夜空的寂靜被馬達的轟鳴撕破，透過後視鏡，沈先生看到一個黑影，由車輛的後方從西向東急速駛來，逃命似地狂奔。

沈先生被突如其來的巨響驚嚇，下意識地踩油門向前，車子躥了出去，躲避背後的黑影。

「砰！」毫無徵兆的黑影撞上橋洞南側的牆壁，一個火球飛出。巨大的衝擊力把黑影甩向另一側的護欄。「砰！」黑影被護欄彈出，停在了沈先生的左前方，碎片辟辟叭叭地打在他的車上，火焰迅速吞噬了黑影。

眼前的一幕讓他驚呆了，他立刻撥打了 119 和 120。這時他才看清，那是一輛已經支離破碎的黑色跑車，發動機和後輪掉落在了他的右後方，車頭和大部分車身橫在他的左前方。車內的一男兩女被甩出車外，衣著整齊。

文章特別提出，後來有外媒報導稱車中人幾乎裸體等醜聞，與這一車禍的唯一目擊者的回憶並不相符。

文章還提到：「據趕往現場的記者回憶，當時以為這只是一場普通的車禍。唯一讓人好奇的是，該跑車僅有一排座，限乘兩人，事故現場卻出現了三人死傷。」「有記者在計畫刊發此事時，受到了阻攔。據其回憶，當時的阻攔並非以強制的方式，而更像是私下的請求。報導最終還是在報紙上刊發了。」

「資料顯示，當時為媒體提供車禍線索的通訊員名叫于祥，曾在北京市海淀區某消防中隊任職。在拿到消防部門的通稿後，曾有媒體詢問于祥事故當事人的姓名，于回答稱，『姓賈』。知情人告訴記者，于祥因為報導此事被撤職。」

「經記者多方證實，于祥已在 2012 年 3 月份後退伍，回到老家遼寧，之前的北京手機號已經不再使用，戰友也無法和他取得聯繫。」

那個女孩哪去了，其他證人呢？

車禍發生時，令谷是否半裸、受傷的那名藏族女孩是否全裸，這是關鍵點，假如他們都是衣冠整齊正常的普通人，令計劃也就不會那麼擔心醜聞曝光。也有人評論說，即使兒子出了醜，人都死了，這事公開出來，也不會對令計劃的仕途帶來太多危害，令也無需做出這麼嚴重的政治妥協：畢竟令計劃和周永康是有前仇的。

這位署名「新聞當事人」的報導也點出了幾點人們忽視的問題：該事件至少還有兩位直接證人：那位受傷、至今不知姓名（不是數月後死亡的另一藏族女子），她是最關鍵的證人。

另外，既然當時北京消防局出動去滅火，消防隊都有通訊員，也就是文章提到的叫于祥的人，同時其他消防隊員也看到了車禍發生後的現場，還有現場目擊者沈先生，中共哪派人馬掌控了這些證人，這就是關鍵。

令谷車禍最新版本　牽扯國安副部長

等到了 2015 年 1 月，被視為導致令計劃仕途逆轉的「法拉利車禍」事件又流傳出新版本，其中出現了一名神祕的中共國安副部長。

有香港媒體報導說，2012 年初，河南商人郭文貴為巴結令計劃，便為令計劃之子令谷訂購了一輛雙座法拉利 F430 跑車，也就是後來出事的那輛車。

在北京大學，由很多官二代和富二代成立了一家「超級豪車俱樂部」（Hyper Auto Club，簡稱 HAC），令計劃之子、薄熙來之子、郭文貴之子都是這個俱樂部成員。

在令計劃之子令谷出車禍的當天，HAC 的會員們聚會。會後，令谷、郭文貴之子還有其他幾個黨政大佬、巨賈富商的公子，分別從飯店開車前往郭文貴的大本營「盤古大觀」七星級酒店，去唱卡拉 OK。

某個大佬想「嚐鮮」，漢族女孩已不新鮮，郭文貴便打電話給北京民族大學某副校長，讓他安排兩名少數民族校花前來陪伴該官員。

正好令谷和郭文貴之子一起進了「盤古大觀」，郭文貴說你們順便幫忙去接幾個人。

兩個年輕人便去接了 4 個美女返回「盤古大觀」。沒有想到，在前往「盤古大觀」的路上，令谷駕駛的法拉利車在北京北四環保福寺橋附近撞欄解體，令谷當場死亡。

重傷的兩名女子皆為 25 歲藏族姑娘，已經大學畢業。其中一名是紮西卓瑪，青海省公安廳副廳長的女兒，畢業於中央民族大學；另一名叫楊吉，畢業於中國政法大學。後者燒傷重，曾被救活，但在同年 7 月去世。

令人奇怪的是，令計劃居然比北京市公安局官員還要早得知此事。原來，國家安全部某個副部長正在酒店等待藏族美女，聽到車禍報告後，覺得事態嚴重，立即告知令計劃，建議立即封鎖現場。

這名副部長仍然以國家安全的名義，說有人要謀殺令公子。令計劃聽到事態如此嚴重，情急之下便出此下策，違規動用中央警衛局的武裝力量前往封鎖現場。

3 月 19 日北京出事
周永康鬧政變

2012 年 3 月 19 日深夜北京軍車如林。搶奪薄、周政變證人徐明之外，周永康還行刺溫家寶未遂。（大紀元合成圖）

令計劃兒子發生車禍後的第二天，2012 年 3 月 19 日，北京發生了槍戰。2013 年 1 月 10 日出刊的第 309 期《新紀元》周刊這樣記錄了當時的情形：

2012 年 3 月 19 日深夜，眾多大陸名人在微博上驚呼：「北京出事了！」還有人說聽到槍聲。不久，「槍聲」與「長安街」成了新浪微博的被過濾詞。如居住北京東城區的《證券市場周刊》編委李德林在微博上寫道：軍車如林，長安街不斷管制。每個路口還有多名便衣，有的路口還拉了鐵柵欄。兩個多月後，香港雜誌和國外媒體相繼證實：3 月 19 日，北京真的發生了槍擊戰。

就目前外界掌握的信息來看，3 月 19 日那天發生了很多事，可能至少包括下面三件事中的一個，也可能兩個、三個同時發生了。

事件一：38 軍入京「勤王」

雖然胡錦濤早已親手將中共中央警衛局「脫胎換骨」大換班，但仍不放心。2012 年 2 月 7 日，王立軍走出美領館前，給美國使館以及胡錦濤中央遞交了很多材料，包括薄熙來貪腐證據、薄谷開來殺人證據、薄熙來與周永康要推翻習近平的政變計畫，以及江澤民集團活體摘取法輪功學員器官等十多項材料。

獲悉薄周企圖政變，加上此前令計劃已經查出的薄周對胡錦濤、習近平等人的電話竊聽，以及 2006 年、2007 年、2009 年發生的對胡錦濤的幾次差點成功的暗殺經歷，還有溫家寶的侍衛長李潤田被發現給薄熙來提供情報等，面對這樣的危險局面，胡錦濤當然不敢掉以輕心，於是，2012 年 2 月末 3 月初，胡錦濤撤換了由中央警衛局派駐的所有貼身警衛，將他們調到大牆外圍防守，一個也不留。然後換上 38 軍調來的一個加強排，使江澤民、周永康的人不可能滲透。

與此同時，令計劃召集警衛團全體官兵開會，厲聲宣布：任何人員，未經召喚，擅自進入胡錦濤 3 米範圍，「格殺勿論！」

俗話說狗急跳牆，胡錦濤、令計劃非常清楚薄熙來、周永康的亡命徒心理，他們既然早已在 2009 年籌劃政變，這下薄熙來被免職，周永康鋌而走險，幹出任何事情都是可能的。

據悉，3 月 19 日，胡錦濤調動駐紮京南保定的 38 軍入京，任務是「粉碎陰謀分子軍事政變」。當時目標是北京市東城區燈市口西街 14 號，即中央政法委總部，還有知情人則肯定為玉泉山某處的周永康私邸。

槍聲從中央政法委附近傳出，該處有一個排的武警特種部隊把守。當時特警喝問趨近的「特兵」意欲何為，野戰官兵回答稱：「奉軍委主席令徹查政變基地，緝拿政變首腦！」駐守政法委的特警威脅稱：「衝擊國家要害部門等同謀反，若不馬上撤退格殺勿論！」然後武警又對天鳴槍示警，但是 38 軍數秒內讓武警們繳械。

事件二：搶奪薄熙來「財政部長」徐明

3 月 15 日薄熙來下台前後，被稱為薄熙來頭號馬仔、替薄找了上百個女人、並管理薄熙來國內貪腐和打黑搶來的錢財的徐明，最早被周永康的人馬帶走，說是去調查，實質是把徐明藏起來，以免徐明落到中紀委的手上，為審判薄熙來當證人。

3 月 19 日，溫家寶下令馬馼和中紀委的人搶奪徐明，周永康的人也想搶徐明，雙方擦槍走火，打起來了。最後徐明被溫家寶人馬搶走，才有了後來審判薄熙來時的關鍵證人徐明。

事件三：行刺溫家寶

2012 年中共兩會後的 3 月 14 日，溫家寶在新聞發布會上一直「拖延」時間，等待記者就王立軍事件發問。之後，其藉王立軍事件批評重慶，稱薄熙來犯了嚴重的錯誤。第二天 3 月 15 日，薄熙來被免去重慶市委書記職務，而在 3 月 8 日，時任中共政法委書記周永康還在中共兩會重慶代表團座談會上挺薄熙來。

周永康眼看政變計畫中的關鍵人物薄熙來落馬，薄無法在中共 18 大接任政法委書記，中共江派的權力繼承體系被掐斷，而周永康也將在中共 18 大後退休。江派一旦失去權力的保護，就將面臨因迫害法輪功而被清算。在此形式下，3 月 19 日晚，周永康調動武警發動政變。當時多方消息報導，3 月 19 日「北京出事了」，「軍車進京」等說法在大陸網路上紛紛出現。

《大紀元》獲悉，搶奪薄、周政變證人徐明只是周永康計畫的一部分，當晚周還伺機行刺溫家寶，但是胡、溫方面早就知曉並加強戒備。周永康在行動之前，其陣營內一關鍵人物倒戈，把謀殺計畫透露給了胡、溫陣營。

當晚，胡錦濤調動駐紮在京南保定的 38 軍入京，當時軍人的任務是「粉碎陰謀分子軍事政變」。

據悉，政變內情都在江澤民知情狀態下進行，江澤民在揚州的心腹、「大管家」季建業等在政變失敗後第一時間就知道此事，並迅速獲得「3‧19」行動失敗的消息。

中共江派密謀要在「18 大」後政變，也是因為 2007 年 12 月時任中共國家總理溫家寶與副總理吳儀聯手將被海外法輪功學員起訴的薄熙來貶至重慶任書記，無緣在中共「17 大」進入權力核心，不能被選為「18 大」的接班人。

再有，溫家寶在任期間，在中共高層內部多次提出要「平反六四」、「平反法輪功」、「逮捕周永康」，此後，中共政法委降級、大坍塌，多人被抓，政法系統被削權與溫不無關係。因而，溫家寶成為中共江派的暗殺對象也就不足為奇。

有消息稱，那位把暗殺溫家寶計畫洩露給胡錦濤的，是原北京市公安局局長、後升為公安部長的傅政華。

第三節

周永康逼走陳光誠
轉移政法委罪惡

2012 年 4 月底，陳光誠擺脫政法委軟禁，逃入美國駐北京大使館並發表視頻，要求溫家寶徹查周永康政法委非法迫害。然而隨後的事態急轉直下，令計劃藉周永康的手，打擊陳光誠，也打擊溫家寶。（大紀元合成圖）

在薄熙來被停職和令計劃兒子死亡之後，2012 年 4 月 10 日，中共宣布解除薄熙來中央政治局委員、中央委員的職務，由中紀委正式立案調查。眼看大火就要燒到周永康和其幕後的江澤民，這時，又發生了一件大事：盲人律師陳光誠，逃出周永康對他的 7 年監禁，奇蹟般地從山東臨沂逃到北京，並進入美國駐北京大使館。全世界都在關注：胡錦濤應該如何處置周永康呢？

4 月 27 日，陳光誠通過視頻向外界揭露當地政法委的維穩腐敗。他表示，花在他身上的維穩經費 2008 年是 3000 萬元，2011 年已超過 6000 萬元，還不包括到北京、到上層賄賂官員的錢。維穩經費由縣裡一次性撥給鄉裡幾百萬。「在東師古村家裡封鎖監控他的人員，少則七、八十人，最多達幾百人，層層看守至少

8 層。僱用看守陳光誠的人一天是 100 元，在組長扣留 10 元後，受雇者一天可拿到 90 元。」

陳光誠還通過視頻向中共總理溫家寶提出三點要求：要求徹底調查及處理對他的指控以及對他使用暴力，檢討維穩機制，保護他家人的安全，他要求溫徹底調查大陸貪污，濫用權力，給人民一個答覆。矛頭直指周永康。

按理說，這是天賜良機，胡錦濤可以順勢拿下周永康，然而大好機會卻被錯過了。周永康反而強硬的反咬胡錦濤一口。

被中共當局軟禁達 18 個月的陳光誠，2012 年 4 月 27 日成功進入美國大使館求助，這是自王立軍事件後，再次引起世界媒體追逐的熱點事件。5 月 2 日，中共外交部發言人對外宣稱其「自行離開」，美國大使館也強調陳「很高興」離開。

在中美雙方談判結果還沒有出爐前，2 日下午 2 點多鐘，長期關注和參與營救陳光誠的王雪臻在推特最早發出消息，稱中美雙方經過緊張磋商，基於陳光誠本人的意願，中共政府承諾保障陳光誠及家人的自由和權利，並會嚴肅追究相關違法人員的責任。陳光誠不尋求美國政府的政治庇護，據傳中共政府表示願意安置陳光誠去盲人學校做法律教師等。

2 日下午 3 時 30 分，美國駐華大使駱家輝致電外媒，稱其陪同陳光誠前往北京朝陽醫院就醫。

陳光誠進入北京朝陽醫院被送入貴賓病房後，局勢發生了突變。周永康派出 400 多個國保人員，封鎖了朝陽醫院，美國使館的人不但進不去，也無法和陳光誠電話聯繫，因為周永康控制了陳光誠的電話：只有周永康同意的號碼才能能撥通。在陳光誠逃出臨沂後，周永康下令讓山東的上百國保人員，強行入住陳光誠家，並酷刑折磨陳的妻子。5月2日，陳光誠一家被困在朝陽醫院，一家人沒有吃的，餓得孩子直哭。眼看掉進了又一個「東屍骨村」陷阱，陳光誠馬上改變主意，提出要到美國。

因為陳光誠事件曝光的政法委黑幕，直接威脅到周永康等血債派，於是，周永康充分利用「中國老百姓對中共極度不信任」來攪局，讓美國上當，最後讓奧巴馬陷於「啞巴吃黃蓮，有苦說不出」的處境。

華府的中國問題專家石藏山說：「對於周永康來說，最不願意看到的結果就是陳光誠留在中國。一旦陳的安全得到保障，美國定期抽查，就等於以前政法委對於陳光誠所做的一切舉動都被否定了，周永康本人也被否定了。」

5月3日，《環時》發表名為《陳光誠和美國駐華使館都應保持角色清醒》的評論，對陳光誠再次發出威脅。

5月4日，江派劉淇（北京市委書記）利用其掌控的《北京日報》等媒體同時發聲，在謾罵陳光誠的同時，暗中謾罵溫家寶，把停止對陳光誠的迫害，誣陷成是對美國的屈服，把美國對人權的捍衛，誣陷成美國干涉中國內政。

5月5日，《環時》又發表社評文章，稱陳光誠到美國留學，是「中美雙方合作成功」。

石藏山表示，這篇社論不僅拖美國下水，並讓外界認為這次中美合作「很成功」，同時也誤導中國民眾，轉移了政法委違法、龐大的維穩資金的去向、給溫家寶呼籲要調查的三件事情，將針對周永康政法委罪行的控訴，轉化成一個中國人申請出國留學，把真相用利益、暴力給掩蓋了，再次欺騙了善良的老百姓。

第四章

湖南血案
周永康叫板胡錦濤

2012 年 6 月 4 日，天安門「六四」事件 23 周年之際，正值中共政權分崩動盪，中共官方高層及民間不時傳出「平反六四」的呼聲時，以周永康特務系統為核心的江派人馬，立刻製造血案施行報復，充分顯示中共兩派矛盾的尖銳化。

2012 年 6 月 6 日「六四鐵漢」李旺陽「被自殺」，6 月 10 日香港民眾大遊行，要求北京當局交代李旺陽死因真相。（大紀元）

第一節

傳聞平反六四
六四硬漢「被自殺」

2012年6月4日，天安門「六四」學生運動23周年之際，正值中共政權分崩動盪時局，中共官方高層及民間不時傳出平反「六四」的呼聲，其中包括中共改革派以及當年參與支持殘酷鎮壓「六四」運動的江澤民派系人馬，各派爭搶插手平反「六四」，試圖騙取民心。

此前，海外媒體廣泛報導，中共高層溫家寶、習近平等人有意平反「六四」，英國《金融時報》報導，中共總理溫家寶近年三次在中共高層祕密會議上提出為「八九民運」平反。

也有報導指稱習近平上任後可能會平反「六四」。習近平指示自己手下的18大籌備組，由中組部長李源潮牽頭成立專門小組，草擬一份「八九民運」平反的具體實施可行性報告。另外，人大副委員長路甬祥、韓啟德、蔣樹聲、政協副主席白立忱等人，也公開要求平反「六四」。

當時中國國內國外政局撲朔迷離，外界如霧裡看花。香港新總督梁振英置身事外，三度拒絕對「六四」表態，台灣總統馬英九以往每年紀念「六四」，這一年感言中卻沒提平反，態度被批曖昧。

中國問題專家石藏山分析說，香港總督、台灣馬英九都在看中共的臉色，但都跟不上北京的內變，實際上中共高層內部各派都是在爭搶平反「六四」，撈取民心和奪得聲望，在當前中共政局搖搖欲墜下，平反「六四」已經變成搶手貨，包括中共鎮壓法輪功的血債幫也在插手，想往自己臉上貼金。就在這樣的大環境下，一件血案發生了，由此改變了「六四」平反歷程。

周永康施下馬威 「六四硬漢」李旺陽「被自殺」

就在外界紛紛傳言平反「六四」時，以周永康特務系統為核心的江派人馬，立刻施行報復，給欲平反「六四」者來個下馬威。這充分顯示了中共兩派矛盾的尖銳化和公開化，周永康一直站在胡溫習的對立面上。

1950 年出生的李旺陽因參加湖南邵陽當地的 89 民運，「六四」鎮壓後被當局以顛覆國家政權罪連判 23 年監禁，直到 2011 年 5 月才被釋放。

雙目失明的李旺陽在接受香港媒體採訪時，提到自己在獄中受到殘酷虐待。在 2012 年「六四」前夕採訪播出後，邵陽當局派出十多名警察到醫院看守因病住院的李旺陽，同時不准家屬陪護，而李旺陽的家屬和朋友則被當局請去問話和「喝茶」。

6 月 6 日早上，李旺陽被發現死在邵陽大祥區醫院，警方聲稱李是上吊自殺，並封鎖網上消息。但是香港人士紛紛質疑其死因疑點，並在 6 月 11 日舉行抗議遊行。

對於官方聲稱的自殺，民眾質疑說，李旺陽雙腳著地、手搭在窗上，怎麼可能是上吊死亡呢？雙目失明、行動要人攙扶的李旺陽，如何自行拿起白布吊頸？醫生何以未有第一時間卸下李旺陽施救，任由屍體掛於窗邊直至家屬到場？從照片上看，上吊的繩圈太小，唯一方法是先綁好窗邊一端白布，手執另一端繞過頸部再打結，對失明兼活動能力較差的李旺陽來說很難做到，而且該白布不足以負荷其體重及下墜力，應會即時斷掉。上吊的死者一般因窒息舌頭會吐出來，而且頭部會瘀黑發紫，然而李旺陽均無此跡象，明顯是被殺後才放上吊的。

香港《蘋果》專欄作家李怡指出，毋須偵查，任何人只憑常識就可判斷，李旺陽是被謀殺的！他同時簡單扼要的指當局下毒手的三個可能。一是報復香港 18 萬人「六四」夜的集會抗議：「你抗議我殺人嗎？我就立即殺給你看。」有線電視記者自責對李旺陽的訪問間接害死他，但沒有「六四」夜的 18 萬悼念活動就不會有這樣的訪問，能怪「六四」的集會嗎？

二是湖南地方上做這種無法無天的事，中共中央既不知道也管不到，正如中共中央管不到山東怎麼對付陳光誠的家人一樣。

第三個可能，就是中共中央為 18 大的權力分配，出現激烈鬥爭，以「維穩」為名的強硬派與所謂改革派，為搶權位而爭個你死我活：「你要放鬆對『六四』活動的禁制嗎？我就殺一個『六四』鐵漢給你看。」

隨後李旺陽的屍體被當地公安搶走，在未經家屬同意及第三方在場情況下強行屍檢。6 月 9 日又傳出屍體被迅速火化的消息，更令外界質疑當局急於毀滅證據。

　　《新紀元》獲悉，李案最大疑凶是政法委授意湖南邵陽市公安局國保支隊長趙魯湘（男）所為。事件也涉及中南海高層政治海嘯。原「六四」學生領袖劉剛分析認為，周永康之前已向各地警察下達了對國內外活躍民主人士的格殺令，是謀殺李旺陽的罪魁元凶。劉剛公開徵集簽名，緊急呼籲立即逮捕法辦周永康。

第二節

李旺陽血案
周永康公開恐嚇胡錦濤

2012 年 6 月 30 日胡錦濤晚宴，遭遇香港支聯會、民陣等團體遊行到酒店附近抗議，要求追查李旺陽血案真相。（大紀元）

2012 年 6 月 13 日，湖南邵陽「六四」民運人士李旺陽被害死後的第七天，香港支聯會在中環舊立法會旁舉行了「頭七」燭光悼念活動，數百人聚集高舉燭光和白花。此前的 6 月 10 日，2 萬 5000 香港人參加了民陣聯在中領館外設置的靈堂悼念活動，全球各地媒體和民眾也紛紛譴責中共的暴行，要求徹查此案，平反「六四」。

工人運動的積極參與者

李旺陽 1950 年出生在湖南，身高 1.82 米，未婚，性格倔強，是湖南邵陽市玻璃廠工人，他在北京時受到西單民主牆的薰陶，對民主主義產生共鳴，並於 1983 年成立工人互助會，創辦《資江民報》。在 1989 年民主運動中，他出任邵陽市工自聯主席，聲援學運。當民運被中共解放軍鎮壓後，他舉辦了「六四」死難者追悼會，後被指「反革命分子」，犯上反革命組織罪，於 6 月 9 日被捕。

原被判 10 年監禁，他在庭上抗辯：「遊行示威、言論自由是憲法賦予人民的權利，我既沒有罪，也沒有錯。⋯⋯中國工人已經覺醒了！⋯⋯這個政府已經走到了人民的對立面。」他最後被加刑至 13 年，初於邵陽市瀧溪監獄（湖南省第六監獄）服刑，後改囚沅江監獄（湖南省第一監獄），接著往岳陽勞改農場勞改。

20 多次被關進棺材倉

據中國人權民運信息中心披露，李旺陽被囚禁監獄 21 年的悲慘歲月中，曾經被施以酷刑，並有超過 20 次被關進有如大棺材的狹小囚室，為時最短一個月，最長三個月。關「棺材倉」指「關小號」或「關禁閉」。

由於這種「棺材倉」只有 1.6 米高，身高逾 1.8 米的李旺陽在裡面只能或坐或臥，室內無燈、無床，只有一個小小的地洞收集排泄物，室內滿布蝨子、蒼蠅、蚊蟲，李每日就從鐵閘上的小洞取飯充飢。

受到如此虐待，李旺陽於 2000 年已患有嚴重心臟病、甲狀腺亢進、左眼失明、頸椎及腰椎病、雙耳接近失聰，活動能力大減，幾乎不能正常生活。2000 年 6 月 8 日，他同其他湖南「六四」囚犯一樣，提前兩年出獄。

最後一個採訪李旺陽的香港記者林建誠回憶說，李旺陽談到過「關小號」的懲罰，講起這段經歷時，他表現得非常恐懼。當時李旺陽對他說，他 1989 年一入獄幾天後就首次被「關禁閉」，獄方並沒交代原因，他試圖絕食抗議，獄方就給他戴上死囚才使用的腳鐐。有超過 50 公斤重，他戴了很久，因為生鏽，導致皮膚破損潰爛，一直爛到臀部。

「監獄裡面鐵匠打的那種土銬子，比手腕還小，銬不進去，用鉗子來使勁夾，等於是用鉗子在夾骨頭，他使勁的一鉗，我頭就發昏，眼睛就看不見了。」他說話時，聲音沙啞，右手還不受控制地顫抖。

為爭取生活費 第二次入獄

李旺陽出獄後，生活不能自理，由其妹妹李旺玲和妹夫趙寶珠夫妻照顧，他仍加入了中國民主黨。湖南當局警告所有民運人士，誰探望李旺陽就抓捕誰。在此期間，邵陽市以找不到李旺陽檔案為由，拒發退休養老金，只發 300 元「低保」。李旺陽的家人亦遭受迫害，他的妹夫趙寶珠被無理解僱。由於是重點打擊對象，他們的居所被發展商強行清拆，不作賠償，使他們至今仍居無定所。

由於多年的虐待，李旺陽的身高由 1.82 米萎縮至 1.73 米，出獄後，他指出中共政府施加酷刑，致使他身體殘障，中共有不可推卸的責任，理應賠償損失，所以聯合其他湖南民運人士絕食抗議，共絕食 22 日。他的妹妹李旺玲接受「美國之音」、「自由亞洲電台」訪問，也遭湖南當局判以三年勞改。2001 年 5 月 6

日李旺陽於大祥醫院再次被刑事拘留，6月7日被捕，4天後被控煽動顛覆國家政權罪，9月11日，邵陽市中級法院將他判處10年徒刑。

「被自殺」前接受採訪並獲獎

2011年5月5日，李旺陽刑滿出獄，他的病情惡化，雙目失明，雙耳失聰，只能抬回家中，其後轉往大祥醫院接受治療。妹妹李旺玲每天煮兩頓飯，跋涉七公里路途到醫院照顧他。海內外民運人士捐款給他醫病，但銀行戶口卻無理被封，聯繫為李旺陽治療的醫生也因為公安阻撓而不能成行。

5月22日，在李旺陽朋友幫助下，他脫離了監視，接受香港有線新聞台中國組記者林建誠訪問，由於失明失聰，只能靠手掌心寫字才明白，訪問中他表示，「丁子霖教授，是一位偉大的母親，二十多年來她每一天都在為天安門事件的平反而呼號、呼籲、吶喊，不愧為天安門母親的稱號，我希望她能堅持到平反的那一天。『六四』事件必須平反，死難烈士的靈魂，應該得到安息。」談到自己因投身民運而被摧殘的身體，他表示不後悔：「國家興亡，匹夫有責，為了國家早日進入民主社會，為了中國早日實現多黨制，我就是砍頭，我也不回頭！」

訪問在6月2日播出，引起海外關注，當地公安國保亦加強了對李旺陽的監控。6月4日，李旺陽獲全美中國學生學者自治聯合會頒發自由精神獎。6月6日，李旺玲收到醫院通知稱李旺陽自殺，當她趕到時，發現他伏屍窗邊，頸項綁著白布條，白布條則綁著窗口，但他的雙腳著地、手搭在窗上，而房間遺物仍維持原狀，他也沒有留下遺書。李旺玲擁屍大哭，他的朋友只來得及拍了兩張半身屍體照片，來不及照全身照片，就被公安趕走。不久公安強行火化了遺體。

三大主犯：周永康和他的祕書長

據「參與網」報導，來自湖南省公安高層的可靠消息，邵陽市公安局國保支隊長趙魯湘（男）是李旺陽案最大的疑凶。他一直是極為頑固的迫害邵陽民主人士的公安黑手，其在「六四」時就以殘酷手段迫害學生和工人而聞名。李旺陽兩次被判刑都是此人親手辦的。

海外民運人士郭保羅在推特上也透露：涉嫌謀殺「六四」英雄李旺陽的三名主犯是：中央政法委祕書長周本順（邵陽人）、邵陽市公安局長李曉葵、邵陽市公安局國保支隊長趙魯湘。

郭保羅表示，殺害李旺陽的命令來自中共政法委高層，目的是為了阻止他繼續向外媒說話，同時震懾香港眾多想為「六四」翻案的人員和反共人士，斷絕港人期盼「六四」平反的想法。

6月7日，原「六四」學生領袖劉剛在網路上發呼籲書並公開徵集簽名，緊急呼籲中共政府立即逮捕周永康，法辦謀殺李旺陽的罪魁元凶。劉剛指出，周永康之前已經向各地警察下達了對國內外活躍民主人士的格殺令。李旺陽6月4日接受港媒採訪後，立即成為周永康的頭號眼中釘，也成為湖南當地公安貫徹周永康格殺令的頭號活靶子。

李旺陽被殺後 「七一」胡訪港

6月14日，大陸官員透露，為配合香港「回歸」15周年，胡錦濤將會於「七一」訪問香港。此前，對於胡錦濤是否會在「七一」訪港猜測紛紛，有評論認為，由於香港「六四」遊行人數再創新高，再加上由於湖南「六四」民運人士李旺陽之死引起香港輿論巨大質疑，香港支聯會李卓人代表民眾公開表示：「胡錦濤去哪，我們就追到哪」。

2007年胡錦濤曾在香港回歸十周年時訪問香港，但是遭到了要求平反「六四」和要求香港普選的抗議。中共「18大」在即，這或許將是胡錦濤在任期內的最後一次訪港之行。

根據過去的慣例，每逢有中共最高級的官員到香港出席「回歸」慶典，他們都會在7月1日中午後不久就「早退」離開香港，與下午舉行的每年一次「七一」大遊行擦身而過，以避免尷尬。

為免胡錦濤訪港時成狙擊目標，中共中央急令湖南徹查，望平息民怨。不過，當局聲稱徹查事件之際，李旺陽的家人仍然「被失蹤」。

第三節

上百人「被自殺」
密令來自江澤民

1999 年江澤民對鎮壓法輪功提出密令：「名譽上搞臭，經濟上搞垮，肉體上消滅」、「打死算自殺」，致使至少 148 位法輪功學員「被自殺」。圖為美國華府法輪功遊行悼念受迫害致死學員。（AFP）

「六四」民運人士李旺陽在遭受 21 年冤獄虐待中致瞎、致聾，出獄一年後最終被中共國保害死，中共還製造出「上吊自殺」的假象來欺騙世人。如今越來越多人看清了在中共無法無天的獨裁統治下，每個中國人都可能在某一天成為「被自殺」的犧牲品。在過去十多年裡，中共以這種極端殘暴的欺騙手法，至少讓 148 位無辜的中國人死在官方「自殺」的謊言中。

據海外明慧網不完全統計，從 1999 年道 2012 年的 13 年中，在經過證實的被迫害致死的 3559 名法輪功學員中（截至到 2012 年 6 月 13 日），有 44 例疑點重重的「被自殺」案例，有 104 例則是被警方謊稱為「自殺」或偽造事故、迫害致死的「假自殺」案例，總計為 148 例。強行火化屍體，毀屍滅跡的案例有 249 例。

這些僅是被海外證實的部分案例，因封鎖嚴密，大量法輪功學員被迫害致死案例被中共掩蓋。

中共用假自殺的手法踐踏法律，據調查，這是來源於 1999 年江澤民鎮壓法輪功時的一道密令。

據明慧網報導，1999 年 11 月，福建省浦城很多法輪功學員，跟全國各地法輪功學員一樣，到北京上訪，被抓回來關押在看守所。一次，浦城派出所的所長杜德富不但唆使犯人和警察毒打法輪功學員，他還親自對學員拳打腳踢，打掉了法輪功學員蔡金富的兩顆牙齒。杜德富還聲嘶力竭地大喊道：「打死你們就打死你們，打死了算自殺，是江澤民叫我們這樣幹的，你們告到中央去也沒用，有本事你們告到聯合國去吧！」不久，蔡金富被非法判勞教一年半。

據大陸專門鎮壓法輪功的「610」辦公室的人員透露，江澤民對鎮壓法輪功發出了幾道密令：「名譽上（用誣陷的手法）搞臭，經濟上（用巨額罰款的方式）搞垮，肉體上（用酷刑）消滅。」江澤民還說，「打死算自殺」。下面是明慧網 148 例「被自殺」、「假自殺」案例中的幾個例子。

六旬老人「坐著上吊」 被強行火化滅屍

2003 年 7 月，被關在四川綿陽新華勞教所、年近六旬的席志敏老人，給家人打電話，叫妻兒不要擔心，說他現在身體很好，10 月份就能回家了。沒幾天子女又打電話到勞教所給老人，電話中老人很高興。可是不到一個星期的時間，家人得到勞教所的電話說老人「自殺」了。接到電話的當天，家屬就趕到勞教所。

勞教所、司法局有關警察與家屬先進行談判，第二天家屬才被帶進停屍房。當全家親屬目睹死者慘狀時，痛不欲生，其妻、兒幾乎昏死過去。他們看見老人一絲不掛，全身無數巴掌大小的污塊，頸部至耳根被繩子勒成一個半圓形紅色深深血印，頭頂包著巴掌大的紗布。

席志敏於 2003 年 7 月被綿陽新華勞教所迫害致死，家人見到席志敏的遺體，他的額頭上縫了三針，脖子上有勒痕。（明慧網）

家屬質問死者身上多處傷痕從何而來，警方一一辯駁，不是說正常現象，就說是老人自己造成的，對頸部血印，竟說他自己走到廁所用捆手的紗布上吊，廁所高 1 米 5，所以老人是坐著吊的。當家屬去找警方聲稱的當事人——同房兩病人對質時，兩病人不翼而飛。家屬要求看病歷，被拒絕。警察在家屬未同意的情況下，強行將屍體火化。

為了掩人耳目，怕迫害醜聞曝光，還強迫家屬在勞教所寫保證，不許回家說死者是自殺的，要說是得病死的。回家辦喪事也不許任何法輪功修煉者參加，也不許家人對任何人提起此事。2002 年老人曾被當地國安惡警打斷肋骨兩根，還曾被關在看守所長達半年之久，曾被迫害得皮包骨頭。

新郎「襯衫上吊」省政法委密令阻止立案

33 歲的石家莊青年左志剛，生前是菲力普駐中國公司的優秀電器維修工程師。準備 2001 年 5 月 31 日結婚，正在全家為他操辦婚事、結婚前一天的下午，石家莊橋西公安分局到左志剛工作單位，沒有任何手續的情況下，將左志剛帶到了興華街派出所。次日下午 5 點多，家屬被通知左用自己的半袖上衣在派出所留置室上吊自殺。

家屬在火葬場發現屍體的脖頸部兩側各有一條明顯的較細的傷痕，周圍尚有血跡；背部有兩塊相距一寸左右非常明顯的傷坑，且後背大面積皮膚為紫色；頭部有傷：左臉部、腮部有鈍器擊打的腫塊；右耳全部為紫藍色。而衣服上並沒有血跡。公安部門不讓看屍檢報告，不斷催家屬火化屍體。

河北省石家莊一家電器公司工作的左志剛在單位突然被非法抓至石家莊橋西區公安分局進行刑訊逼供，當天就被這夥惡警毒打致死，當天，石家莊連日的火爐高溫忽然漫天大雪，六月飛雪，定有奇冤。左志剛的故事被拍成了電影《永遠》。（明慧網）

左志剛在街坊鄰居中、在親朋好友中、在同事領導中，是公認的非常優秀的青年。他性情溫和、善良、寬容，樂於助人，孝敬老人。左志剛的姐姐是一位生活不能自主的精神障礙症患者，左之所以 30 多歲才準備結婚，就是因為他要找一位願意和他一起照顧姐姐一輩子的伴侶。他找到了這樣的伴侶，卻在結婚前夕，被警察非法抓去「被上吊」。

為左志剛結婚準備的新房，一直保持著原貌。年近七旬的白髮雙親怎麼也不相信兒子會自殺。左父多次上書控告涉案機關，在控告書中，提出諸多疑點和質問，包括質問「身高 1.72 米的左志剛是在 1.6 米高的門上上吊的，腿部彎曲上的吊」。

據說檢察院曾經想介入調查橋西公安分局犯下的命案，因左志剛是法輪功學員，河北省政法委祕密下令不讓立案。

哺乳期婦女「被上吊」 乳房遭電擊

吳敬霞是一位 15 個月大嬰兒的母親，山東省濰坊市人。2002 年臘月初五因發放法輪大法真相材料被抓，被強行關入「洗腦班」（強迫法輪功學員放棄信仰的非法關押地）。關進去的第二天，家人就被告知她「上吊自殺」。

山東省濰坊市吳敬霞因發放法輪大法真相材料被強行關入「洗腦班」，次日就被毒打迫害致死，家中還有一個不滿 15 個月的嬰兒。（明慧網）

兩天後，家屬去了濰坊醫院，門口全是公安包圍著，家屬走到哪裡，公安就跟到哪裡，公安還不讓家屬看吳敬霞的屍體，經過父母和兩個弟弟的力爭，最後才讓看了屍體一眼。吳敬霞還是個餵孩子的母親，孩子三天沒吃奶，乳房本來就鼓得難受，很痛。公安卻在她最疼處用電棍電了四、五處，電的有四、五個深坑。臉上蓋著衛生紙，嘴卻流著鮮血，後背打的青一塊、紫一塊、黑一塊，大胯被打斷，脖子上還劃了一條紅槓，遍體鱗傷。

吳敬霞被迫害致死後，迫害者極度恐慌，強行火化屍體，嚴密監控吳的所有親屬實行，不讓出門，同時也不讓親朋好友進她家探望，就連周圍的村莊也被監控、封鎖消息。

此前吳敬霞還曾多次被抓被打。

被舉起往下摔 「被上吊」掩蓋內臟摔壞

50 歲婦女趙德文，家住天津市北辰區津京公路 4 排宿舍。2001 年初在家中被當地公安非法綁架勞教，關押在天津市板橋女子勞教所。她堅持信仰真、善、忍，不寫悔過書，受盡殘酷折磨。

惡警指使吸毒犯、刑事犯打她，並揚言「打死白打，死了算自殺」；誰把法輪功學員打得寫了悔過書，就給誰獎勵、減刑，否則加刑。這些刑事犯就大打出手，無所顧忌，姓郝的惡警指使四個犯人把趙德文舉起來往地上摔，趙被摔得內臟出血而死。勞教所為了掩蓋事實真相，通知家屬說她自殺了。

勞教所還製造了自殺現場，家屬看到趙的脖子上印有「上吊」的勒痕，兩手腕被割破，身上換了新衣服。當家屬要回原來的衣服時，勞教所卻說找不著了。等家屬給趙換衣服時，發現腋下有一個大口子還在往外淌血，而且身體後面發青，陰部也在流血。勞教所不讓家屬把屍體接回家中，為掩蓋事實，將屍體強行火化。

我們都是李旺陽，我們都是受迫害者

善良的山東工人馬豔芳，被精神病院迫害致死，卻被稱「上吊自殺」。她曾步行進京上訪，當時身上僅有十元錢。一路上風餐露宿，渴了捧河水喝，餓了啃冷饅頭，晚上累了就在路邊的地裡睡。後來在萬般無奈的情況下，將滿頭長髮剪掉賣了九元錢。就這樣歷盡艱

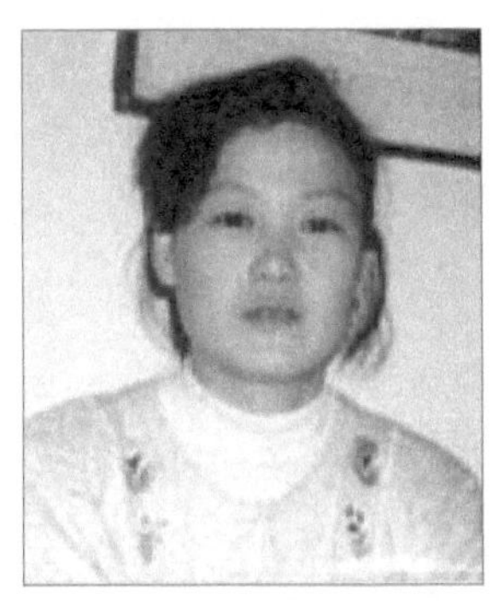

山東省濰坊地區諸城市陶瓷廠職工，法輪功學員馬豔芳被害死於諸城市精神病院。（明慧網）

辛，步行 17 天走到北京。一個三十多歲的婦女，其艱難可想而知。

河北省青龍縣百貨公司職工張志彬，是在唐山開平勞教所「被上吊自殺」。當地公安帶著槍威脅親屬，連靈堂都不准設。張志彬 1999 年 7 月 20 日迫害開始後，先後 5 次去北京上訪，受盡各種酷刑，被手腳連銬、掛幹、趴冰、毒打、電擊、關小號等等。即使遭受殘酷的迫害，張志彬還對著迫害者，用微弱慈悲的聲音說：「請記住我說的話，不要再迫害，記住大法好才是唯一希望。」

受難中仍向迫害者勸善的張志彬。（明慧網）

湖北省麻城白果鎮王華君因聲明在洗腦班上的違心言論作廢，被當地政法書記徐世前打昏拖到金橋廣場，公安澆上汽油將她活活燒死，反誣她「自焚」。

還有據地不足 1.5 米的被自縊者——張卓；沒有任何上吊材料就「被上吊」的賈秀蘭；被製造上吊假象的陳乃法；還有被謊稱上吊的陳勇、楊文華、侯延雙、孫建秋、張桂好、王秀娟……

被中共酷刑折磨，隨後被活活燒死的法輪功學員王華君。（明慧網）

上面這些僅僅列舉了被迫害致死的法輪功學員中被誣衊為「上吊」的數個案例，從中折射出中共有多麼殘暴、流氓。現在人們發現，中共用來鎮壓普通百姓的惡行，都是 15 年來最先用在迫害法輪功學員身上的，昨天中共惡警這樣迫害法輪功學員，明天就會用同樣的惡行來迫害我們每一個人，在中共的暴政下，我們都是李旺陽，我們都是法輪功學員那樣的受迫害者。

第四節

兩派廝殺
薄熙來案經歷五大轉折

在對薄熙來的審理中，集中體現了胡錦濤與江澤民的博弈，雙方力量不斷此消彼長，其間起起伏伏，曲曲折折，至少出現了5次大的轉變。簡單地說：

網路上流傳一份「薄熙來『2014 政變計畫』提要」，提要認為，未來中國搞社會主義的領袖就是薄熙來，薄「18 大」上台後，要在全國進行肅貪以及打黑唱紅運動，在今後 10 年內，要殺掉 50 萬貪官污吏，打掉 100 萬自由化思潮的頭面人物，關押 200 萬與黑社會有聯繫的人物。

具體措施包括三個方面：一、嚴厲肅貪，對貪污賄賂罪，超過 100 萬人民幣的一律判處死刑，不得緩刑；二、摧毀資本主義經濟基礎，將私有企業改造成為公有制企業；沒有觸犯中國法律的外資企業可以同意其撤資離開中國，觸犯了法律的外資企業的投資一律沒收；三、嚴厲打擊意識形態、思想文化教育領域的「帶路黨」。他們計畫對 200 名影響特別大的知識分子判處死刑，絕不能讓他們中產生瓦文薩、哈維爾式的人物。

軍事準備工作包括：任命王立軍為武警總隊第一政委，組建特種部隊——閃電突擊隊；組建 30 個民兵師。中共解放軍海軍少將朱和平認為訓練經費需要 30 個億，薄熙來立即批准了 50 個億，並要求在「18 大」之前組建民兵預備役師，軍事培訓方面，可以請求 14 軍、13 軍和成都軍區支援。

該計畫制定了兩套方案，一是通過一系列舉措贏得民心，通過輿論煽動「讓薄熙來進入中共最高層」；第二套方案就是一旦行動受挫，在西南舉兵政變，爭取瀋陽、北京軍區和二炮部隊的支持或者至少是作壁上觀，中國勢必形成聯省自治的局面。

3 月 14 日第一次交鋒結果：由鬆變嚴

2012 年 2 月 6 日，原重慶公安局長王立軍出逃美國領事館的消息傳來，胡錦濤等中共高層都非常吃驚。對中共而言，這是比林彪出逃溫都爾汗還要可怕的事，因為王立軍給美國人帶去了很多祕密文件，王還在美領館前高喊「薄熙來是個野心家」，加上薄熙來親自帶兵包圍美領館，美陸戰隊士兵子彈上膛，差一點釀成外交事故。

從那時起，如何處置薄熙來就成了中共高層的燙手山芋。《新紀元》在第 267 期 2012 年 3 月 22 日出刊的封面故事《獨家爆料：習近平倒薄的真正推手》一文中介紹了兩派的第一次交鋒。文章引用知情人的話說：「在 2 月份的兩次會議上，溫家寶認為，王立軍事件是現任重慶市委過去幾年工作中有『明顯的問題』的反應，並且認為中央應該對重慶近年的工作進行徹底調查。賀國強和李克強基本同意溫家寶的意見。而周永康認為王立軍進入美領館是孤立事件，不能因為王立軍而否定最近幾年薄熙來在重慶的成績。李長春和賈慶林基本同意周的意見。」

胡錦濤對如何處理重慶問題保持沉默，吳邦國也沒有表態。而習近平從開始的中立隨後轉向支持溫家寶。據說習近平和他的智囊人物，並不喜歡薄熙來兩年來的頻頻動作。

在 3 月 13 日最後一次常委碰頭會上，習近平做出表態，贊成中共中央對重慶問題進行調查。隨後，吳邦國表態支持，因此才有 3 月 14 日溫家寶記者會上的講話，以及 15 日宣布薄熙來被解除重慶市委書記職務。

2012 年 3 月 14 日，在兩會記者招待會上，無論主持會議的李肇星幾次催促結束提問，但溫家寶一直不結束，直到西方記者問到薄熙來案時，他才一字一句地講出一番話，隨後結束會議。

溫家寶的話代表中共高層給薄熙來事件的定調，要從清算文革遺毒的角度處理薄案。溫家寶說：「調查和處理的結果一定會給人民回答，並且經受住法律和歷史的檢驗。」

5 月京西賓館會議第二次轉折：由嚴到鬆

不過，溫家寶的建議很快遭到中共退休大佬們的反對，再加上，中國經濟在 2012 年 5 月份之後出現「硬著陸」的危機，一旦經濟大幅衰退，中共政權必然倒台，於是中南海開始對薄案妥協。

2012 年 5 月，為了避免公布真實的薄熙來案情從而帶來對中共政權的巨大衝擊，導致中共立即垮台，胡錦濤在京西賓館召開

200多人的會議，並達成妥協，決定縮小打擊面，大事化小，無論是否參與薄案政變的人，只要公開切割，就不再追究，薄案也盡量留在「18大」以後從輕處理。於是薄案發生第二次轉折：由嚴變鬆，盡量軟著陸。

於是外界看到8月20日審判薄谷開來時，官方隱瞞了她夥同薄熙來貪腐幾十億，與周永康聯手搞政變欲推翻習近平，參與活摘法輪功學員器官、販賣屍體等罪行，而且隻字未提薄熙來，儘管兩人是夫妻，很多事都是倆人一起幹的。哪怕到了9月24日對王立軍的審判上，官方也沒有提到「薄熙來」這三個字，只是談到「重慶主要負責人」打了王立軍「一耳光」。

然而正如同《新紀元》的預言，胡錦濤很快就成為了當代寓言故事「農夫與蛇」的主人公。以江澤民為首的殘殺法輪功學員的血債幫，在周永康、曾慶紅的密謀下，在稍微暖和過來後，開始撕毀《京西協議》，不斷嘗試「鹹魚翻身」。

9月28日薄案第三次轉折：由鬆再變嚴

2012年8月下旬，中國和日本在釣魚島問題上的衝突忽然升級，大陸各地相繼發生大規模反日遊行，而遊行隊伍裡不時上演「意外節目」，如公安便衣帶頭打砸搶、遊行出現「釣魚島是中國的，薄熙來是人民的」之類挺薄口號。

9月3日，經常「被露面」的周永康高調到合肥市中級人民法院「調研」，並在海外中文媒體放風說「薄谷開來沒有殺海伍德」，周永康多次前去探望薄熙來和薄谷開來，周還說：「薄熙來同志一定會看到太陽出來的日子。」

　　挺薄派的反撲終於在兩天後的 9 月 5 日晚上，促成了胡、溫、習宣布立即審判王立軍。在此之前，從 9 月 1 日開始，習近平在中央黨校講話後，就神祕「失蹤」了 14 天，直到 9 月 15 日才露面。

　　習近平之所以選擇「失蹤」14 天，是因為他看到了薄案這樣「軟著陸」帶給他的危害，這次假如不能徹底懲治薄熙來，讓薄「無法翻身」，那麼薄熙來的黨羽以及毛左勢力，隨時會利用薄熙來這個定時炸彈炸傷習近平。於是習近平提出辭職，與其當一個四處受夾擊的中共接班人，不如只當一名普通中央委員。

　　習近平的辭職如同一顆炸彈，炸亂了中共高層，各派大佬不再爭執，趕緊聚集在一起安撫習。經過各方的討價還價，最後按照習的要求，中共第二次變調，最終定下了「18 大」時間表，並在 9 月 28 日宣布薄熙來被開除黨籍和公職，並稱薄犯下七大罪，徹底結束了薄熙來的政治生命。

　　9 月 28 日聯合國人權會議譴責中共活摘器官，中共政治局列出多項罪狀要嚴懲薄熙來時，大陸互聯網一度解禁對「活摘器官」的封鎖，江派發現挺薄失敗了，於是馬上改變方向，再次放風說，江澤民也認為薄熙來犯下「反人類罪，突破了人類底線」，江派也力圖與薄切割，斷臂求生。

　　10 月 26 日，《紐約時報》突然報導溫家寶家族貪腐 27 億美金。26 日深夜，北京馬上通報薄熙來被立案偵查並送進了秦城監獄羈押，10 多小時前，薄剛被終止了人大代表資格。第二天中共九常委全部現身參觀一圖片展，官方照片中，溫家寶笑逐顏開，坊間認為這是中南海有意挺溫並宣布黨內團結的信號。

　　於是很多人認為，薄熙來可能被重判幾十年，甚至可能被判死緩或死刑，因為雙方矛盾激化到你死我活的地步。

11月15日18大第四次轉折：由嚴再變鬆

2012年11月8日，胡錦濤在「18大」開幕式上長達100分鐘的講話，主題就是亮出了他的毛左立場，給全世界潑了一盆冷水。

胡在政治報告中不但多次提到「毛澤東思想」，「堅持四項基本原則」，還首次提出了「既不走封閉僵化的老路、也不走改旗易幟的邪路」，把改旗易幟稱為「邪路」。這讓人們看到，胡錦濤內心深處還是信奉毛左的那一套，他畢竟是中共培養出來的人。

由於有了毛左的共同語言，人們開始猜測胡錦濤是否會從輕處理薄案，令薄案再度出現第四次轉折。這時有消息說，薄熙來可能會輕判，只判5年監禁。也有消息說，官方可能只審理薄熙來的幾項罪，諸如包庇薄谷開來，犯下妨礙司法公正罪；經濟上的貪腐上千萬，由此推測薄熙來可能被判刑15年左右。

8月22日薄熙來翻供：由15年變無期

2013年8月22日8時30分，山東省濟南市中級法院第五法庭開庭審理薄熙來受賄、貪污、濫用職權一案，濟南中院官方微博轉播了庭審情況。庭審首日，濟南市檢察院起訴書稱，薄熙來受賄金額為2179萬元（人民幣，下同），貪污金額達到500萬元。

此前境外媒體引述中共內部傳達的文件稱，薄熙來貪污受賄上百億人民幣，但法庭只起訴了兩千多萬。這是大大掩蔽縮水後的結果。由此可見，胡錦濤想從輕處理薄熙來，以便安撫江派，不要狗急跳牆。

　　然而，一向瞧不起胡錦濤、習近平的薄熙來，非常狂妄，以狡辯與謊言，當庭否認各種指控。8 月 23 日（庭審第二日），上午庭審播放了 2013 年 8 月 10 日詢問證人薄谷開來的同步錄音錄像，宣讀了其妻子薄谷開來、法國人德維爾等證人證言，播放了相關視聽資料，證明薄谷開來用其收受徐明給予的購房資金，以 231.86047 萬歐元（折合人民幣 1624.9709 萬元）在法國購買房產，薄熙來對此知情。下午開庭後，公訴人出示了相關書證、證人張曉軍等人證言、物證照片、被告人供述和親筆供詞等證據，證明薄熙來通過其妻和其子收受徐明支付的機票、住宿、旅行費用，償還信用卡欠款費用，以及購買的電動平衡車等，共計折合人民幣 443.1432 萬元。

　　8 月 24 日，證人王立軍出庭作證。在法庭上，王立軍稱被薄熙來一拳打破唇角。8 月 25 日，薄熙來當庭稱王立軍「品質低劣」，表示他從未學過拳術。薄熙來承認自己處理相關問題有錯誤、有過失，表示濫用職權行為跟自己無關，把責任都推到薄谷開來、吳文康等人身上。

　　8 月 26 日，薄熙來為了把水攪渾，在法庭上聲稱：「我一巴掌把他打跑，我有錯誤，但是一個巴掌就打出一個叛徒來也不容易。其實王立軍為什麼要跑，他自述的那幾個理由根本都不成立，包括公訴人講的那幾個理由我認為也是非常牽強的，他真正理由就是因為王立軍他自己已經交代了，他暗戀著薄谷開來，情感糾結，他不能自拔，也向薄谷開來做了表白，這個他與薄谷開來寫信時寫出來了，而且自己打自己 8 個耳光，薄谷開來說你有點不正常，他說我過去不正常我現在正常了，沒想到這時我突然出現，我把東西收走了，他知道我的性格，他侵害了我的家庭，侵害了我的基本情感，這才是他真正叛逃的原因。王立軍實際上想把水攪渾。」

從這一段強詞奪理的編造中，人們見識了薄熙來的狡辯術。他稱：「我認為王立軍謊話連篇，用他的證言證明我有罪，我認為是不可信的。」

薄熙來的詭辯，激怒了胡錦濤和習近平，於是，原定判處薄熙來 10 至 15 年監禁的決定，變成了 9 月 22 日濟南中院的一審判決：以薄熙來犯受賄罪、貪污罪、濫用職權罪，判處無期徒刑，剝奪政治權利終身，並處沒收個人全部財產。第二天薄熙來提出上訴。10 月 25 日，山東省高院駁回上訴，維持一審無期徒刑判決。

第五章

天安門血案
習近平遭死亡威脅

2013 年 10 月 28 日中午，一輛汽車衝向北京天安門金水橋後起火爆炸，造成 5 死 38 傷。爆炸發生時，習近平在 200 米外的人民大會堂開會。官方 30 日定性此案為新疆維族人發動的恐怖襲擊。然而，事件疑雲重重，甚至曝出「京警預知」的詭異現象。

（AFP）

第一節

天安門爆炸案五大懸疑黑幕

2013 年 10 月 28 日天安門汽車爆炸案震撼中共高層層，案件疑雲重重，令中南海局勢更加詭異和動盪。（Getty Images）

2013 年 10 月 29 日，中共宣布 18 屆三中全會 11 月 9 日至 11 月 11 日召開，而就在此前一天，10 月 28 日中午 12 點 5 分，天安門發生了震驚中外的爆炸案。一輛汽車衝向天安門金水橋後起火爆炸，事故共造成 5 人死 38 傷。爆炸發生時，習近平、李克強和五名其他政治局常委在 200 米以外的廣場西邊的人民大會堂開會。

北京市警方第一時間就宣稱犯罪嫌疑人來自維吾爾自治區，而在維吾爾人當中擁有影響力的維吾爾在線網站則質疑說，在實際攻擊者的職業身分、族群背景和肇事動機均未得到證實的情況下，當局放口風，意在轉移矛盾，將維吾爾人當做替罪羊，在污名化維吾爾人的同時，為針對維吾爾人的高壓政策尋找藉口。

事件發生後，中國社交網站微博出現很多相關照片，但都在很短時間內被刪除。當局一度封鎖附近街道，關閉天安門地鐵出口。

當時有兩名法新社記者第一時間出現在現場拍攝，但隨即遭天安門便衣警察帶離，並被強行扣押在天安門公安分局。當局試圖指控他們與肇事者合謀，但記者否認，稱純屬巧合。警方在強制刪除了記者拍攝的照片後，將其釋放。

10月30日，中共官方聲稱28日發生的車輛撞擊天安門事件是一起恐怖襲擊，是經過嚴密策劃，有組織、有預謀的恐怖襲擊案件。北京警方宣稱，還抓捕了其餘涉嫌的五人。

懸疑 1. 鳴笛驅趕行人或故意撞人群？

中共官方稱，新疆三民眾烏斯曼・艾山及其妻子和母親駕乘吉普車闖入長安街便道，沿途「快速行駛故意衝撞遊人群眾」。嫌疑人駕車撞向金水橋護欄，點燃車內汽油致車輛起火燃燒，車內的三人當場死亡。

然而，《洛杉磯時報》報導目擊者的話說，汽車闖入步行區，沿著廣場北邊行駛500米，衝撞上人行道，然後撞擊石橋的圍欄。之後汽車在巨大的毛澤東畫像下爆炸。

23歲的菲律賓女子Francesca Bunyi在事件當中受傷，她29日在醫院告訴友人，該汽車鳴著喇叭驅趕行人，試圖衝向毛澤東畫像同時躲閃障礙物。她說，她沒有聽到槍聲。

「我們所有聽到的就是喇叭聲，很遠就傳來喇叭。」她的友人引述她的話說。

一個來自山東的年輕男子說，「汽車走得不快，因為兩個人卡在汽車輪子下面了。武警衝著汽車喊叫，要它停下。」「汽車撞向石橋然後停下。然後有一個爆炸……我大約位於爆炸之外的三米遠。但是我沒有受傷，因為它不是很強烈。」男子說。

北京著名的社會活動家、諾貝爾和平獎提名者胡佳也表示，有目擊者說，該部車一直在鳴笛與官方說法矛盾，「鳴笛是希望人閃開而不是說硬衝撞上去奪人性命，但是這裡面還是造成了這樣大的傷亡，最後三個人自己沒下車全都死亡了。」

懸疑 2. 針對天安門城樓上毛澤東畫像？

一名目擊者告訴《華爾街日報》，他看到這部汽車開進人行道的人群，然後幾乎在俯瞰天安門廣場的毛澤東畫像正前方起火。

法國《解放報》刊登了駐京記者菲力浦·格朗日羅的文章稱，在北京市中心發生的這起自殺式攻擊，是針對中共政權的象徵——天安門城樓上毛澤東畫像去的嗎？

文章表示，這些攻擊者的目標好像是毛澤東的畫像，而且周一的攻擊也不是針對中共政權的這個唯一象徵的第一次。中國異見人士胡佳說，攻擊目標毫無疑問是毛的畫像。

文章援引胡佳的博文稱：在這個法西斯暴君的魂魄沒有被消除之前，中國就不會有民主和自由，如果說天安門廣場上有兩樣東西必須被焚燒的話，那就是毛的遺體和他的畫像。

毛澤東是中共權力的象徵，卻是中國人的大災星。自1949年起，毛澤東發動的各種政治運動，及人為製造的大饑荒，葬送了8000萬中國人的性命。在25年前，即1989年「六四」前夕，發生了一起四個湖南人用顏料和雞蛋投擲天安門城樓上的毛澤東像的事件。

2010 年 4 月，北京天安門城樓毛澤東畫像在清明節當晚，突然被人投擲可能是墨汁或雞蛋的污染品，畫像遭污損。

多方稱爆炸車是軍車

還有知情人向「希望之聲」透露，爆炸案的吉普車其實是一輛軍車。事發後官方極力封鎖消息，據傳是一輛軍用車，而且車牌可能是「京」牌。

胡佳對《大紀元》介紹，他去過天安門金水橋並有所了解，「金水橋只能是公安、特警武警和城管的車輛能進去，民用車輛是絕對不能上去的，上去就會遭攔截。我聽警察也講過那部車闖了好幾道關。」

港媒報導，也有熟悉車輛管理的北京律師表示，從官方公布天安門肇事越野車曾擁三副新疆不同地市車牌看，似是當地政府駐京機構的車輛，因為只有這種車輛才可一車多牌，隨意「變身」，根據來自不同地方的中共官員掛不同的車牌，以顯威風。

懸疑 3. 爆炸車上是新疆人嗎？

另有消息人士向「希望之聲」透露，吉普車上的三個人不是新疆人，因為他們不具有新疆人特有的外貌特徵。

消息人士說，不少上訪民眾在天安門廣場親眼看到事件發生，他們說，車上的三人絕對不是新疆人。「新疆人從他長（相貌），不像；再一個新疆人的語言也不一樣。……它是整個一個集體行動，究竟這些人是什麼身分，是哪裡人現在搞不清楚。有（人）知道他們從王府井開過來的，和那幾個人交談過，要不？他們怎麼知道語言呢？具體情況非常隱密，不清楚。（還有其他同夥人沒在那車上？）對，對。那個吉普車是越野型的、軍用的。」

消息人士還表示，三個人因為都有冤情，長期得不到解決，對政府感到失望，所以用這樣的方式來表達自己最後的憤怒。而且他們事前曾經駕車多次踩點，尋找最佳的時間及路徑。

懸疑 4. 車撞之前 故宮傳將提前關門

法國《費加羅》報導，天安門汽車爆炸事件的當天，一位法國遊客正在現場。報導引述這位希望匿名的法國工程師披露，中午 12 時前，他在天安門，離那輛汽車只有 20 米遠。他說，此前的 11 時 30 分，有個信息宣布故宮將提前關門，人群開始奇怪地移動。

該男子向法媒描述事件現場稱，當時他聽到他所在的人行便道上有汽車的聲音。他看到一輛白色吉普車在人行便道上行駛，起初以為是服務車輛分開人群，後來發現一個男子被卡在白色吉普的車輪下面叫喊著，一個中國警察用警棍敲打這輛車子。

他說，當車停下來，他看到車門上有黑色阿拉伯字體，立即想到了是炸彈汽車，於是撒腿就跑，邊跑邊回頭，大約 10 秒鐘後，他聽到了爆炸聲，不知是油箱還是炸彈爆炸，但在爆炸發生之前，他沒有看到任何火光和煙霧。

懸疑 5. 京警預知天安門發生大案？

還有一名北京的網民因上班遲到，在微博上抱怨說：「早上 9 點不到，無緣無故地鐵 2 號線前門站東北口採取封閉措施，莫名其妙！」

上午不到 9 點，也就是距事發至少三個小時前，京警已有布署動作，似乎早已預料「有事發生」。

胡佳：維族一家自殺式攻擊蹊蹺

胡佳接受《大紀元》專訪說，官方的解釋令事件充滿詭異和不可思議，背後一定有更深的內幕，並對該事件的疑點和維漢民族矛盾做了深層的分析與解讀。

胡佳表示 10 月 28 日中午慘案發生之際，起初認為車上是一個男性，後聽說車上有三人都死亡了，想像中是三個男性，但後來才震驚得知是一家人，包括丈夫、母親和妻子。

他認為相當匪夷所思，「說句心裡話，哪個兒子會帶著自己的老母親去做這種衝撞的事呢？誰願意把自己妻子也同歸於盡呢？這確實是不可思議的一件事，我覺得這裡邊一定有更大的、更深的、更長時間的這種社會根源才會造成如此的一種境地。」

他認為從妻子、母親、兒子（或丈夫）這三方的社會角色來講，他們相互之間都會很珍惜對方，「有多少個老母親會支持、參與這樣的事情，哪個母親不想留自己的兒子在身邊呢？哪個妻子又願意丈夫去死呢？但這一家三口就發生了這麼一件事情。我覺得這是一個悲劇，不僅一家三口自己死亡，同時還造成了 38

人傷，及另兩位無辜者的死亡。」

他認為暫且將他們是維族人放一邊，在中國大陸，漢人採取一些特定的方式比如 1982 年時金水橋附近同樣發生女司機駕車衝撞人群，多多少少都有原因。而且他們從遠離京城三、四千公里之外的新疆來，他的內心有多少的壓抑，然後去衝撞這個有特定象徵性的天安門城樓。

官方全面封鎖信息

不過，很多消息得不到證實。在爆炸發生後，官方立即全面封鎖信息，第一時間緊急下「封口令」並稱與新疆維吾爾人有關係，引發人們質疑聲浪。媒體引述中共內部消息稱，事件絕非偶然意外，而是自殺式襲擊。

法國媒體《十字架報》以標題《疑似一起攻擊事件讓天安門一片恐慌》進行報導：周一中午，天安門廣場到底發生了什麼？我們很難了解到真情。中國特警在事發後立即封鎖了出事的現場，網路警察也查禁了相關的評論。

北京維族學者伊力哈木·土赫提對「德國之聲」表示，對官方公布的有關所謂恐怖襲擊事件的消息存在疑問。同時他也擔心維吾爾人的處境將更加艱難，矛盾衝突會更激化。

熱比婭呼籲展開獨立的國際調查

BBC 報導，世界維吾爾人大會主席熱比婭呼籲對天安門撞車爆炸事件展開獨立的國際調查。熱比婭稱這是一起悲劇事件。

報導說，當被問及維族人是否應對事件負責時，熱比婭表示：「也許是，也許不是。由於中共政府嚴格管控對這起悲劇事件的相關信息，目前很難講。」

熱比婭在接受路透社的書面專訪時說：「如果是維族人幹的，我想他們是出於絕望，因為在中共統治下，維族人沒有解決不公義問題的管道。」

熱比婭在華盛頓還發表聲明稱，擔心中共政府將捏造事實，並利用天安門撞車事件為藉口加強鎮壓新疆維族人民。熱比婭還擔心鎮壓會引起維族人的反抗。

美國官方未定性天安門案是「恐怖襲擊」

10 月 31 日，美國國務院例行記者會上，有記者問及應該如何定性天安門汽車爆炸事件，美國國務院發言人普薩基（Jen Psaki）表示，這是一場悲劇，五人在該事件中死亡，多人受傷。此外，隨著收到信息的增多，美方也將對此進行調查。

就中共定性此案為恐怖襲擊，普薩基表示，美國正密切關注此事，並與中共進行了溝通。

普薩基稱，她不認為美中在應對穆斯林極端分子或恐怖分子時有共同的價值觀和目標。美方堅信普遍人權，這當然也會適用於維吾爾族群體。這也是美國同中方定期溝通的內容。

第二節

天安門血案 習遭死亡威脅

北京天安門城樓前 10 月 28 日發生吉普車撞人事件後，官方戒備明顯升級。（AFP）

2012 年 10 月 25 日，薄熙來二審判決依舊被處以無期徒刑，這令其背後的周永康很氣惱。於是 3 天後的 10 月 28 日，北京天安門金水橋護欄被人開車撞倒，車輛起火燃燒，事件震驚國際。事件發生時，中共七名政治局常委正在緊靠天安門廣場的人民大會堂舉行會議，習近平等人聽到事件後極為驚愕。

負責破案的北京公安局負責人傅政華很快將此案定性為涉「東突」恐怖襲擊，不過，更多的跡象顯示，該事件是江派為薄熙來政治生命的死亡而實施的政治報復，這是對習李政權的一種恐嚇和難堪。

自從薄熙來事件後，江澤民派系利用這種赤裸裸的公開恐嚇方式並非首次，從「六四硬漢」李旺陽事件開始，江派多次採取這類恐嚇手段，不但殺人害命，而且故意讓外界看出「故意殺人」的破綻。江派的目的無非是特地針對習近平，警告習若不聽江派恐嚇、繼續幹下去，自己的生命隨時會發生類似險情。

李旺陽事件 江派警告不許為「六四」翻案

2012 年 6 月 6 日「六四」民運人士李旺陽在湖南邵陽市一間醫院被發現「上吊」身亡，但當時失明失聰、行動極為不便的李旺陽是如何走到窗戶邊上？如何繫上繩子？如何在雙腳都能站在地上的情況下讓自己上吊死亡的呢？人們紛紛質疑李旺陽是先被害死後，並被營造成自殺的假象。

此前周永康控制的湖南政法委和國安警察等，還故意暗中允許香港有線電視記者林建誠採訪到了李旺陽，等「六四硬漢」的消息傳遍全球後，江派再故意害死李旺陽，導致民怨沸騰。特別是香港人，直接把矛頭對準了前來香港主持回歸紀念的胡錦濤。

因為民眾無法原諒中共當局依舊在「六四」發生的 23 年後害死了「六四硬漢」，無論李旺陽是被誰殺害的，這筆債都將算到胡錦濤頭上，誰讓胡是中共一把手呢？

馬三家事件與習近平打的 江派發死亡威脅

接下來是 2013 年 4 月 18 日，香港《大公報》發表獨家新聞《北京「的哥」：習近平總書記坐上了我的車》，中共黨媒「新華網」官方微博先證實「確有其事」，幾小時後又宣布此報導為虛假新聞。

據北京消息人士告訴《新紀元》，「習近平打的」事件是以曾慶紅和劉雲山為首的江派殘餘勢力對習近平發出的死亡威脅，習近平根本就沒有坐過出租車，劉雲山等江派的真實意圖是藉此威脅習近平不要再「越界」碰觸法輪功問題。

消息稱，以曾慶紅和劉雲山為首的江派陣營，借助偽造習近平打的新聞中相關題字釋放信息，對習近平陣營傳遞「死亡威脅」。「一帆風順」幾個字，故意被寫成了類似「八b（寶）山風順」的字樣。同時「帆」這個字，上面還故意多了一橫，更是暗示習近平再這麼搞下去，八寶山就會再多躺一個人。

為何江派要製造出這個假新聞呢？目的就是為了給「馬三家勞教所」的報導扣上假新聞的大帽子。2013年4月7日，與習近平、王岐山關係密切的大陸《財經》雜誌旗下的《Lens視覺》發表《走出馬三家》一文，揭露了部分馬三家勞教所的黑幕，引發國際對法輪功受迫害的關注。此後此文在大陸媒體上被刪除之後再登出，出現「拉鋸戰」。接下來就發生了「習近平打的」事件。

光大事件 江派威脅搞垮經濟

再接下來是2013年8月22日薄熙來出庭受審之前的8月16日，中國股市意外暴漲，一分多鐘內滬指突然升100點，暴漲逾5%，交易額達78億元。這個被國內外稱為「8·16光大烏龍指」事件導致大陸股市暴漲暴跌，引發中國證券史上最大錯帳交易糾紛。

此前薄熙來的哥哥薄熙永公開恐嚇說，他們（江派）能讓股市暴漲暴跌，有能力控制中國經濟從而影響中國政治，藉此威脅習近平陣營，給習近平下馬威，讓習派「見識」江派勢力在極端情況下可不惜毀掉中國經濟以「同歸於盡」。

天安門爆炸案旨在恐嚇習近平

薄熙來在 2012 年 3 月 15 日被免除重慶市委書記的職務後，3 月 18 日出現了轟動北京的令計劃兒子車禍身亡的「法拉利事件」，3 月 19 日的周永康「警變」。而在薄熙來 10 月 25 日被二審終判無期後，也是三天左右，即發生了天安門爆炸事件。

北京消息稱，將事件升級為東突恐怖襲擊的目的是為了恐嚇國際社會、撕裂和分化中國社會及脅迫習近平。新疆一直是周永康的老巢，新疆很多衝突是周永康一夥因應其政治目的的需要而挑動及發起的。「這起事件，圖片全部被封鎖，但是唯獨維族人涉案的風聲在第一時間內被放出，這其實已經都很明白了。」

江派在中共最高層失去權力後，恐懼法輪功真相將全面曝光，因而遭到清算。這次故意升級天安門案，意圖製造民族撕裂，企圖亂中奪權。就如此前有報導稱，曾慶紅列席港澳協調會上曾說：「香港出現政治混亂，要害是『奪權』、是搞『政治獨立體』……，越亂越好辦，按既定方針解決……」

江派把此事定性為「東突恐怖襲擊」，另一個目的就是給美國造成壓力。美國是新疆維權人士的支持者，給這起事件安上「東突恐怖襲擊」的名頭，會讓習近平在新疆問題上騎虎難下，並可能使得美國對此做出反彈，增加習的壓力。

第三節

習近平驚愕 博弈白熱化

外界普遍認為，新疆問題是中共江澤民集團一貫的高壓民族維穩政策所導致，迫害民眾的暴行已經導致天怒人怨。（AFP）

除了天安門爆炸案之外，江派還發起了其他恐嚇威脅，藉此傳遞信息：習近平若動江派人馬，江派將不斷製造事端，令習近平心神不寧，應付不暇。

10 月 31 日至少三個航班 收到炸彈威脅

2013 年 9 月 28 日天安門爆炸案後第三天，10 月 31 日，有多名網民通過微博爆料，稱自己所乘飛機遭遇爆炸物威脅。中共官方證實有至少三架進出長沙航班受炸彈威脅，包括首都航空 JD 5662 長沙飛杭州、南方航空 CZ 3743 哈爾濱飛長沙、川航 3U 8998 福州飛成都（經停長沙）航班。此消息引起民眾廣泛關注。此前由長沙飛往上海的航班因收到危險品威脅而延誤。

據中國民航局網站消息，10 月 31 日 12 點 50 分左右，川航

3U 8998 航班、首都航空 JD 5662 航班、南航 CZ 3743 等航班分別遭遇「炸彈」信息威脅。

《四川在線》消息，首都航空稱 JD 5662 起飛半小時後，接到威脅電話。所有航班的起止地幾乎都與長沙有關。

據中國新聞網報導，原定 12 點 20 分起飛的川航 3U 8998 福州飛成都（經停長沙）航班遭受炸彈威脅造成延誤，福州機場排檢查未發現炸彈。南航 CZ 3743 哈爾濱飛長沙航班也遭受炸彈威脅，備降武漢。據首都航空透露，首都航空 JD 5662 長沙飛杭州航班，受炸彈威脅迫降南昌。

此外，據新民網報導，原定 10 月 27 日 22 時從湖南長沙黃花機場起飛，飛往上海的 HO 1250 吉祥航空也因「飛行器收到危險品威脅」而延誤，當時所有乘客帶行李下飛機重新安檢，現場人山人海。

江澤民「此地無銀三百兩」

在天安門爆炸案發生後，有海外江派媒體放風消息稱，在習近平內外交困之際，江澤民早要給習近平一個最強有力的支持，確定其中共第五代領導的核心地位。

有分析認為，薄熙來案暫告段落，在中共七常委同時亮相之際，天安門突然發生爆炸案，這顯然是對習李政權的一種恐嚇和難堪，使中南海分崩加劇及局勢動盪不安。此時江派又開始放風捧習，這無疑是「此地無銀三百兩」。

而北京公安局局長傅正華是江派人馬，被指定負責此案，他將此案定性為涉「東突」恐怖襲擊，顯然是對習李政權的一種恐嚇和難堪，是江派利用新疆民族矛盾製造恐怖事件，恐嚇習李。

此前，就在薄案開審之前，2013 年 7 月 22 日，中共外交部網發布題為《江澤民會見美國前國務卿基辛格》的消息，稱江澤民 7 月 3 日在上海宴請基辛格，高調對外談論時局並直接評價習近平。江澤民當時說，中共需有一個強有力領導人，並讚揚習近平「非常能幹、有智慧」等。

外界分析，江澤民此時詭異露面，是在江派勢力漸微崩潰瓦解之時，既是試圖表達向習近平「求饒」，也是在對習近平喊話，同時又暗藏殺機，突顯中共高層深度分裂。

就在江澤民高調評價習近平後，8 月 22 日至 26 日，濟南中院連續五天審理薄熙來案。當局精心安排下的三宗罪，薄熙來全盤翻供，最後草草結束庭審，彷彿上演一齣荒唐醜劇，

外界普遍認為，習近平陣營與江派已達成協議，對薄的起訴從原來的六宗罪減至三宗罪，並掩蓋了薄熙來的兩大核心罪行——政變和活摘器官，目的是為達到中共權力的一種平衡。

江提到「高壓維穩」新疆 為背負血債詭辯

在會見美國前國務卿基辛格報導中，江澤民還特別提到新疆問題。外界一直認為，新疆問題是中共一貫的高壓民族維穩政策所導致，但江澤民卻說「中國這麼大的國家毫無疑問會存在一些這樣或那樣的問題。出了問題並不可怕。」「關鍵是要果斷處理」，此番言論被認為是為高壓政策站台，並為自己背負的民眾血債詭辯。

中共執政以來，以維穩的名義，迫害民眾的暴行已經導致天

怒人怨，中國社會個體、群體事件層出不窮。但是江澤民卻在此時表態，將來發生大規模群眾事件時，如果習近平不鐵血鎮壓，那就是不「強有力」，同時也就是「沒有能力，沒有智慧」了。

江澤民踩著「六四」學生的鮮血上台，並在 1999 年 7 月下令非法鎮壓法輪功。15 年以來，江澤民政治集團犯下了酷刑、強姦、逼瘋致殘、謀殺、活摘法輪功學員器官等罪惡。

也因迫害法輪功，中共執法機構違法犯法，公安變成了土匪，警察變成了強盜，法官變成共犯，整個社會風氣急速墮落。同時對法輪功的各種酷刑迫害蔓延到其他弱勢群體身上。

江澤民退位後，江與及其跟隨者恐懼遭到清算，擔心失去對中國的控制。於是就在江澤民退位、胡錦濤要接班時，將親信羅幹塞進「16 大」政治局常委，「17 大」塞進鐵桿馬仔周永康，並設九個常委，每個人各管一攤，大事集體決策，並以在常委中占多數的優勢而達到掌控的目的。

到了「18 大」企圖如法炮製，江澤民夥同鐵桿曾慶紅、周永康、薄熙來等計畫先在「18 大」奪取政法委位置，然後再鞏固各方面勢力，等時機成熟後再廢黜和逮捕習近平，讓江派人馬薄熙來上位，以繼續對法輪功和民眾的高壓迫害，未想因王立軍出逃美領館，陰謀全盤曝光失敗。

8 月 20 日審薄前 新疆再曝流血衝突

在薄案一審五天結束後，官方足足延遲了八天，才於 2013 年 8 月 28 日向外簡單公布，在薄案公審的同時新疆發生暴力流血衝突事件。當地公安清查維吾爾人聚會時，雙方發生衝突，造成 16 死 20 傷，包括一名警察死亡。事發後，當局發動大規模清查行動，共抓捕 60 多名維族人。

新疆長期控制在江派及周永康手中。每當敏感時刻，中共江澤民集團為攪亂政局和恐嚇國際社會，都會在暗中策動新疆騷亂，甚至以軍人假冒新疆人或假冒漢人製造衝突。

此次新疆再出狀況，有分析稱與江澤民有關。

新疆出事 江周背後鬼影重重

新疆一直是江澤民心腹周永康的地盤，而且近年來薄熙來的密友王軍從中信集團退休後，也不斷在新疆發展，自王震時代新疆就是左派的領地。薄熙來出事後，第一個帶頭營救薄的中共太子黨就是王軍。

新疆也是薄周政變計畫中三條退路之一。薄熙來夥同周永康意圖以政變推翻習近平，這個政變陰謀從 2008 年左右開始實施，計畫安排得十分周密，連「新政權」的官職派任都已做了安排。此政變計畫因王立軍出逃而徹底敗露。

2009 年前的新疆「七・五」事件，中共當局公然武力鎮壓，舉世震驚。事件持續半個月，北京當局極力掩蓋，死亡人數成謎，新疆與外界隔絕，真相難明。

外界分析，在胡錦濤出訪期間，處理新疆事件的最高領導人應該是周永康，如果沒有得到北京的首肯，新疆當局不敢擅自開槍鎮壓。西方輿論指，胡錦濤因此中斷義大利之行提前回國，突顯新疆事件對中共領導人構成嚴峻挑戰。在審薄案敏感時刻，新疆再出狀況，中共高層圈內多稱此事「與江澤民集團有關」。

第四節

山西連環爆 北京震驚

2013 年 11 月 6 日，山西太原，山西省委門口發生連環爆炸，警方封鎖現場，許多民衆在一旁圍觀。（AFP）

七連爆威力巨大 猶如地震

2013 年 11 月 6 日早上 7 時 40 分左右，位於太原市迎澤大街的山西省委門口發生至少七次連環爆炸，造成一人死亡八人受傷。現場滿地鐵釘、鋼珠和塑膠皮等。

爆炸發生後，中共山西省委所在的迎澤大街一度封閉，東西雙向禁行，造成大量交通堵塞，數小時後解除。

據目擊者說，爆炸威力極大，「『砰！』響了好幾聲，還以爲是地震了。」爆炸現場一片狼藉，煙霧四散，瀰漫著一股炸藥味。

現場多名目擊者表示，前後總共聽到七聲巨響。親歷爆炸現場的市民韓先生透露，7 時 10 分起就聽到爆炸聲，第一個爆炸地點位於省委信訪部門門口，前後持續了近一個小時。

　　事發時，有一位送孫子上學的老人，被飛起的物品擊中，血流不止。附近人行道上，血漬清晰可見。就在省委大門附近 50 米處，有一輛受損的白色越野車門上還留有幾處血掌印。

　　山西太原民眾在網上發布消息稱，聽到爆炸聲有七聲，整個地面都在晃動。途經事發現場的公交車玻璃被震碎，停靠距爆炸現場 100 米左右的 20 輛車受損，已造成一人死亡、一人重傷、七人輕傷。

當局封鎖消息 信息混亂

　　中共山西省委附近，有山西省財政廳、科技廳、中小企業局等政府單位，據報導，事發後相關的每一位上班員工被逐個翻撿衣袋查驗，附近的飯店「風味大王」甚至不允許員工進入。

　　山西警方稱，在現場發現鋼珠、電路板等爆炸物，「初步判斷爆炸係人為製造」。還有消息稱，爆炸現場附近共有九個炸彈，爆了八個，排除了一個。當局表示，之後再未發現其他爆炸物品。

　　對於案件發生的動機、性質，警方尚未公布，也沒有公布細節。山西宣傳部門 11 月 6 日上午宣稱，此案尚無法定性。

　　山西警方稱，兩車受損。但其他陸媒報導，現場至少 20 輛車受損。因為此案距離 10 月 28 日天安門撞車爆炸時間間隔甚短，不少人猜測其中的關聯。

　　中共媒體「人民網」稱已經抓捕了一個嫌疑犯。《第一財經日報》則說鎖定了一個目標，而山西外宣辦人員回答「自由亞洲電台」查詢時，否定了以上說法，稱是傳言。中共內部尚未統一對外口徑，信息混亂。

民眾對山西公安的說辭表示質疑，稱多年來，山西當局不知道瞞報了多少煤炭傷亡事故，現在又習慣性撒謊。

11月7日，山西太原的各家報紙頭版都未報導山西太原爆炸案，而6日晚中共喉舌央視《新聞聯播》也未報導此事。對此大陸媒體人稱，媒體已死。港媒透露，中共中宣部針對該事件下達密令，要求媒體低調處理。

11月8日，官方報導稱，該案嫌疑人豐志均在太原被抓捕，但官方依然未公布作案的動機和爆炸的原因。對此，網路上質疑聲一片：

「破案速度好快，連夜突擊審訊，大刑伺候，然後在政府編好的認罪書上簽字畫押，可以給上級交代了。」「動機呢？一個盜竊犯為什麼要製造爆炸，爆炸物來源是哪兒？製作工藝是在哪兒學的？還有作案車輛的來歷，有無共犯等一系列的問題……好好查查吧。」

高官嚇破膽 裝甲車配重機槍「保衛」省委

外界普遍認為，此次爆炸攻擊的動機明顯是衝著山西省委，省委發言人仍說：「還沒確定是不是恐怖襲擊」，似有難言之忍。

11月7日，中國茉莉花革命網站爆料：爆炸現場雖已解封，仍是外弛內張。當局出動大批警力戒備，高官們還是放心不下，6日晚上，出現配備重機槍的裝甲車巡邏保衛。

山西太原市知名維權人士鄧太清認為，在當前形勢下，很多因素都會觸發報復行為，他分析目前三種可能的情況：第一、中共內部權力鬥爭的失敗者；第二、一貫有暴力傾向的毛左派；第

三、還有個可能是受到不法侵害的，失地的、受強拆強遷的等民眾，這個群體很大。

美媒：作案人手法專業 令人驚恐

此次爆炸現場散落大量大小不一的鐵釘和鋼珠，100 米範圍內至少震壞 20 輛車，部分車窗玻璃砸出如被子彈射穿的圓洞，亦有車身被砸凹。

美國《洛杉磯時報》報導表示，香港一家報紙的一名記者在其微博上說，從爆炸現場的情況看，犯案者對爆炸技術有較為深入的了解，他甚至有條件進入省委大院內。

視頻畫面顯示，有些爆炸裝置是被放置在省委機關的大門以內，它們被隱藏在樹籬和花床裡。爆炸現場還發現了電路板，據中共官媒說，炸彈是被定時裝置引爆的。

美國《基督教科學箴言報》也報導說，爆炸襲擊在中國雖然並不常見，但也並非聞所未聞，一些有冤情和受挫折的人偶爾會使用這種極端手段，但發生在山西省委機關外的爆炸案卻與眾不同：七個爆炸裝置在很短時間內被連續引爆，這顯示犯案者的技術水準已經達到不同尋常的高度。

發生於 2013 年 4 月 15 日的美國波士頓馬拉松爆炸案，炸彈內就有鋼珠鐵釘，導致現場人士傷亡慘重。類似的炸彈在巴基斯坦、印尼等地的恐怖襲擊中都曾出現，殺傷力十分驚人。有分析據此推斷，此次爆炸案的疑犯掌握一定的炸彈製作技術，手法專業，有意製造人員傷亡，並非虛張聲勢。

爆炸案發生前 中央巡視組進駐

《第一財經日報》報導，值得關注的是，山西連續爆炸發生的時間恰是中共中央巡視組進駐山西後。10 月 31 日起，中共中央第六巡視組巡視山西省，期間兩個月。

2013 年 10 月下旬，王岐山反腐的中共中央巡視組進行第二輪巡視，第一至第十巡視組分別進駐中共商務部、新華社、國土資源部、吉林、雲南、山西、安徽、廣東、三峽集團以及湖南省。王岐山稱，此輪巡視重點是各地一把手，並強硬宣稱「要讓腐敗分子沒有立足之地」。

不過，據報導，第一輪巡視組在巡視過程中，就遭到部分地方官員的抵制和恐嚇。有巡視人員透露曾收到過恐嚇信稱：「這個地方沒有你做的事，玩一玩回去吧。你要是不回去，沒有好下場。」此外，也有民眾向巡視組反映問題時遭到當地官員截訪。

此前，中儲糧大火就是發生在中央第一巡視組進駐後。2013 年 5 月 27 日，王岐山的中央第一巡視組進駐中儲糧總公司。5 月 31 日，中儲糧總公司所屬黑龍江林甸直屬庫發生火災，共有 80 個儲糧貨位表層過火，過火倉位共儲存糧食 5.14 萬噸。相當於上百萬人一年的口糧瞬間變成灰燼，引發各界質疑中儲糧掩蓋虧空，藉人為縱火，避免清查。

鞍山疑大爆炸 陸媒報導被速刪

中國時局震盪不已。2013 年 11 月 7 日，遼寧鞍山再傳出疑似「大爆炸」的消息，多位民眾聽到兩聲震撼門窗的巨響，但在大陸多個媒體報導後不久被刪除。

鞍山民眾 14 時 30 分許在微博上發帖，在烈士山、站前、高新區、鞍山師範學院等地都聽到巨響，但不知道具體原因。還有民眾稱門窗搖晃。

隨後，遼寧鞍山警方在其官方微博中宣稱正在調查可疑巨響，還聲稱尚未接到諸如爆炸等報警，尚未發現可疑巨響原因。

自由亞洲電台的記者採訪鞍山市民時也得到證實確實發生巨響，一位李女士表示，她在下午大約 14 時兩次聽到疑似爆炸巨響，聲音之大連門窗都有震動，當時市內各區的居民都聽到爆炸響。李女士又說，當地在周三晚也曾出現過爆炸響聲。

報導中還稱，不過，網上也有消息指爆炸並非發生在鞍山市內，而是在距離鞍山有十多公里的首山鎮遼化廠區。

在百度貼吧的遼化吧內，發現包括遼化 18 區、20 區、遼陽等地的民眾均表示聽見巨響，有網民更表示，巨響後看見有尾隨白煙的飛機從空中經過。

與此同時，大陸各大媒體包括網易、搜狐、新浪、鳳凰網、《羊城晚報》等均曾在 7 日較早時就事件在網上發表簡報，但不久後有關報導已經全部被刪去。

恐怖源自共產黨 網民：打響反共起義第一炮

面對山西連環爆炸案，網民紛紛表示好恐怖！社會開始亂了！天朝已經開啟恐怖模式，政府部門和人群密集地段都是高危區域，將來到政府部門辦事要戴頭盔了。天安門的車輛衝撞爆炸，山西省委的爆炸，為何中國現在爆炸案不斷？誰最該反思？體制不改革現狀永遠改變不了！

——這是要給中央巡視組下馬威？反了，反了！

——把山西省委炸了，真是大快人心啊！怎麼沒把省委大樓炸了呢，可惜了！

——幾十年後歷史教科書會不會這樣描述：太原爆炸案打響了反共起義的第一炮？

——考慮到廣場事件被迅速定性後的各種外交解釋，真的非常擔心山西方面也弄出個「暴徒連帶老媽、老婆一塊死」嚴重違反倫理的荒誕說法！真相水落石出，百姓方能信得過。

——從太原同學那裡看到的照片，他們單位在山西省委對面，10樓的雙層玻璃都被炸穿，看鋼珠有多大！可見爆炸的威力驚人！

——剛知道山西省委連環爆炸案的死者是山西大學哲學系86級校友，早上去省委開會，無辜受害！這些「恐怖分子」真沒人性！

——恐怖之源是共產黨啊！被失蹤、被自殺、被精神病等等哪樣不是共產黨領頭幹？

——自食其果！暴力反抗暴政將是後共產中國的方向。

江澤民逼習近平反目成仇

第六章

中國被隱瞞的最大血案

天安門廣場向來被中共高度戒備，2013年天安門撞車血案當局封鎖消息並嚴控報導；反觀12年前震驚中外的「天安門自焚」事件，中共官媒卻大報特報，藉該事件誣衊、誹謗法輪功。兩次天安門血案為何當局態度迥異？其中隱藏了什麼驚天祕密？

（大紀元合成圖）

第一節

被掩藏的另一天安門命案

2013 年 10 月 28 日，北京天安門廣場發生汽車爆炸事件。該案發生後大陸官方媒體僅以文字形式報導此消息，未公布具體細節。天安門廣場向來被中共當局高度戒備，被認為是重重之地，此處發生的任何事件都將被國際聚焦，成為國際大事件。早在十多年前，天安門還曾發生過震驚世界的「自焚」偽案。不過，當時中共官方媒體的表現與這次的「低調」完全不同，是開足馬力對該事件大肆報導。

2001 年 1 月 23 日大年除夕時，五人在天安門廣場自焚，中共喉舌新華社立即宣布自焚者是法輪功學員，此後便在全國範圍內發起了一輪誣衊、誹謗法輪功的輿論造勢。

天安門汽車爆炸 官媒嚴控報導

2013 年 10 月 28 日，天安門廣場汽車爆炸事件發生後，中共官媒新華網當天僅發布了兩篇短篇報導，在第一篇報導中稱有三人死亡，事件正進一步調查中。之後一篇報導死亡人數上升至五人，報導只說北京警方迅速處置了一起吉普車衝撞天安門金水橋事件，事件還在調查中。除此之外，並無報導其他細節，並且未附圖片。

當日晚上的中共央視新聞報導中也只是播音員播報簡短的文字稿，沒有出現是發現場的照片與視頻。10 月 29 日，中共外交部發言人在回答記者提問時僅稱，不清楚事件細節，事件仍在調查中。

與此同時，該事件成為外媒關注的焦點，BBC、法廣、路透社、港媒等媒體以不同角度發布了多篇報導，據悉，當時肇事車輛車尾掛著一條白底黑字的橫幅。另有報導稱，三名死者均有上訪歷史，其中兩名死者為新疆維吾爾族人，出事前曾經駕車多次踩點。

據法新社報導，事發後大陸各地媒體都收到來自中共中宣部的指令，報導嚴格按照新華社電告，新浪微博等網路社交平台都受到密切監視，一名在微博上發表照片的網民向法新社透露說，新浪管理人員禁止他再發表其他的照片。

12 年前「自焚」偽案 官媒開足馬力報導

與這次事件的低調相比，2001 年發生震驚國際的所謂「天安門自焚案」，中共喉舌卻是開足馬力大肆宣傳。

2001 年 1 月 23 日，來自河南省開封市的五人集體在北京天安門廣場引火自焚。一名男子走到廣場中心人民英雄紀念碑的東北方，坐了下來，隨後把汽油澆在自己身上，然後點火。現場的公安立即趕到男子所在處，並試圖撲滅火勢。

不久之後，另外四個人也相繼點火，四人當中有一名男子立刻被公安架走。隨後撲滅了四人身上的火勢，一輛警車進入，將傷勢嚴重男子帶走；大約 25 分鐘後，一輛救護車到達現場，將其餘四人帶走。天安門廣場遭到全面封鎖，其中一名女性當場死亡，四人重傷，其中一名 12 歲的小女孩在治療數日後死亡。

事件發生兩小時後，中共官媒新華社迅速向外國媒體發布錄像；接著在一周後，1 月 30 日當天，新華社又發布了一篇更為全面的新聞稿，而這時報導中自焚的人數從原來的五人增加到七人，其中一個是年僅 12 歲的劉思影。

1 月 31 日，央視的《焦點訪談》節目再向大陸民眾播放了一個 30 分鐘的特別版本，央視宣稱此錄像取自廣場附近的監視器。此後，《焦點訪談》還曾先後三次追蹤報導「自焚」者的最新情況。

據悉，事發當時剛好在現場的美國有線電視新聞網團隊，他們幾乎是剛開始拍攝即被公安阻止，母帶也被沒收。

自焚錄像疑點重重 真相終被揭開

中共官方的自焚錄像曝光之後，引起廣泛質疑：警察為何先到位，自焚者才開始點火？當時又是從哪裡取得那麼多的滅火器？喉舌央視為何能立即拍攝到自焚者各種角度特寫？大搖大擺背著小型攝影機的人又是何人？已經做氣管切開手術的小思影為何能說話底氣十足？王進東的打坐似是而非，為何煉功手勢和法輪功不同？

中央電視台播出的自焚畫面，「自焚者」王進東點火後兩腿間盛著汽油的塑膠瓶卻完好無損，身後的警察等待王喊完奇怪口號後才緩慢蓋上「滅火毯」，儼然央視現場導演。（視頻截圖）

　　從錄像中引發外界質疑的還包括：中共宣稱當場死亡的自焚者劉春玲是被燒死的，為何其背後卻有一個警察用重物擊打其頭部？為何王進東兩腿間盛著汽油的雪碧瓶在火焰中無任何變形？

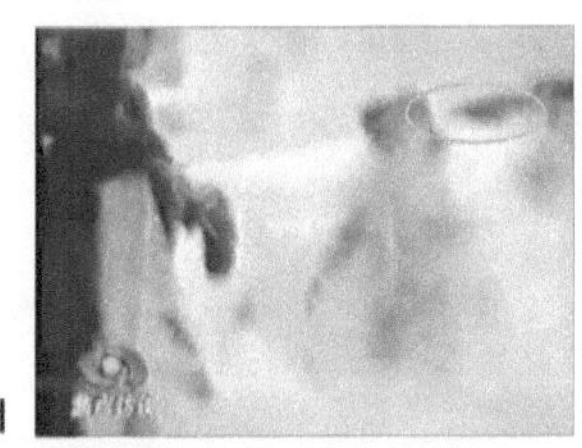

中央電視台《焦點訪談》播出的自焚偽案節目慢動作分析：1. 在滅火器噴射的同時，一隻手臂掄了起來，猛擊劉春玲的頭部。2. 重物猛擊劉的頭部後被彈起。3. 重物逆著滅火器噴射流飛向警察。4. 一名身穿大衣的男子正好站在出手打擊的方位，仍然保持著一秒鐘前用力打擊的姿勢。這齣前政法委書記羅幹緊跟江澤民炮製出來誣陷法輪功的自焚偽案，被目擊者揭露與法輪功毫無關係的「自焚者」劉春玲是被一軍警用滅火器猛擊頭部致死。（明慧網）

最容易燃燒的頭髮也還完好？烈焰焚身應本能地奔跑以緩解劇痛，王進東為何卻能穩穩地坐在地上？……

國際教育發展組織：自焚是中共一手導演

「自焚」偽案發生之後，立刻引起國際各界關注。事件發生兩周後，《華盛頓郵報》記者菲力普・潘（Philip Pan）在一篇名為《Human Fire Ignites Chinese Mystery》的報導中，訪問劉春玲故鄉開封市的當地居民有關劉春玲的身分時，獲得以下回應：「沒有人曾看到過她煉法輪功。」

「國際教育發展組織」於 2001 年 8 月 14 日在聯合國會議上，就「天安門自焚事件」強烈譴責中共當局的「國家恐怖主義行徑」，聲明指出：錄影分析表明，整個事件是「政府一手導演的」。中共代表團面對確鑿的證據，沒有辯詞。該聲明當時被聯合國備案。

自焚事件發生前 中共內部即有消息走漏

隨著時間的推移，通過越來越多的知情人士向海外透露的消息更加證實了：「天安門自焚」是由中共一手策劃的，在事件發生前，中共內部就已有消息走漏出來。

中國民主黨國內負責人之一林春水曾經向海外透露，中共公安部一名高級官員 2001 年 1 月 28 日向他提供的消息表示：王進東 23 日「自焚」，時任中共公安部長賈春旺 22 日就知道消息。

他還表示，在中共中央政法委會議上，羅幹曾經說過：根據掌握的情況，即使我們王進東不自焚，也會有張進東、李進東等跳出來「表演」。

自焚真相紀錄片 國際影展獲獎

在 2002 年 1 月，北美中文電視台「新唐人」製作了揭露 2001 年「天安門自焚真相」的紀錄片《偽火》（False Fire），以怵目驚心的畫面和精闢嚴謹的分析，揭示了「自焚」案的真相，證實該案是江澤民集團為栽贓法輪功而炮製的一起偽案。

此紀錄片廣為流傳，並在 2003 年從各國參賽的 600 多部影片中脫穎而出，榮獲第 51 屆哥倫布國際電影電視節榮譽獎。

第二節

江澤民為何要迫害法輪功？

1999 年初，中國國家體委估計學煉法輪功的人數已達 7000 千萬人，超過了中共黨員人數，江澤民因此心生妒嫉，一意孤行悍然鎮壓法輪功。（大紀元）

江澤民為何要迫害法輪功？

1992 年，法輪功由法輪功創始人李洪志先生從長春傳出，是佛家上乘修煉大法，以宇宙特性「真善忍」為原則，包含五套緩慢、優美的功法動作。一切活動都是公開的、自願的、免費的。

1999 年 7 月 20 日江澤民開始非法鎮壓法輪功之前，中共中央政治局常委、中共人大常委會委員長喬石曾對法輪功做過調查，調查的結果顯示法輪功修煉者對任何社會都是有百利而無一害，中共國防科工委的錢學森、中共前人大代表張震寰也十分支持氣功修煉。法輪功創始人李洪志先生也曾在公安部禮堂為見義勇為的民眾治過病，並得到公安部的嘉獎。當時中南海高層也有不少人習煉法輪功。那麼為何江澤民和中共執意要迫害法輪功？

回過頭來看歷史，江澤民和中共迫害法輪功的目的與企圖綜述如下：

一、藉迫害法輪功轉移中共危機

國際形勢

1998 年 5 月，印尼爆發了一場舉世震驚排華大屠殺，亦稱為「黑色五月暴動」。華人所擁有的公司、超市、工廠被砸毀、搶劫，華人婦女慘遭輪姦、焚燒，有的被割下頭顱，場面慘不忍睹。全印尼共有 1200 多人喪生，1000 多名婦女（多數為華人）遭到暴徒群體強暴，其中許多婦女或被活活燒死，或因下部傷勢過重去世，或因羞辱難當、自殺身亡。

可是中共卻對這場暴行充耳不聞，台灣政府則派遣飛機飛往印尼實施撤僑行動。美國政府也批准了華人的避難請求，並接受了這批華人居留。中共不作為激起了國內外華人的唾罵。

1999 年 5 月 8 日，中共駐南斯拉夫的使館被北約轟炸，官方稱有三人死亡。事後，美國稱是「誤炸」。《新紀元》獲悉，時任中共總書記的江澤民堅持不停止祕密在使館內設立助塞爾維亞、黑山建設米波雷達天線技術觸怒美國，並故意隱瞞北約對中使館展開轟炸的多次事先警告而蓄意造成《新華社》、《光明日報》記者夫婦的死亡以煽動仇恨。

事發後，不知情的中國民眾群情激仰，全國高校學生上街遊行。此時的江澤民躲在幕後長時間不露面，僅指派胡錦濤發表措辭嚴厲的電視講話以平民憤。

國內形勢

自 1994 年以來，中共推行包括房改、教改、醫改、國企改制、財稅改革等，最後導致大批工人失業、兒童輟學、家長交不起學費而自殺、農民上繳了「三提五統」後連自己的口糧都沒有留下，村幹部甚至雇傭黑社會到農民家裡搶口食，特別是 1998 年洪水受災地區，大量農民因無法生存而自殺。

此時，中共政權已到了搖搖欲墜的地步。

二、藉迫害法輪功「指鹿為馬」 排除異己

漢奸家庭出身的江澤民，靠著巴結、阿諛奉承，踏著「六四」學生的鮮血爬上了中共最高權力的頂峰。無才無能的江澤民在中共政壇上面臨執政危機，除了幾個上海幫的馬仔聽命於他外，當時中共高層幾乎「沒有幾個人把他當回事」，甚至形容江「只是一個會表演的戲子而已」。

鎮壓法輪功以敲打朱鎔基

1999 年爆發震驚中外的「中國廈門遠華走私案」，被稱為是中共自 1949 年建政以來的「第一大走私案」，前台主角雖是遠華集團董事長賴昌星，其實後台老闆涉及江澤民、賈慶林。此案由時任中共總理朱鎔基親自督辦，「遠華案」涉案走私漏稅金額達 830 億元人民幣。最後被撤職、查辦、逮捕、判刑的涉案官員近千人，其中有省、部級幹部多人。因此案被判死刑的人，已有 20 餘人。江澤民欲結案，朱鎔基則「咬住不放」。此時的朱鎔基，成為江澤民心中的一個大患。

另外，1999 年 4 月 25 日，上萬名法輪功學員到府右街中南海的國務院信訪辦上訪，時任中共總理朱鎔基接見 5 位法輪功學員代表，隨後達成協議，得到官方善意的回應，法輪功學員立即

散去，整起上訪和平落幕。當時外媒紛紛報導此事件，並讚許此為自中共建政以來第一次和解決此類事件，朱鎔基一時民心大增。江澤民對朱因此心存妒嫉。

鎮壓法輪功，意在除掉胡錦濤

胡錦濤是鄧小平指定的隔代接班人。面臨在中共 16 大下台的江澤民正憂心如何能在下台後不遭清算，並確保自己的既得利益，自己的兒子仍舊繼續「悶聲發大財。當時政治局其餘六人，江澤民都信不過，即使跟自己走得近的李嵐清對他也是陰奉陽違。於是，江澤民利用打壓法輪功，捉捕法輪功學員同時也是胡錦濤的同班同學張孟業，將胡錦濤套上了「出賣同學」、「不仁不義」之名，打擊胡錦濤。

江澤民曾經三次暗殺胡錦濤，都未得逞。其目的就是要除掉胡錦濤。想利用自己的親信卻而代之。

除掉支持法輪功的高官

1999 年初，中國國家體委估計學煉法輪功的人數已達 7000 千萬人，超過了中共黨員人數，江澤民因此心生妒嫉。

1999 年，4 月 25 日上萬名法輪功學員至國務院信訪辦請願之後，朱鎔基接見了法輪功代表並與之對話。對話之前，朱鎔基曾經打電話請示江澤民。對話後，事情已經得到圓滿解決。然而，江澤民翻雲覆雨，出爾反爾，就在當天晚上，江澤民寫信給中共政治局常委及有關人士，對法輪功開始上綱上線。

1999 年 6 月 7 日，江在中共中央政治局會議上污衊法輪功，宣稱對祛病健身有奇特功效而快速在中國傳播的法輪功，是在與中國共產黨「爭奪群眾」等。面對江澤民失去理智的言論，政治局裡的人都不做聲了，在人性面前，他們選擇了共產黨性。在以後的兩三個月中，江澤民對法輪功問題作過大大小小 13 次指示，主持開過多次會議，一手發動了打擊法輪功的政治迫害運動。聲稱要在三個月內解決法輪功問題。

1999 年 7 月 19 日，江澤民召開中共中央高層會議，以總書記的身分下達了開始鎮壓的命令。上萬名武警荷槍實彈進入北京，周邊軍隊進入一級戰備狀態。7 月 20 日，江澤民下令進行了一場遍及全國範圍的大逮捕，所有被認為是法輪功「骨幹」的成員都被中共拘留或帶走問話。江還在 7 月 29 日試圖通過國際刑警組織引渡法輪功創始人李洪志先生回國，但遭到國際刑警組織的拒絕。

自從鎮壓命令下達以後，作為真正掌握最高行政權力的國務院總理朱鎔基竟然從此就從電視上消失了，一連半個多月沒有露面。

另外讓江澤民十分惱火的是，除山東、遼寧等少數省份外，許多省市對鎮壓不感興趣，對鎮壓的指令陽奉陰違，尤其南方一些省市如廣東，到 1999 底仍然有「法輪功絕大多數是好人」，「在廣東不判一個」等聲音。面對各地消極的對待江的迫害政策，江於 2000 年 2 月親自至廣東。他批評廣東對法輪功「鎮壓不力」，要時任廣東省委書記李長春在政治局會議上做「檢討」，還親自給深圳市委發傳真要他們「守住陣地」……。在江澤民和羅幹的高壓下，廣東開始勞教法輪功學員，第一批被勞教的學員中就有胡錦濤的大學同班同學張孟業。

第一個修煉法輪功被免職的中共高官

2000 年 1 月陳友煥突然被免去江蘇省委書記的職務，僅保留江蘇省人大常委會主任的職務。2003 年 2 月人大常委會主任的職務也被撤掉。在中共迫害法輪功滿城風雨之際，陳友將自己修煉法輪功多年的消息讓該省的記者進行公開報導。陳友因此成為第一個因修煉法輪功而被江澤民免職的中共高官。

國家體委主任被免職

1998 年 5 月 15 日，時任體委主任的伍紹祖到長春視察全民健身活動，親自到市區觀看了長春市法輪功學員集體煉功的盛況。央視當晚 10 時在第一套節目《晚間新聞》和第五套節目中分別作了報導，時間大約 10 分鐘。畫面中，伍紹祖微笑著觀看懸掛著法輪大法的橫幅，以及宏大的煉功場面。2000 年 5 月，伍紹祖被免去體委主任的職位，轉為一個中共中央直屬機關工委副書記的閒職。

迫害難以為繼，自焚偽火製造仇恨

雖然江澤民發動國家機器非法鎮壓法輪功，但當時法輪功已在中國社會傳播甚廣，被普大眾所認識與接受。因此江澤民政治集團則進一步製造自焚案栽贓法輪功，以煽動對法輪功的仇恨。2000 年 12 月 25 日 21 時，河南省洛陽市東都商廈發生特大火災，正在二、三樓施工的部分民工以及四樓歌舞廳內的數百人被困在大火中，特大火災已造成 309 人死亡。29 天之後的 2001 年新年除夕，天安門廣場有 5 人（央視後來又說是 7 人）進行所謂的「自焚」，這 5 個人同樣來自相同的省份河南。分析認為，「將功補過」、「將壞事變成好事」是中共邪黨的一貫伎倆。這些所謂的自焚者很可能是洛陽歌廳大火的倖存者，面部燒傷，正好利用他們到天安門進行所謂的自焚表演，蒙蔽百姓，激起對法輪功的仇恨，然後對法輪功學員可以毫無顧忌的打壓和迫害，迫使政治對手對迫害也不敢發聲。

事發 2 周後，《華盛頓郵報》的記者菲力普・潘針對自焚者的背景做了調查，菲力普・潘來到劉春玲和劉思影租房地開封市，並採訪她的街坊鄰居，得到的結果是，劉春玲在夜總會上班，她們不是開封本地的居民，曾毆打她的母親和女兒，從沒看過她練法輪功，她的房租是來自廣東的一個男人給租的。

天安門廣場上自焚者的身分也遭到美國有線電視新聞網（CNN）一名製片的質疑，她當時就在現場，對於中共政府稱 12 歲的劉思影在母親的催促下進行自焚。她表示當時在現場並未看到自焚者中有兒童。國外的一些觀察家指出，中共政府不准外國媒體採訪在醫院治療的自焚者，記者也不能與其家屬接觸。

迫害法輪功血債幫結成江核心

江澤民還密令「610」對法輪功要「名義上搞臭、經濟上搞垮、肉體上消滅」、對於不放棄修煉的法輪功學員：「打死算自殺」、「打死白死」、「不查身源，直接火化」。

15 年來，這場迫害範圍之廣大、迫害人員之眾、迫害時間之長、迫害手段之殘忍前所未有，上千萬無辜的法輪功群體連同他們的親屬被推向空前絕後的巨難之中。

迫害致死者達 3000 多人，被活摘了器官以牟暴利而致死的更是不計其數，目前也無法統計。被非法判刑、勞教、關進不同形式的洗腦班者或達百萬以上。致殘者、關入精神病院或黑監獄者、涉及的數百種酷刑等，這一切都令中共無法直面它自己進行的迫害。中共內部幾乎各級黨政系統都參與了對法輪功的非法鎮壓。江澤民親手製造的對法輪功的殘酷鎮壓法輪功「血債幫」結成江核心。這個核心的成員有江澤民、曾慶紅、羅幹、周永康、薄熙來、劉京與李嵐清等。

三、迫害法輪功無任何政治風險

法輪功講真善忍，打不還手，罵不還口。江澤民既嫁禍法輪功，轉移老百姓對共產黨的仇恨，又能模仿趙高指鹿為馬的伎倆排除異己。

另外，江澤民以出賣國家經濟利益和出賣國土為手段，蒙蔽、利誘、收買、脅迫某些國家政府、媒體及大財團在他們的累累罪惡面前沉默、熟視無睹。江澤民出席聯合國大會時對各國派發污衊法輪功的小冊子，企圖將鎮壓輸出到國外。

孟子曰：「民為貴，社稷次之，君為輕」。用愛國的話來講就是首先要愛民，其次是文化，還有這塊百姓賴以生存的土地。中國共產黨自建立政教合一的政權以來就對老百姓殺戮不止，「土改」、鎮壓反革命、三反五反、社會性主義改造、肅清反革命、反右派、反右傾、大躍進、文化大革命、「六四」以及迫害法輪功等，自 1949 年以來至少有 8000 中國民眾死於中共的暴政。中共破壞傳統文化，引進馬列邪教；對自然資源和土地肆意破壞，江河污染、土地退化、水土流失、垃圾遍地。中華民族到了生死存亡的邊緣。

四、迫害法輪功，中共自掘墳墓

15 年來，中共持續對法輪功的鎮壓，反而使法輪功在國內外廣為人知。

善良的法輪功修煉者意志堅韌，堅持不斷地講真相、傳播《九評共產黨》、開發突破網路封鎖的軟件使中國百姓看清了中共的真面目。中共的畫皮也被完整地被揭露了下來。

放棄幻想，拋棄中共，該是每個中國人做出抉擇的時候了！

第三節

百萬法輪功被監禁
6 萬遭器官活摘

前美國智庫研究員、作家伊森‧葛特曼新書《大屠殺》（The Slaughter），講述中共活摘法輪功學員及其他良心犯器官的暴行。（大紀元）

2014 年 8 月，美國作家伊森‧葛特曼的新書《大屠殺》，披露了中共長期以來活摘良心犯尤其是法輪功學員的器官用於移植。葛特曼估計，大陸最少有超過 100 萬法輪功學員被監禁，600 家醫院捲入活摘事件，逾 6 萬 4000 名法輪功學員遭到器官活摘。

《紐約郵報》8 月 9 日的報導援引美國作家伊森‧葛特曼的新書《大屠殺》的內容，報導了這一驚人的信息。

報導表示，中共活摘器官不是一件新鮮事，因為中共政府已經承認，死刑犯的器官被用於移植。不過，根據中國大陸分析家和人權調查員伊森‧葛特曼令人不安的新書《大屠殺：群體殺害，器官活摘和中國異議問題祕密解決方案》透露，這一事件的現實更加可怕。

　　報導說，來自中國大陸的器官有可能輾轉進入美國人的身體。它們不僅僅是來自於中共宣稱的罪犯，而且來自於良心犯，尤其是從未犯下或被控死罪的被禁團體法輪功的修煉者。

　　葛特曼寫道，更加惡劣的是，當局不等他們死亡就搶奪他們的戰利品。為了增加移植成功的機率，器官常常在囚犯還活著的時候被摘取。葛特曼還估計，迄今為止，有逾 6 萬 4000 名法輪功學員遭受到這個命運，這個數字還在增長中。

法輪功因習煉人數多而遭中共列為頭號敵人

　　《大屠殺》書中還介紹因為法輪功人數多過中共黨員，而被中共定位頭號敵人，令他們要面對殘酷的打壓。

　　報導稱，跟中共妖魔化的方式相反，法輪功的起源驚人的簡單。一個叫李洪志的男子 1992 年在一個公寓樓的角落向任何感興趣的人教授「非常緩慢的冥想功法」法輪功。

　　法輪功具有「一個倡導真善忍的強大的佛教道德體系」，而令其迅速發展並受到驚人的歡迎，為此也成為共產黨眼中的一個威脅。截至 1995 年，煉習法輪功的人數已經超過了中共 6000 萬黨員的數目，這讓中共決定將法輪功定性成其頭號公敵。

　　1996 年，中共官媒開始出現批判法輪功的文章，法輪功學員發現自己處於日益增加的監控下。1999 年，法輪功擁有 7000 萬學員，相當於每 20 個中國人當中就有一個，他們開始被逮捕。1999 年 4 月的一個大規模的和平示威當中，中共警察引導數千名抗議者來到一個（中南海附近的）位置，使得他們看起來像是包圍了中央政府駐地，因此給了當局鎮壓的藉口。

百萬法輪功遭監禁 被威脅活摘

《紐約郵報》報導稱，在 1999 年 6 月 7 日，江澤民「作出一個內部講話，呼籲迫切瓦解法輪功。」3 天之後，中共政府非正式設立了「610 辦公室」，這是中共版本的「戰時權力的特殊情報單位」，它唯一的職能是剷除法輪功。

7 月 20 日，每一個可確認的法輪功協調人都被逮捕。政府宣稱僅僅逮捕了 150 人。但是從葛特曼的採訪來看，僅在哈爾濱一個城市就逮捕了 1 萬名學員。

法輪功學員被給出兩個選擇：簽署一份檔背棄法輪功，或受到當局的處置。那些簽署了檔的人被允許回家，那些不簽署的人被送進監獄。

一旦被監禁，學員們發現他們自己處於可怕食物鏈的最底端，因為刑事犯被允許毆打、折磨、強姦甚至殺害他們。學員被恐嚇說：「如果你不聽我們說的，我們將折磨死你，並出售你的器官。」

之後，中共出版 81 本反法輪功書籍，甚至孩子們也被教育憎恨法輪功，學校裡掛上譴責法輪功的橫幅。數百萬和平的學員面對恐怖包括電棍酷刑。截至 2000 年中期，葛特曼估計至少有 100 萬法輪功學員被監禁。截至 2005 年，法輪功調查員報告有 3000 名學員死於酷刑。葛特曼認為，「實際的遇難數字無疑更高。」

600 家醫院捲入器官活摘

報導說，更甚於酷刑的是，有受害人被活摘器官的故事。

2006 年，兩名著名加拿大人權律師大衛‧喬高和大衛‧麥塔斯發表了活摘法輪功學員器官指控的報告。這份報告在有多少法輪功學員被活摘的結論上類似於葛特曼的報告。那一年，《大紀元時報》也發布類似的指控。

葛特曼在書中寫道「人們指控在 2001 年，（在蘇家屯一家醫院）會計部職員注意到對食品、廁紙和特殊醫院器材的需求急劇上升，但病人沒有相應增加。這代表著 1000 人以上的差異。」

葛特曼的書中寫道，一名僱員的丈夫是一名外科醫生，他在報告裡說，有「額外的病人位於醫院地下深處，那裡還有一些臨時搭建的手術室。」

「不管什麼時候他接到某個電話，他將下到地下深處準備手術。病人只給予『小量麻醉』（因為醫院供應有限），然後他和幾個其他醫生將『依序摘除』病人的腎臟、皮膚組織、角膜和其他器官。」殘存的身體之後被抬到焚屍爐焚燒。職員們撿走死者的手錶或項鍊。

葛特曼在書中列舉許多第一手證人的證詞，他引述一名法輪功調查員的話說，有約 600 家中國大陸醫院捲入器官活摘，他還清楚表明他這本書的目的是提出證據，以讓外界對法輪功團體對器官活摘的指控無法忽略。

親訪倖存者證實活摘存在

除了之前的一些指控，葛特曼又採訪了包括逾 50 名法輪功學員的監獄倖存者，許多人曾經被帶去體檢，由於監獄忽略任何真正的疾病，這種舉動顯然是為了確定他們器官的健康。

　　法輪功又名法輪大法，1992 年由中國傳出，目前，傳遍全世界 100 多個國家，擁有一億多的修煉者。該功法以修煉「真、善、忍」為基礎，同時通過練功，達到祛病健身。1999 年，中共黨魁江澤民發起對法輪功的鎮壓，直到今天，也未有停止。

　　實際上，中共活摘法輪功學員的器官早已被國際社會知曉。近年，聯合國、美國曾多次譴責中共活摘法輪功學員器官，並多次通過法例，對中共的行為予以譴責。

江澤民逼習近平反目成仇

第七章

周永康
北戴河暗殺習近平

2013 年 12 月 5 日，海外中文媒體報導，據來自接近中南海的消息稱，在北戴河會議前後，周永康認為末日來臨，於是孤注一擲，至少兩次試圖暗殺習近平：一次是在會議室置放定時炸彈，另外一次是趁習近平在 301 醫院做體檢時施打毒針。

2013 年 12 月，《新紀元》出版了有關逮捕周永康的最新書籍《周永康垮台驚天內幕 暗殺習近平另有圖謀》。（新紀元）

第一節

周永康政變暗殺內幕

2014 年 12 月 5 日，周永康被官方宣布移送司法審理。在通告中，新華社報導，一年前的 2013 年 12 月 1 日，中共政治局常委在聽取中紀委回報發現周永康違紀的線索後，即開始對周進行調查。從當日起，周永康就被雙規和祕密逮捕。

在周永康被官方雙規的同時，《新紀元》在當期的周刊中報導了《周永康政變暗殺內幕》，文章引用 BBC 的報導，稱周永康已被「雙規」。

2013 年 12 月 4 日，BBC 中文網引消息稱，12 月 1 日傍晚，中共政治局委員、中央辦公廳主任栗戰書帶著中央警衛局的人到中南海周永康的家中宣布，對其進行立案調查，對他的行動實行比之前更嚴密的監視。與此同時，周永康的祕書、警衛員和司機，都被中紀委的人帶走了。

周永康的心腹、親信在「18 大」後紛紛落馬。從周永康老巢四川省擴展到石油系統、政法系統。周永康的親信李春城、吳永文、郭永祥、蔣潔敏、李華林等相繼被調查。周永康家族「錢袋子」和「大管家」的四川商人吳兵也在同年 8 月初被抓。消息稱，周永康的兒子周濱（周斌）已被逮捕並從海外被押解回北京。預示習王「反腐」在逐步逼近周永康。

海外推特有大量評論認為，周永康的主要罪行是謀殺、計畫發起針對一些中共高層的刺殺政變，以及巨大的腐敗，結局應該比薄熙來壞。一個已退休的前政治局常委看了有關周永康案件的調查報告說，周永康是中國過去 100 年來最大的暴徒、罪犯和組織犯罪頭目。

周永康家族貪腐醜聞也被大陸媒體大量曝光。財新網獨家報導「白手套米曉東」，稱再有周永康家族白手套——原中國海洋石油總公司幹部米曉東被帶走。12 月 2 日，台灣《聯合報》再次掀起「逮捕周永康」的報導高潮，海外媒體紛紛跟進。

百度驚現「周永康謀殺習近平」

2013 年 12 月 6 日凌晨，《大紀元》記者在百度搜尋引擎輸入英文「zhouyongkang corruption（貪腐）」，不僅出現相關的英文報導，而且出現少數中文報導，內容是中央社的《陸網路可搜尋周永康涉貪報導》，甚至第三條還出現該社的《報導：周永康被控涉謀殺習近平》。

中央社報導中也證實了此現象，並表示，這是否顯示中共中央對於周永康可能涉及貪腐的消息管控有放鬆跡象，引起注意。

並且稱，新浪微博也有網民隱晦地討論周永康可能近期要

「出事兒了」的訊息；還有大陸媒體人在新浪微博表示，習近平設立一個特別小組調查周永康。

周的警衛談紅行刺習近平被抓

為何周永康在 2013 年 12 月 1 日被抓呢？原來這一天，周永康的助手、警衛祕書談紅在當天被捕。談紅曾受命於周永康，在 2013 年 8 月北戴河期間對習近平實施至少兩次暗殺行動。

2013 年 12 月 5 日，海外中文媒體援引來自接近中南海的消息稱，在北戴河會議前後，周永康至少兩次試圖暗殺習近平：一次是在會議室置放定時炸彈，另外一次是趁習近平在 301 醫院做體檢時施打毒針。

消息人士透露，當時薄熙來已被捕，周永康認為末日來臨，於是孤注一擲，策劃暗殺。這些暗殺由周永康的助理和警衛談紅實施，談紅在 12 月 1 日已經被捕。

談紅是中共公安部警衛局原正師職參謀，也是周永康的警衛祕書。根據早前披露的內幕，談紅是周的親信，也是周案的關鍵人物之一。談紅知曉薄熙來、周永康政變的內幕。

原公安部警衛局原正師職參談紅已於 2014 年 7 月 2 日被移送司法審理。官方通告中同樣沒有提及暗殺習近平罪責，只是稱「談紅利用職務和地位形成的便利條件為他人謀取利益，索取、收受巨額賄賂。」

2013 年 12 月初，旅居德國的政治社會學博士彭濤亦向外界披露，習近平施行的改革措施斷了權貴財路，招來利益集團的怨恨，準備在北戴河會議上彈劾習近平。習近平一度移居西山軍事指揮中心，以防不測，同時利用王岐山收集大量官員貪腐證據，要挾和分化打擊反對派，總算化解了危機。

《大紀元》早有報導，中共江澤民集團核心人員都身負迫害法輪功學員的血債，為了逃避被清算，不願也不敢放棄中共的最高權力，為了竊取中共權力，曾先後多次謀殺胡錦濤、習近平未果，多次發動政變也未果。

第二節

習近平躲過六次暗殺

2014 年 8 月港媒援引中共高層消息來源說，習近平在中共 18 大接任中共總書記前後，據信 6 次躲過暗殺，謀刺行動全都為內部人雇凶所為。（大紀元合成圖）

香港《動向》雜誌 2014 年 8 月報導，2012 年 9 月中旬，習以中共中央書記處書記身分到河北石家莊考察時，遭遇冷槍暗殺。習近平任中共總書記、國家主席和軍委主席後至 2014 年 7 月初，由中共保衛部門發出安全預警通知多達 16 次以上，其中 4 次發生在北京，包括習到北京市委、市政府考察期間。

除此之外，習近平在鄭州、武漢、福州、濟南、青島等大城市視察時，曾遭遇 5 次暗殺，而從已偵破案情獲知，5 次暗殺皆為內部人雇凶所為。

2014 年 8 月 4 日，中共地方黨媒《長白山日報》報導，吉林省白山市委書記李偉引述習近平的講話稱「當前腐敗與反腐敗兩軍對壘，呈膠著狀態」，「與腐敗作鬥爭，個人生死，個人毀譽，無所謂」。分析人士認為，習近平的「生死論」，或許與他遇到的多次暗殺有關。

據報導，習近平的安全問題在中共黨內已引起諸多元老警覺。

據《動向》報導，由於屢次遇險，2013 年 11 月中共 18 屆三中全會後，由中共中央政治局委員、中央政法委書記孟建柱及中央政治局委員、中辦主任栗戰書在中央政治局會議提出：為確保習近平安全，制定四條特別措施。

措施包括：習近平在大陸考察時，其隨行便裝特警一般配備 12 名至 16 名，其武器裝備配備有伸縮微型機槍、曲尺式快速手槍、微型煙幕彈等，並已經有建議增加至 22 名特警、兩個班組。

比如 2013 年 11 月 22 日青島發生爆炸案，24 日習近平視察青島後，隨即抵達山東臨沂市，在山東調研五天，省市縣出動嚴密的安保措施，因為山東青島，特別是臨沂一直是周永康政法委的地盤。

2013 年 11 月 28 日，當習近平結束山東之行後，官方才報導說，24 日至 28 日，習近平在山東省委書記姜異康和省長郭樹清陪同下，來到青島、臨沂、濟寧、菏澤、濟南等地考察。

據海外茉莉花革命網站披露，這次習近平出訪臨沂，省市縣共出動特警武警公安消防機關人員達 9000 餘人，在習近平下榻的地方，光狙擊手就 50 多人，街上便衣無數。當地所有的訪民全都被控制。

習近平上台後，中共中央警衛局長依然是胡錦濤時期的曹清，但習卻將原有他身邊的警衛排全部換掉，由中共中央軍委從解放軍現役特種兵中重新選任，並改為歸中央軍委管轄，不歸中央警衛局管，而且直接聽命於習近平的親信中辦主任兼中央警衛局政委栗戰書，曹清實際上已無權調度習近平的貼身保鏢。

2013 年 12 月 23 日，港媒《東方日報》報導，周永康貪腐金額令人震驚，或創下中共官場腐敗最高紀錄，周涉及貪污金額高達 1000 億人民幣，官方媒體已作好報導周案準備；被稱為「禦林軍」的北京衛戍區亦已加強戒備。消息稱，軍方高度戒備，大批武警北調京畿，顯示京城氣氛緊張。

2013 年 12 月 1 日，周永康的警衛談紅被捕，周永康本人也被抓，19 天後的 12 月 20 日，周永康的心腹、「610 辦公室」主任、公安部副部長李東生被拿下。當天，遼寧海事局發布公告，中共軍隊 20 日至 27 日在渤海、黃海北部海域分別執行軍事任務，期間任何船隻不得進入，而這個被軍方封鎖的渤海海峽和黃海北部正是北京、天津的海上交通咽喉。

習近平擔心周永康的死黨垂死掙扎，想到了最壞的可能性。

第三節

周永康十大罪涉三常委

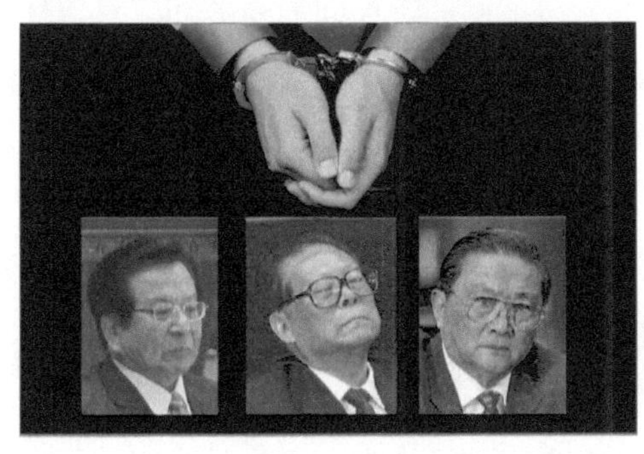

周永康案波及中共三名前政治局常委江澤民、曾慶紅、羅幹，此三人已被祕密調查。（大紀元合成圖）

　　《新紀元》在 2013 年 12 月 26 日出刊的第 358 期封面故事中，獨家報導了周永康所犯下的十大罪，以及牽扯的中共政治局三常委。文章說：自從 12 月 1 日中南海在美國副總統拜登訪華前夕釋放「周永康被抓」消息後，海內外一直在「等第二隻靴子掉下來」。轉眼 20 多天過去了卻不見下文。有人就開始懷疑周永康是否被抓。就在這時，《新紀元》從一名前中共司法系統的部長級高官獲得消息：「周永康已經被抓，只是中央還沒有對外公布。周案涉及中共前政治局常委江澤民、曾慶紅和羅幹，目前中共最高層爭論焦點在於如何將這三人與周切割處理。」

周永康倒台 因與江澤民、薄熙來一夥

　　文章綜合了外媒的評論，2013 年 12 月 16 日《洛杉磯時報》

報導說，「膚色斑駁，方形下巴的 71 歲周永康長期以來是中國自由派人士的死敵，他被指控鎮壓異議人士，在國家石油行業大肆腐敗。但是政治分析家相信，導致周永康倒台的罪行是，他作為當局敵對政治派系的一部分，這個陣營裡面最著名的成員包括前中共黨魁江澤民和最近被定罪的前重慶市委書記薄熙來。」

報導說，在 2013 年 8 月薄熙來的庭審中，有關當時位於周永康掌管之下的國安機構是如何試圖掩蓋薄熙來妻子殺死英國人海伍德的證詞浮出水面。

美國媒體連線雜誌《The Wire》12 月 15 日也報導說，「本周對於共產黨亞洲國家來說不太平。在數月的傳言之後，中共主席習近平正式啟動調查共產黨內部圈子當中一個權勢人物——前國內安全主管。

中共高層指控周永康謀殺、腐敗、陰謀推翻現任政府。《每日野獸》稱周永康是中共的第三號權勢政客。按照美國人的說法，這相當於約翰遜總統對應聯邦調查局局長胡佛。如果控罪成立，周永康可能被判處死刑。

迄今為止，最大的驚奇是薄熙來案件。這個審判成為全球頭條是因為薄熙來曾經是一個崛起的政治新星以及身居政治局並且他父親曾經是毛澤東的朋友。但是現在，這都是小土豆了，因為周永康——他是薄熙來的同盟——是政治局常委。

同時值得指出的是，薄熙來和周永康被廣泛認為涉及迫害法輪功，共產黨視這個精神團體規模太大從而在 1990 年代開始打壓，並且常常是非人道的。

對於周永康的一個指控是，他跟一個女人發生婚外情——這個人現在是他的妻子。在這個婚外情被發現之後，他發誓跟妻子離婚——她很快死於一場車禍。中文媒體報導說，他的司機認罪說，周永康命令製造了車禍。

此外，海外媒體報導周永康被控以黑手黨風格殺死了幾名政治反對派，包括三名商人和一名著名軍隊人物，並陰謀奪取習近平的權力以保護他的家族和朋友的經濟利益。自從 2012 年末以來，當局就在醞釀調查周永康案。

周永康核心罪責是政變和活摘器官

對於周永康家族涉嫌的巨額貪腐問題，據披露，周氏家族過去十多年斂財高達 300 億人民幣。然而周永康的主要罪責：政變、謀殺、活摘器官等，雖然海外媒體廣傳，卻被中共有意掩蓋。

《新紀元》曾報導，薄熙來、周永康等試圖政變，從習近平手中奪權，從而逃避江派血債幫因殘酷迫害法輪功包括活摘器官罪行受到清算。政變計畫是由江澤民主導、周永康憑藉政法委第二權力中央來統管，薄熙來藉重慶舞台而具體暗中實施。但因王立軍出逃美領館而功虧一簣。

周永康最大的罪惡是參與了活摘法輪功學員器官，不僅王立軍、薄熙來、薄谷開來都參與其中，周永康的兒子周濱也一同參與。周家父子曾一度用被關押的法輪功學員頂替死囚犯被執行死刑，在行刑時器官被活摘。

《周永康垮台驚天內幕》新書出版

2013 年 12 月，《新紀元》出版了有關周永康被逮捕的最新書籍《周永康垮台驚天內幕 暗殺習近平另有圖謀》，書籍封面介紹說，「薄熙來出事後，周永康孤注一擲攪局習近平。」「貪腐小意思，政變奪權才是倒台肇因。」20多萬字的內容詳細介紹了「周永康治下政法委的暗藏驚天罪行、周永康的政治同盟及政治對手名單揭祕」等。

在書的封底介紹說：「最早預測周永康被捕的書籍是《新紀元》出版社在 2012 年 9 月 7 日出版的《中南海政治海嘯全程大揭祕（上）》，那時薄熙來還沒被雙開。

王立軍案發後，江澤民集團策劃薄熙來 18 大入政治局常委以頂替即將退休周永康位置的計畫流產，同時，江澤民、曾慶紅、周永康和薄熙來策動兩年內政變的相關資料也被王立軍交給了美國大使館，習近平 2012 年訪美期間獲此信息。消息稱王立軍交給美國的資料還包括江澤民、薄熙來、周永康參與大規模活摘及販賣器官等罪惡。為逃避清算，周永康對習近平動了殺機。

周永康掌控中共公安部和政法委的 10 年間，中國黑暗政治蔓延，地方政府黑社會化加劇，官場賣官、賄賂司法機構減刑、免刑、頂替死罪等等貪腐迅速蔓延。但動搖中共統治合法性的問題還不僅於此。

同薄熙來案一樣，中共高層為了減少王立軍出逃後引發的政治骨牌效應，為了推遲中共政權的解體，掩蓋了周永康的眾多駭人聽聞的驚人罪行，公開治罪極有可能仍是『貪腐』。

從薄熙來到周永康，其背後的政治勢力雖正在加速瓦解，周永康背後仍有更大元凶，三名中共前政治局常委（其中包括一名中共前總書記）是周永康案的直接同夥。」

周犯下十多種死罪被多國法庭起訴

按照中共制定的《刑法修正案（八）》，能夠判處死刑的罪名有 55 個，就目前人們掌握的周永康的罪行來看，比如他涉嫌犯下：1. 貪污罪；2. 受賄罪；3. 瀆職罪；4. 故意殺人罪；5. 故意傷害罪；6. 強姦罪；7. 綁架罪；8. 傳授犯罪方法罪；9. 分裂國家罪、10. 武裝叛亂；11. 暴亂罪：12. 以危險方法危害公共安全罪；13. 非法製造槍支、彈藥、爆炸物罪；14. 非法買賣運輸核材料罪；15. 非法出賣、轉讓軍隊武器裝備罪；16. 走私罪；17. 搶劫罪；18. 詐騙罪等等。

這些罪名中只要一項被證實，都是可以判處周永康死刑，何況這十多項死罪，再加上每個都可判處十幾年的罪名如猥劣婦女罪、嫖娼罪、亂倫罪等等。

然而中共的法律中沒有國際通用的「酷刑罪」、「反人類罪」、「群體滅絕罪」等罪名。自從 2001 以後，周永康在海外十多個國家被起訴。如 2001 年 8 月 27 日，周永康因反人類罪等罪名在美國被起訴，36 歲的波士頓居民、法輪功學員何海鷹將起訴書遞交到周永康本人的手裡；2006 年 7 月 21 日，周永康在法國被起訴；2008 年 11 月，周在澳洲被起訴；2009 年 11 月，西班牙國家法庭做出決定以「群體滅絕罪」及「酷刑罪」，起訴江澤民、羅幹、薄熙來、賈慶林、吳官正五名迫害法輪功的元凶；2012 年 3 月 12 日，北京法輪功學員盧琳到兩會代表駐地遞交《致全國人民代表大會各位代表的公開信》，起訴迫害法輪功學員的首惡之一周永康。

周永康的主要十大罪狀

《周永康垮台驚天內幕 暗殺習近平另有圖謀》一書，詳細介紹了周永康的諸多罪狀，概括起來可以歸為十大罪行：

一、**活摘器官反人類罪**：周永康夥同江澤民、羅幹、薄熙來、王立軍、薄谷開來等人，負責對至少數以萬計的善良民眾犯下了強制性的活體摘除器官罪行。

書中介紹說，周永康早在18大後就被削權、控制，官方為何選在拜登訪華期間釋放周永康被抓的信息呢？其中一個主要原因就是歐盟、美國等國際社會制定了要求中共停止活摘器官的緊急決議，中共想要再掩蓋活摘罪行已經不可能了。在拜登的警告和敦促下，中南海高層不得不對周永康採取行動，否則將會被國際社會譴責為犯下包庇祖護庇罪。

美國政府早在2011年6月就要求凡是申請進入美國的中國人，必須聲明「沒有參與強制性器官移植」，否則就類同納粹分子一樣被拒絕入境。國際出版社相繼出版了多本書籍，列舉了詳實的證據，證明中共活摘法輪功學員器官。而且在國際社會調查時，前中共中央政治局常委李長春無意中親口供出：周永康負責活摘器官事項。

由於器官的絕對暴利，薄谷開來、江澤民、周永康之流發起的偷盜器官之風，已經擴散到每個普通中國人身邊：孩子在家門口玩耍時，就可能被人挖眼偷走了眼角膜。這樣的罪惡再不禁止，中國也就國將不國了。加上正義力量持續不斷的呼籲，周永康被抓，也就成了中南海高層不得不採取的行動。

二、**破壞法律實施罪**：周永康接替羅幹充當政法委書記後，在江澤民的指使下，「知法犯法」、「執法犯法」，在公安、檢察院、法院大搞「法外施法」，利用黑社會手法迫害無辜百姓。

　　三、**兩次軍事政變罪**：《新紀元》新書中還介紹了周永康策劃的兩次軍事政變：第一次是在江澤民與曾慶紅的指使下，夥同薄熙來，計畫在 2014 年對習近平政權進行政變。特別是 2012 年 2 月 7 日，周永康下令薄熙來帶領 70 輛警車欲強行進入美國領事館，抓回王立軍。薄企圖以武力進入美國領地的做法，在國際法中被視為入侵美國，而在中共規定中，沒有軍委主席的批准，擅自調動武警，也屬於政變。

　　周永康的第二次軍事政變是在 2012 年 3 月 19 日的北京槍戰。據說周永康的武警包圍了新華門，有人說，要不是中共 38 軍及時趕到，可能今天是另一番景象了。書中關於「薄熙來計畫策反 14 軍」，「薄周欲建私人武裝被一車軍火揭底」等內容，都明確無誤地證明了周永康的軍事政變陰謀。

　　四、**刺殺國家首腦、顛覆國家罪**：周永康先後兩次行動，要謀殺習近平。一次是 301 醫院體檢時施打毒針，一次在會議室安放定時炸彈。加上周永康與薄熙來密謀的推翻習近平的政變計畫，這些都做實了周的顛覆罪名。

　　五、**瀆職罪、盜用國家資產罪**：周永康執掌中共中央政法委期間可謂權傾一時，手握中共公安、檢察院、法院乃至國安和武警大權。周藉「維穩」的名義，可調用的預算高達 1280 億美元，超過整個中國的國防預算，防民甚過了防敵。其治下的維穩辦公室，則被百姓稱為中國最不穩定因素的製造者。中國反覆上訪的冤案中，80％是由政法委的瀆職造成的。

　　六、**故意殺人罪、故意傷害罪**：周永康謀殺的人數眾多，據媒體報導出來的就有周永康的前妻（周濱的母親）、令計劃的兒子、達賴喇嘛的侄兒晉美諾布、中功創始人張宏寶、中石油廣西石化公司副總經理王學文等人，還有數千名法輪功學員等等。

周永康利用酷刑故意殘害民眾，受害者數不勝數，比如《走出馬三家》裡曝光的遭受酷刑的訪民以及全國十大傑出律師高智晟，被周永康親自下令，被折磨得九死一生。可以說，周永康下令公安用酷刑折磨的受害者數以百萬計。如刀客楊佳案、鄧玉嬌殺淫官案、盲人律師陳光誠案、「六四硬漢」李旺陽案等等，都是明證。

七、誣陷罪：周永康夥同薄熙來為了策劃政變，在輿論上早已開始誣陷誹謗政治對手。比如他們為了重金收買百度，故意利用國安的駭客攻擊谷歌信箱，從而把谷歌趕出了中國。

隨後百度在網路上散布習近平家族有六億美金的資產，胡錦濤、溫家寶的兒子如何貪腐等傳言。最典型的攻擊是在 2012 年 10 月 26 日，周永康為報復溫家寶拿下了薄熙來，利用《紐約時報》報導溫家寶家族貪腐 27 億美金的新聞。

八、強姦罪、不正當男女關係等：周永康的淫亂，和薄熙來、毛澤東是一丘之貉。素有「百雞王」之稱的周，在大慶油田的時候就強姦過婦女，1999 年到四川當省委書記後，更是連工作人員、賓館服務員都不放過，受害者敢怒不敢言。

還有中石油的 AV 女優門、公共情婦湯燦的失蹤等，這些都和周永康直接相關。

九、貪污罪、受賄罪：周家通過投資中國石油行業，攫取了數十億美元的利潤。僅從重慶一地的市政項目中，周濱就賺走了 100 億人民幣。周永康還讓兒子利用他的司法特權讓罪犯上繳「保護費」和「撈人費」。如 2006 年寧夏黑社會大頭目綁架了一名拒絕搬遷的住戶，並用熱油燙死了此人。此黑社會頭目被抓後獲判死刑，但在給周濱 300 萬好處費後被釋放了。

十、濫用職權罪：周永康治下的政法委、維穩辦，濫用職權，禍害民眾，已經無法用數量來計算，大陸近千萬訪民都是政法委濫用職權的受害者。另外以官方公布的事件來看，薄熙來在周永康的命令下，調動 70 輛警車跨省追捕王立軍，即使有江派心腹、軍委副主席徐才厚等人的批准，中共當局仍視周永康謊報軍情，騙取軍委命令，也算是濫用職權罪之一。

作為特務頭子，周永康為了謀反政變，一直監聽中共高層的電話、書信等，這種濫用職權這次也將會一起被審理。

然而從中共邪惡的本性來看，就像中共掩蓋薄熙來的罪行一樣，今後審判周永康時，中共也將隱匿周的大部分罪行，或僅以貪腐受賄罪、濫用職權罪等公布於世，與上述十多項大罪相比，微不足道。

第八章

昆明血案
逼出個「你懂的」

2014 年中共兩會前夕，大陸災禍頻發。在 3 月 1 日昆明恐怖殺戮事件後，3 月 2 日政協開會的前一天新聞發布會上，發言人呂新華的「你懂的」三個字回應周永康案，使周案不可逆轉的朝公開化邁進。

2014 年 3 月 7 日，昆明血案遇難者「頭七」之日，昆明火車站站前廣場銅牛雕像前，花圈和白菊堆成小山。（大紀元資料室）

第一節

獨家：昆明血案是武警殺人

《大紀元》獲悉，江澤民近期正試圖利用另外辦法再次發動政變，2014 年 3 月 1 日昆明血案的砍人暴徒均為武警，並非疆獨勢力。這也是江澤民「政變計畫」之一。（AFP）

昆明「3．01」恐怖殺人案 十大疑點

2014 年中共兩會前夕，3 月 1 日，雲南昆明火車站發生震驚海內外的「3．01」事件。一夥手持刀具、統一著裝的男子衝進火車站廣場售票廳一路見人狂砍，造成 32 人死亡，140 多人受傷。事後中共中央及雲南對案件定性不一，雲南稱是疆獨分子所為，中央稱是恐怖襲擊事件。就在官方對事件真相的口徑混亂之際，民間曝光官方說辭及處理過程中的疑點，掀開了血案黑幕一角。

《大紀元》獨家報導，這是一起江澤民集團精心策劃的恐怖襲擊事件，在周永康案件如何公開定性這類敏感問題上威脅習近平陣營。以下盤點民間十大質疑。

1. 血案發生時間太敏感

最詭異的是，昆明血案發生的時間太敏感。3 月 1 日，被視為習近平陣營風向標的大陸傳媒財新網首次證實，周濱及數名家人已被抓，周濱是周永康長子，這是習近平陣營在做公布周永康案的對外試探和輿論鋪墊，當晚即發生昆明血案。

與這次事件相似的是，2013 年中共三中全會前夕的 10 月 28 日中午，北京發生吉普車衝撞天安門金水橋護欄事件，車輛起火燃燒，導致 5 死 40 傷，震驚國際。之後山西省委發生連環爆炸案。兩次類似事件的發生都是正值中共高層搏擊激烈時刻。

2. 兩天「告破」高清圖片令生疑

中共喉舌新華網一改報喜不報憂、大事件瞞報的常態，對此事件進行迅速報導，3 月 2 日清晨 5 時 8 分，發出英文版報導，稱「3 月 1 日晚，昆明火車站發生砍殺事故，已導致 27 人遇難，另有 109 人受傷。」

官方的迅速「結案」並未終結民眾對該案的質疑之聲，並且在民眾的質疑中可見事件的端倪。

3 月 1 日血案發生，3 月 3 日中共官媒則報導稱該案在 3 日下午告破，是以阿不都熱依木・庫爾班為首的恐怖團伙所為，共有 8 人（6 男 2 女），4 名被當場擊斃，一名被抓，其餘 3 名已落網。有民眾稱，想知道為何之前說有 11 人，現在說告破了共 8 人，何時何地怎麼抓到的，真相是什麼？暴徒照片呢？就成功破案，什麼細節都沒告知。

與此同時，新華社網站還刊登了 51 張該恐怖事件組圖。其中有一張從上往下拍照的「事發現場」高清圖片，新浪微博用戶

「記者秦風在香港」4日發帖稱，「新華社這張從上往下拍照的『事發現場』高清圖片，似乎有備而來，令人生疑。」

3. 網友「一警情知音」事先獲悉

有昆明實名認證律師曾在網上披露：網名為「一警情知音」告知自己處於兩難狀況，「事先獲得有關情報，但如果聲張的話則屬造謠，製造恐慌，擾亂秩序；事發後說則屬洩密。公安也難：維族在昆太多，防不勝防。」

該律師非常憤怒表示，「……洩什麼密？無論事前知與不知，警方此中作為都值得深刻檢討。難道發生如此事件，警方還應好好褒揚？大家都難，看來只有遇難者不難。」該微博才被轉發就遭封殺。

也有民眾打比方喻警方膽怯只會欺負普通民眾說：「昆明火車站廣場的恐怖砍殺事件告訴我們一個真相：在廣場，你若舉的是牌，一分鐘內就會有人把你撲倒；你若舉的是刀，你可以繞場跑25分鐘……」

4. 血案發生前中共高官獲通知

3月4日，新唐人電視台記者採訪到一位知情人士，從一中共體制內少將以上職位的高官處聽說在血案發生前，他們就獲得通知。

這個高官在砍人事件發生前一、兩個小時接到一個保密電話通知，說有歹徒要到街上砍殺，所以讓他們不要上街去散步，注意安全。但這件事中令這位知情人不解的是，這位事先得知消息的中共高官，並不在昆明。

　　此次暴力砍人事件發生在昆明，外界也多有猜測。有消息稱，昆明是中共 14 軍駐地，14 軍是由薄熙來之父薄一波創建，是薄一波的嫡系，與薄家的關係盤根錯節，而 14 軍此前被指曾參與周薄政變。

5. 警方只公布短刀 長刀呢？

　　昆明警方向外界展示在昆明火車站 3 月 1 日發生的血案後找到的凶器均為短刀，最長的也未超過一米。

　　之前，在一篇《昆明火車站驚魂 12 分鐘暴恐案始未》的報導中稱，「正在第一售票大廳七號視窗買票的旅客楊女士看到，兩個黑衣人逕直走到一號售票口，其中一人手持一把砍刀，另一人持兩把砍刀，刀長約一米。兩人一路從一號窗口砍向十四號售票口。」

　　而在另一篇《昆明暴恐襲擊現場》報導中表示至少有五把一米長刀。報導中寫道：「打算前往四川攀枝花的乘客楊女士正在售票大廳 7 號售票口買車票，看到上述兩個黑衣人走到一號售票口，其中一人掏出一把砍刀，另一人掏出兩把砍刀。三把刀均長約一米，兩人握著刀在售票大廳裡，從左往右開始一路砍人，慘叫聲此起彼落，楊女士嚇得呆住了。」

　　大陸媒體之前報導現場目擊者都稱凶徒手持一米長刀，有民眾質疑，掩飾一米長刀是為何？還民眾質疑，這麼長的刀是如何過安檢？如何藏匿？一米的長刀在凶徒被追捕時，還被凶徒帶走了？

6. 秦光榮稱「無法出境」是假話

　　雲南省委書記秦光榮 3 月 4 日向媒體談及昆明恐怖襲擊事件，

提到涉案的 8 個人原想參加境外「聖戰」，但無法從雲南出境，在紅河和昆明火車站或者汽車站發動「聖戰」。之前，雲南官員曾經表示是「新疆分裂勢力作出的恐怖襲擊」。

有當地網民表示，秦光榮稱「無法出境」是假話，通過老撾或緬甸到泰國太容易了，出來不了，純屬子虛烏有。到境外參加所謂聖戰出不來，是奇怪的事情。

7. 東突是針對政府機關、軍警

媒體報導，發動血案的這十個人統一著黑色裝。以往疆獨分子組團發動襲擊，從來沒有統一著裝的傳統，因為統一著裝，還沒有到達作案現場，可能就被發現了。迄今未見過疆獨或東突分子統一著裝發動襲擊案列。

東突或疆獨分子在意識上均屬於狂熱的原教旨穆斯林分子，他們製造血案的目標，通常是針對政府機關、軍隊、公安機關，乃至政府的附屬機構，以達到其所謂的政治和宣傳目的。殺害兒童、婦女和老人則違背穆斯林古訓。因此，從常理上來說，東突（疆獨）組織若要發動一次有政治目的的大規模殺人血案，昆明火車站很難會成為首選目標。

8. 所有恐怖分子都喜歡用槍

昆明血案中，凶嫌全部使用長砍刀，逢人就砍，且均是要害部位，訓練有素。東突（疆獨）要組織這樣一次大型血案，一般都會使用槍，而不會都用砍刀。穆斯林恐怖組織訓練殺手和死士，用各種槍、炸彈，獨沒有聽說訓練用刀砍的。他們認為哪怕只有一枝槍，其開槍所產生的震撼和威懾作用，比用刀殺人效果更大。

所有恐怖分子一般都喜歡用槍，特別是 AK-47 作案。在新疆或雲南兩地，買到或獲取幾枝槍並不是難事。關鍵是：如果東突組織有預謀的發動這次大規模襲擊，會沒有槍枝或炸藥嗎？

9. 最大可能衝著新領導班子

網路作家龔英輔質疑：那麼這一夥實施血案的暴徒是屬於哪一個組織呢？是誰在背後策劃組織和提供物力財力的呢？最大可能，這次血案是衝著新領導班子深化改革和反腐敗所策劃的，是為給新領導集體主導的兩會製造難堪，更主要的是企圖轉移視線和改變反腐敗工作的方向！如果這個分析成立，這種團伙統一著裝的暴力血案還可能會在其他地方重演，中央必須抓緊防範和打擊！特別要防範和清理來自內部的麻煩製造者，順籐摸瓜抓住其策劃、組織和提供資助者。

10. 驚人預言帖曝光

昆明血案前，2 月 24 日晚 9 時 09 分，一位名叫「frequancy_AC」網民在百度帖吧 2012 吧發帖，「吧務，你敢刪這個帖，就是與中華民族的某些戰士為敵。我就是某些戰士之一，接下來的幾天中大家很快會看到我。具體的大事會在這周六發生，敬請關注。」

28 日，「frequancy_AC」又發帖稱，「已經看不到希望了，活著也沒有意義。」「我明天就要推動中華民族的進程了，你們有什麼想法要交流嗎？」

大陸網民紛紛發帖講述當前情況，提出質疑並猜測背後真相，官方不僅沒有任何動作，而且很多微博迅速被刪。

昆明血案內幕：武警戰士殺戮

《大紀元》獲悉，中南海高層內部已斷定昆明恐怖事件就是江澤民集團所為。江澤民集團精心策劃了昆明恐怖襲擊事件。原本同時將在五個城市進行，但是出現意外之後，其餘四個城市並未有所動作。

這些暴徒都是武警，而非疆獨勢力，也和種族仇殺沒有任何關係，他們都是來自農村的基層士兵，想升官發財，遭到江澤民集團用毛澤東思想的洗腦。行動前，每人獲得一筆錢，許諾事成之後封官許願，還欺騙他們行動開始 15 分鐘之後有後援來接走他們。最後導致四人被殺、四人被抓。被抓的 16 歲的女子是事先安排好的，目的就是要讓這齣戲看起來更加真實。

這些武警參加過多次行動，前面幾次都得到保護，順利脫離險境，所以他們這次行動非常大膽。也因這次行動被擊斃了四人，導致其他城市的襲擊沒能發生，目前中南海高層已經抓捕了其餘四個城市的這部分人。

昆明恐怖事件發生後，中共兩會期間，北京已經布滿軍隊，進入全面戒備，人民大會堂的所有地下通道都有軍隊，所有代表團暗處也有軍隊把守。局勢非常緊張，所有高層都在北京，深恐不知道明天會出什麼事情。

獨家：香港刺殺劉進圖的也是武警

2014 年 2 月 26 日上午，《明報》前總編輯劉進圖突遭凶徒刺殺重傷入院。

　　《大紀元》獲悉，刺殺劉進圖的也是江澤民集團派出的武警，並已經逃回大陸。行刺劉進圖的也與近期習近平陣營和江澤民集團激烈爭鬥的局勢有關。江澤民集團的目的是在香港製造混亂，捆綁及威脅現政權，激發香港民眾對北京不滿，最關鍵還是在周永康案件如何公開等這類敏感問題上威脅習近平陣營。

三個月內 習江 16 起重大狙擊事件

　　進入 2014 年，圍繞前中共政治局常委、政法委書記周永康案，中南海局勢突然升級。三個月內習近平與江澤民之間發生了 16 起重大狙擊事件。

　　2013 年 12 月 25 日，中共公安部副部長、鎮壓法輪功的「610 辦公室」頭目李東生落馬。李東生因充當江澤民集團迫害法輪功學員的「急先鋒」而獲得周永康「賞識」，擔任「610 辦公室」主任。他也是 2001 年 1 月 23 日，世紀偽案「天安門自焚案」的親自策劃者。

　　為反擊習陣營，2014 年 1 月 7 日，江派豢養多年的祕密伏兵、被標榜為中共「首善」的大陸商人陳光標以收購《紐約時報》為噱頭，到紐約開新聞發布會散布自焚偽案，企圖引發國際對法輪功的誤解和仇視，在迫害法輪功的血債上捆綁現任政權。但是，一向跟中國時局最緊的港媒三緘其口，大陸媒體也如同被「封殺」一般，鮮見報導，致使此「逼宮」計畫流產。

　　此後，江澤民集團大為恐慌，開始拋出威脅性的內容。

　　2014 年 1 月 21 日，美國一家新聞機構「國際調查記者同盟」突然發布報告，稱現任或前任中共中央政治局常委的親屬，在英屬維爾京群島和庫克群島等離岸金融中心持有離岸公司。這份報告包括習近平、胡錦濤、溫家寶、鄧小平、王震和葉劍英等家族。與此相對應的是，江派的三個巨貪，即江澤民、曾慶紅和周永康卻不在其中。

北京消息稱，這次的餵料就是江澤民集團所為，目的是恐嚇中共體制內最有權勢的六個家族，再次發出同歸於盡的信號。

2014年1月30日，大年三十，中共官方發布江澤民老家揚州「大管家」、南京原市長季建業被移送司法的消息。季的落馬被外界看作是習近平陣營對江系發出的嚴厲警示。

2014年2月18日，曾經跟隨周永康10年的大祕、海南省副省長冀文林被中紀委立案調查。至此，周永康的四大祕書都被抓。

2014年2月12日，前遼寧省公安廳長、省政協副主席李文喜被傳出直接帶往北京調查。2月18日，大陸報導證實，遼寧省瀋陽檢察長張東陽在2014年1月下旬，被中紀委官員直接從遼寧「兩會」閉幕現場帶走。二人是涉周永康活摘器官罪惡的重要證人。

李克強脫稿發警告

2014年3月5日，李克強在中共人大會議開幕儀式上做政府工作報告，做出一個不尋常的舉動——脫稿譴責雲南「3‧01」事件的恐怖分子，大陸媒體報導稱在兩會代表委員和記者拿到的工作報告中沒有這段話。

《大紀元》獲悉，李克強故意脫稿，以「你懂的！」方式對在座的所有官員發出警告：中共的政局處於極度危險的階段，高層已經出現了重大變故，讓所有的官員做個準備。昆明事件並不是新疆人幹的，「你懂的！」

據悉，這也是習近平在兩會李克強做報告時全程「黑臉」的原因。

消息稱，昆明血腥案件的偵破並不複雜，江澤民集團知道習近平很容易破案，但是結果卻不能公布，公布的話馬上意味著共產黨將面臨垮台，這和公布周永康政變的結果相同。江澤民集團製造這些事端，手法並不嚴密，就是認準了習近平陣營不能公布、也不敢公布是江派所為，其實就是以恐怖事件威脅習，如果公布周永康所涉的活摘器官和反人類罪，恐怖殺戮還會升級。

消息稱，雲南書記在兩會單方面發表昆明血案的所謂「聖戰」說，其實是雙方都在用「你懂的！」方式告訴大家，雙方都已經沒有退路。

3月2日，也就是昆明血腥事件第二天，「中國廉政建設網」突然頭條發布：中共中央下發《關於周永康涉嫌嚴重違紀的通報》。

消息稱，此舉是習近平暫時答應江澤民集團條件，而被迫作出無奈之舉，目的是為了在兩會時候暫停各地的恐怖行為，否則社會將處於失控的程度。並告訴江澤民集團，兩會後將以這種方式公布周永康案，現在可以收手了。

之所以不通過新華社刊發周永康的通報，是因為一旦這麼做了，將來就無法再收回來。習近平此舉對於雙方來說都留下了變數，習近平陣營依然留有升級周永康案的餘地，江澤民集團也可以繼續升級將來的恐怖襲擊。

江澤民試圖再次發動政變

中共江澤民集團因恐懼迫害法輪功的罪行被清算，密謀通過發動政變廢黜習近平、讓自己的人馬穩坐最高權力之位繼續維持迫害政策；但因王立軍出逃曝光，計畫而全盤崩潰。《大紀元》獲悉，江澤民近期正在試圖利用另外的辦法再次發動政變，把習近平趕下台。

《大紀元》獨家報導，3月1日昆明血案的砍人暴徒均為武警，並非疆獨勢力。這也是江澤民「政變計畫」之一。

《大紀元》獲悉，因為漸失軍權和黨務的權力，江澤民集團已經失去了在政治上直接與習近平對抗的能力。自原「610」頭目李東生被抓後，因為擔憂習近平碰觸法輪功問題，並公布周永康的「反人類罪」，江澤民集團近期正在試圖利用另外的政變辦法，把習近平趕下台。

消息稱，近期發生的幾起重大事件，都是江澤民集團在背後策劃，包括在2013年6月7日發生在廈門的公交車焚燒事件等。江澤民集團通過收買武警和黑社會暴徒，精心安排了系列的「報復社會」行動。當多個省份都發生這樣的慘劇時，所有的國際和國內輿論都會譴責當權者。習近平將因此倒台，江派則順勢上台，「糾正習近平的錯誤。」

消息還指，江澤民集團正動用海內外所有的特務力量，散布習近平的負面消息，用殺戮百姓的方式，推倒習近平。

「周薄政變」密謀曝光

2012 年 2 月 6 日王立軍攜帶機密資料出逃成都美國領事館，「周薄政變」黑幕被揭開。2 月 14 日，時任中共國家副主席習近平抵達美國訪問時，美國媒體《華盛頓自由燈塔》曝光了王立軍移交美領館材料中有關薄熙來、周永康聯手圖謀發動政變，最終整垮和廢掉將在中共 18 大接班掌權的習近平的計畫。美國副總統拜登向習近平出示了薄、周政變密謀的證據。

政變計畫是由江澤民主導、曾慶紅主謀、周永康憑藉政法委第二權力中央負責實施，推薄熙來上位，先在「18 大」奪取政法委位置，然後再鞏固武警部隊的武裝力量、鞏固輿論、施行「重慶模式」等，待各方面成熟後再廢黜習近平，此政變計畫已完成了一半進程，不料被王立軍出逃美國領事館事件曝光摧毀，全盤崩潰。

「3‧19」北京政變

據香港媒體報導，2012 年 3 月 19 日晚發生中共 38 軍與武警火拚。事件起因是周永康與溫家寶搶奪薄熙來的「財長」、大連實德集團有限公司董事長徐明。

最早帶走徐明的是周永康的人馬。薄被免職後，溫家寶命親信、中紀委副書記馬馼設法把徐明盡快掌握到中紀委手中。周知道來者不善，3 月 19 日晚，一面調動武警轉移徐明，一面調動公安加強戒備。中紀委方面也迅速調集人馬，試圖伺機下手搶奪徐明。

當晚，胡錦濤急調駐紮京南保定的 38 軍入京，北京長安街軍車如林，機場布控，槍聲響起。有知情人稱，當時的目標是北京市東城區燈市口西街 14 號，即中共中央政法委總部；還有知情人則肯定為玉泉山某處的周永康私邸。

據悉，38 軍在極短時間內制服武警。當晚，無論是政法委總部還是周永康的私邸，都沒有發現周永康。

習江生死搏擊無退路

《大紀元》曾報導，目前中國政局所發生的角力與激鬥，其真相是江澤民集團要掩蓋這近 15 年來鎮壓法輪功所犯下的重大罪惡，江派若失去對中國的絕對控制，真相會立即曝光，中國社會將發生劇變。

由於全球一億法輪功學員堅持 15 年之久的傳播真相，中共活摘法輪功學員器官等驚人罪惡在國際廣泛曝光。

自 2012 年 2 月初王立軍夜奔美領館，曝光「江澤民集團計畫在兩年內罷黜習近平，並以薄熙來取代習」，此後，習近平與江澤民之間的一場殊死戰役，便沒有回頭餘地。

圍繞周永康案，江澤民集團參與政變、活摘器官等核心罪行的活證人不斷被抓捕。身陷末日恐慌的江澤民集團瘋狂反撲，發動一系列恐怖襲擊事件。中國局勢空前緊張一觸即發，習江生死搏擊，都無退路。

兩會期間 連發 8 大惡性事件

2014 年 3 月 8 日中共兩會期間，從吉隆坡飛往北京的馬航 MH370 航班突然失蹤，機上 239 人中有 154 名中國乘客，至今仍音信全無，迷霧重重。（大紀元資料室）

　　2014 年中共「兩會」召開的前一兩天，大陸災禍頻發。繼 3 月 1 日昆明恐怖殺戮事件後，東莞、桂林、廣州、河南、陝西又接連發生爆炸、血案、地鐵踩踏、幼兒園房頂坍塌、直升機失事等事件，引發民眾恐慌。

東莞中石化餐廳爆炸 一死 31 傷

　　據大陸媒體報導，3 月 3 日上午 12 時 10 分，廣東東莞旗峰路中僑大廈四樓中石化東莞石油公司餐廳發生爆炸，已造成一人死亡、31 人受傷。死傷人員全部是中石化東莞石油公司的員工。

　　報導稱，據初步調查了解，爆炸疑因廚房液化氣瓶洩漏引發，爆炸導致天花板坍塌。現場慘烈，多人被炸飛。東莞餐廳爆炸事件立即成為微博熱門話題。民眾質疑，在中共兩會敏感時期，東莞爆炸事故原因並不簡單。

桂林發生恐怖血案

3月3日桂林發生慘案。消息先來自微博，網民實名微博披露：剛剛發出緊急通知，稱疆獨分子潛入桂林，西門橋頭一位開寶馬的女人被砍死，罪犯正逃跑中，目前桂林兩死六傷，全市已戒嚴！

後海外中文網站報導稱，事件發生在桂林象山區蒼松路萬壽巷，作案嫌疑人於當晚6點左右手持砍刀，將一寶馬車的女車主拖車外並以刀砍殺，之後搶走車上的物品，欲駕車逃離未果，之後又搶了一輛摩託車逃跑。該女車主在醫院被宣布死亡。

從網友曝光的照片看，被害者倒臥在地，面無血色，有消息指，被害者已經死亡。

桂林警方稱，3日傍晚桂林市區確實發生了一起惡性事件，但桂林砍人案只是個案，無任何其他關聯案件。後桂林方面對相關帖子全部刪除、封鎖。

有民眾披露桂林滿大街都是武警特警，桂林全城戒嚴。

3日午夜，特警包圍某個疑為嫌犯藏身地。桂林官方深夜發布一條警告市民不要外出的信息。當地民眾被恐懼的陰影籠罩。

桂林驚現販賣模擬槍團伙

據大陸媒體報導，3月3日晚，桂林有摩的司機報警稱，在廣西桂林市汽車客運站有可疑人員留下的一個包裹。經查驗，包裹內發現有模擬槍支和管制刀具。

4日凌晨4時許，五名犯罪嫌疑人被抓獲，一批模擬槍支和管制刀具、弓弩等被繳獲。據犯罪嫌疑人交代，他們自2013年9月以來多次往返湖南、廣西等地販賣模擬槍支、管制刀具。群眾舉報的包裹是他們到達桂林汽車北站後遺失的。

河南一幼兒園房頂坍塌 一死三傷

據《大河報》報導，3月3日夜12點多，河南信陽溮河區董家河鎮駝店村百川親子幼兒園房頂倒塌，13名全託幼兒被覆沒。13名孩子從瓦礫中被挖出送往醫院。一名孩子在送醫途中死亡，三名孩子受傷。

經調查，百川親子幼兒園是無證私自開設駝店村分園。該園是租用民房改建，改建時，該園院長余某擅自拆除兩間房子中間的山牆，致使房頂失去依託，結構不穩，最終垮塌。

廣州地鐵踩踏事故多人受傷

據《廣州日報》報導，有網民爆料稱，4日上午11時10分左右，廣州市地鐵五號線在到達西村站時，有兩名男子在車尾車廂內突然噴出不明刺激性氣體，導致車上乘客驚慌躲避，紛紛跑向車頭方向，躲避過程中發生踩踏，多人在踩踏中受傷。

有乘客表示，現場不少人的鞋子被踩掉，行李跌落，車廂尾部有煙霧。網民上傳的圖片顯示，發生踩踏的車廂內凌亂異常，行李、衣物、鞋子等散落一地，地面還有血跡。

　　西村附近民眾表示，當時乘客都非常驚慌，幾名乘客受輕傷。涉事地鐵已經暫時停運，客流被限制。

　　有廣州民眾表示，最近發生太多血腥事件，大家精神緊繃，人人自危，人心惶恐。

　　廣州警方稱，事故原因是兩名少年在地鐵五號線列車車尾玩弄一瓶女性防狼噴劑，發出刺激性氣味，乘客在躲避疏散過程中發生擠碰，致四人輕微皮外擦傷。

陝西渭南一架直升機墜落

　　據大陸媒體報導，3月4日下午2點左右，一直升飛機在陝西渭南市臨渭區固市鎮東南方向巴邑村農田墜落。受傷機組人員已被送往醫院，事故原因在調查中。

　　據目擊者稱，飛機在行駛過程中，尾翼突然發出一聲巨響，隨即直升飛機失控墜落農田，有兩名傷員。目前現場已被警方控制。

天安門一女子自焚

　　3月5日早上9點，中共12屆全國人大二次會議在北京人民大會堂開幕。大約早上10點40分左右，在戒備森嚴的天安門金水橋附近發生一女子自焚事件，同時，至少有兩名示威者在天安門廣場撒傳單，被警察帶走。

　　據現場遊客回憶：「有一個40多歲的女子自焚，那女子把衣服一拉開，身上就著火了，四、五個人拿著滅火器就往她身上噴，然後就把人拉走了。」

馬航一飛往北京客機失蹤 機上 154 中國人

馬來西亞航空公司一架飛往北京的客機失蹤。飛機上共有239 人，其中 227 名乘客，包括 2 名嬰兒及 12 名機組成員。這架由馬來西亞首都吉隆玻飛往北京的馬來西亞客機在當地時間 3 月8 日凌晨 2 點 40 分與梳邦國際機場空管中心失去聯繫。至 3 月 8日北京時間午夜，仍沒有任何確切消息。

3 月 8 日晚 19 時 30 分左右，馬航發布更新媒體稿，公布全部乘客及機組成員名單。馬來西亞、越南等國聯合搜救，暫未發現任何飛機殘骸。

BBC 報導，越南空軍飛機據報在越南南部金甌省西南面海域上發現大面積浮油。越南當局稱懷疑源於周六凌晨失蹤的馬來西亞 MH370 航班。

根據北京出入境邊防檢查總站指揮中心消息，航空公司申報的旅客信息顯示，該航班上有 154 名中國人，外國人 73 名。《新京報》報導，由 24 位中國畫家組成的藝術代表團在這趟飛機上，參加一場以「中國夢·丹青頌」為主題的書畫交流筆會。但其他人身分官方尚未公布。

在馬航公布的完整乘客名單中，有兩人已證實護照被偷位登機。義大利政府確認該國公民 Luigi Maraldi 未登機，之後奧地利外交部也確認該國一名公民未登機，目前人在奧地利。兩國外交部均表示，兩人護照被偷。奧地利通訊社報導專家推測，恐怖襲擊的可能性大大增加。

網民：現在活著不容易

連續發生一系列血腥事件，讓民眾感到恐怖，人心惶惶。

有網民稱，這兩天和家人討論最多的就是人身安全問題，現在活著不易啊！

許多網民表示：中國好危險啊！到處都危險了，坐公交車買菜無緣無故被火燒、去火車站買票莫名其妙被刀砍、去餐廳吃飯稀裡糊塗被炸飛……這年頭還讓不讓老百姓活了？敏感時期，不太平啊！這幾天一齣接著一齣，社會動盪不安啊！這個社會是怎麼了，感覺身邊危機四伏，這年頭怎麼死的自己都不知道！

也有網民質疑，這些血腥事件是意外還是人為？東莞爆炸事件與昆明火車站暴力血腥事件有沒有關係？如果不是恐怖襲擊，哪有這麼多巧的事？

第三節

血案後「你懂的」與真假通報

2014 年 3 月 2 日下午，中共 2014 年全國政協開會的前一天新聞發布會上，呂新華的「你懂的」三個字回應周永康案，使周案不可逆轉的朝公開化邁進。（新紀元合成圖）

2014 年 3 月 2 日下午，就在昆明血案的第二天，也是中共兩會開會的前一天，在按慣例召開的中共政協新聞發布會上，發言人呂新華說出的三個字引起全世界的熱切關注，使周永康案不可逆轉的朝公開化邁進。

有分析稱，這是習近平陣營對江派製造出的昆明血案的回應，提前變相公布周永康案。

據網易新聞報導，原本記者會最後一個提問名額被點到的是《民政協報》的記者，招來周圍一片嘆息聲，但呂新華臨時決定再增加一個問題，並把這個機會給了香港《南華早報》。

呂新華長期在中共外交部任職。2003 年至 2006 年任外交部副部長，2006 年至 2012 年 4 月，呂擔任外交部駐香港特別行政區特派員；而其間的五年時間裡，習近平分管港澳工作，任中央港澳工作協調小組組長。也就是說，呂新華是習近平的老下級，據說深得習的信任。

「你懂的」 你懂了嗎？

《南華早報》記者問到有關海內外極為關注的周永康問題時，問「有沒有什麼可以透露或披露的？」呂新華回答說：「不論什麼人，不論其職位有多高，只要觸犯了黨紀國法，都要受到嚴肅的追查和嚴厲的懲處，這不是一句空話。」隨後他又補充說：「我只能回答成這樣了，你懂的。」

現場記者聞之哄堂大笑，「你懂的」一詞也迅速成為當紅的流行語。專家評論說，「你懂的」這詞充滿民間智慧和娛樂精神，它來源於英語口語中的「You know」，但又注入了英語本身難以神傳的、只可意會不可言傳的含義，用於表達無法言說或不便明說而又心照不宣的事，起到「狀難寫之景如在目前，含不盡之意見於言外」的效果。

有人還說：「相比於一本正經的『眾所周知』，『你懂的』顯然多了幾分狡黠和幽默。對於周永康案，呂新華似乎什麼都沒說，不懂的人照樣不懂；但他似乎又什麼都說了，一切盡在不言中，懂的人自然懂。這個政治隱語體現了中國文化的含蓄之妙。」

外媒評論說，呂新華並沒有斷然否認或當場反駁，這無異於當眾默認了周永康腐敗並遭調查的傳聞。《南華早報》也在隨後發表的報導中說：「中共高官首次公開暗示當局可能很快正式宣布對周永康腐敗案的調查。」此前大陸媒體已經相繼報導了很多有關「神祕富商」周濱（即周永康之子周斌）一家被抓的消息。

也有人發現，呂新華是在學溫家寶。2012 年 3 月 14 日在記者發布會上，溫家寶也是故意把最後一問的機會留給了外媒記者，此前不管李肇星如何幾次催促溫結束提問，溫家寶一直等到外媒問道「重慶王立軍事件」時，當眾宣布「中央正在調查此案」，並要讓調查結果「經得起歷史考驗」，在這之後才結束其三小時的問答，第二天薄熙來就被宣布免去重慶市長職務。於是，人們都屏住呼吸在等待第二天兩會上是否會正式宣布周永康案。

真真假假的周永康案通報

不過還沒等到第二天，就在呂新華「你懂的」話一出口的十多小時後的 3 月 2 日晚上 8 時 35 分，就在兩會召開前的最後一夜的網路高峰期，「中國廉政建設網」突然發布：中央下發《關於周永康涉嫌嚴重違紀的通報》。

通報稱，周永康在擔任中國石油天然氣集團、國土資源部、四川省委書記領導職務和中央政法委書記期間，濫用職權；利用職權為他人謀利，直接和通過家人收受他人巨額賄賂；利用職權、其子周某利用其的職務影響為他人謀利，其家人收受他人巨額財物；與多名女性發生或保持不正當性關係；涉嫌侵吞巨額國有資產；包庇和縱容黑社會團伙犯罪等。通報還稱：「周永康開除黨籍處分，待 18 屆四中全會予以追認」。

該網站給人的第一印象是很正規的中共官網風格，網站背景圖案有華表、有石獅，還有中共常見的大紅背景，不過對中共而言如此重大的信息，不是由新華社公布，而是由一個名不見經傳的網站搶先發布，這還是第一次。有香港媒體當即表示，從其用詞來看很可能是假消息。幾小時後，人們發現該網頁就打不開了。

據百科資料，「中國廉政建設網」由華政通文化發展有限公司負責運營，但在 2013 年 7 月，曾被通報為非法信息網而被關閉。阿波羅網調查發現，該網站備案京 ICP 備 10026054 號 -1，是個人網站，所有者：李鄧妹。

《新紀元》檢索發現，2008 年 4 月 17 日，北京市西城區法院以詐騙罪、勒索罪判處王建業、呂康健、褚多鋒六年至一年多的徒刑，這三人就是利用自創的「中國紀檢監察廉政建設網」，冒充中共紀檢委和監察部聯合舉辦的反腐網站，從而到鄉鎮勒索貪官的錢財。這個網站很可能是個類似「野鴨店」的冒牌網站。

在大陸若要註冊一個公司名稱，「中國、中紀委、監察部」這類專屬名詞是嚴格限制使用的，然而對於個人辦理的非營利性網站，只需要到工業信息化部（原國家信息產業部）和當地的公安機關登記備案就行。於是有人成立了一批與「中國紀檢監察廉政建設網」相似名稱的網站。

儘管這個來路不明的「中國廉政建設網」很快被關閉了，但有關周永康被開除黨籍的通報卻迅速傳遍了大江南北。目前人們也無法判斷這個通報是出於江派還是習派，因為同樣的通報最早出現在江派控制的海外網站上，然後出現在這個廉政網上。

《新紀元》在事後查詢該網，文章不斷更新，如同是正規網站，但有關周永康案的通報再也找不到了，即使周永康被移送司法之後都不見該文章恢復發表。若這真是北京當局藉此發布信息，那就像當天下午中共政協發言人那句「你懂的」一樣，是習陣營為了平息江派的血腥反撲而不得不做的妥協之舉，言外之意是給江派看：「我們就用這個『只談貪腐、不談政變』的審判模式來處理周永康案，你們（江派）就不要再搞恐怖襲擊，要全力保障兩會的順利召開」。

若這是個非官方網站，那很可能是江派用「生米煮成熟飯」的方式，逼迫習近平把周永康案定性成個人貪腐，從而把江澤民、曾慶紅等江派人馬切割出來。這種「逼宮」行為江派已經運用多次了。

處理周案 中共高層意見不一

全球最先提出逮捕周永康的書籍，是 2012 年 9 月 7 日新紀元出版社在《中南海政治海嘯全程大揭祕（上）》，那時薄熙來還沒被雙開。聽聞《新紀元》的預測，很多讀者和同行都持懷疑態度。不過一年後，當薄熙來被判刑，特別是 2013 年 11 月中共三中全會後，各路媒體開始跟進對周永康罪行的揭露，特別是江澤民、曾慶紅控制的海外華文媒體，不斷放出周永康貪腐、色情、政變的獨家消息，等到了 2013 年底，「逮捕周永康」已成了海外網路的共識。

2013 年 12 月 20 日，周永康在政法系的頭號馬仔、前公安部副部長李東生落馬，官方罕見強調其與迫害法輪功相關的三個隱祕頭銜，暗示周永康案的性質已從貪腐擴大到了政治迫害，從而拉開了周案升級的序幕。

接下來從江派的竭力反撲以及習陣營的不斷抓捕中，人們看到，一場你死我活的大決戰正在上演。江派指使陳光標紐約上演慈善鬧劇失敗後，策劃出了攻擊當權者貪腐的「離岸醜聞」，隨後又在香港上演了刺殺《明報》前主編的血案，而習陣營在抓捕周永康的「四川幫」、「石油幫」、「政法幫」、「祕書幫」、「遼寧幫」之後，還讓大陸媒體不斷高調追查周永康兒子周濱的貪腐罪行，雙方角力得十分激烈。

如 2014 年 2 月 20 日，陸媒大量報導了四川富商、「特大黑社會集團」頭目劉漢是在「遇到貴人後」飛黃騰達，並與周濱之間有利益輸送。2 月 27 日數家媒體又轉載了《中國青年報》的文章，分析「周濱集團形成原因」。3 月 1 日「財新網」報導說，「周濱夫婦及其數名親人被帶走」，「包括周濱的三叔周元青、三嬸周玲英和堂弟周峰，另外岳父黃渝生也於去年 12 月失去聯繫」。此前，大陸媒體還報導「富商周濱疑染指北京公租房」，接著搜狐財經發表《打虎計 周濱：以父之名》等等。周永康之名，直接或間接地在大陸媒體上公開亮相。

在馬年團拜會上，《炎黃春秋》社長杜導正曾表示，目前中共黨內高層改革阻力極大。這位 90 歲的老人一連用了三次重複：「改革的阻力在黨內很大、很大、很大。」高層意見不一致，或者高層已經不斷變化，這些都反映在周永康案宣布時間的變動中。

不過有一點是明確的，北京能默許大陸媒體報導有關周永康的貪腐案，利用外圍製造輿論，也是在給民眾心理打緩衝劑，否則突如其來宣布中央政治局常委如此驚人的貪腐，普通百姓一時恐怕接受不了。

周案是集團案 要慢慢查？

《新紀元》獲獨家消息指，關於周永康案公布的時間，當時北京當權者處於左右為難的猶豫期。一方面他們要吸取薄熙來案的教訓，一定要把周永康案做成鐵案，絕對容不得有讓周永康半點狡辯抵賴的機會。於是有人建議要把所有周永康的親信爪牙，特別是李東生、冀文林、李文喜、張東陽等人抓來審查，找到鐵證、讓周永康完全無力辯解後才會公開審判，這樣就不會重現薄熙來翻供的尷尬局面。而且周永康案查得越久，涉及的面越廣，江澤民、曾慶紅被查出的罪行也越多，王岐山不是說要一案雙查，要查周永康的上級嗎？

從後來的徐才厚落馬、特別是令計劃落馬後，習近平陣營放慢對周永康案的處理是為了拿下貪腐集團、徹底清除政變團伙的說法獲得更多人的認可，也就是說，周永康越拖到後面審理，越有可能給他增加新的罪名，讓薄熙來式的貪腐問題退居次要，而把政變等提到重要位置。

海外資深媒體人、中國問題專家楊光曾向《大紀元》獨家透露，他通過中共高層內部人士得到的消息：習近平陣營早已對江澤民、曾慶紅、羅幹等搞暗殺的政變集團成立了專案組。中共中央專案組有 1100 多位工作人員，針對周永康的專案組至少也有 700 人以上。

習近平陣營現在是撒大網，先以貪腐問題對周永康的外圍進行調查，但介於中共內部你死我活的慘烈搏擊，更由於近期江澤民等人已經利用「離岸醜聞」向習陣營發出「要死一起死」的威脅，因此習近平最後或以反黨政變「集團」的名義把他們一網打盡。

楊光說：「一定會是在今年（2014 年）秋天以前把江澤民集團一鍋端，如果不在三、四個月以內，把他們都帶上鐐銬，關進監獄裡頭去，那麼，江澤民、曾慶紅這些人就會想辦法把習近平的腦袋請下來。」

另據自由亞洲電台引述消息報導稱，已有百多人涉及周案被捕，大部分關押在湖北宜昌市，未來將有更多人被帶走調查。五個調查組跟進，整個調查組有數百人，而每個被調查的人背後涉及眾多官員、商人名流，周永康案比薄熙來案複雜得多，薄案查了一年多，周永康集團案至少也得查一年，不過官方從王立軍出逃後就開始查周永康，比如「財經網」公布 2013 年 12 月就把周永康的弟弟、弟媳等人抓到北京調查，所以兩會後就定性周永康案也是可能的，因為前期調查早已完成。

西方有句俗語，第一隻靴子落下了，人們就會一直等待第二隻靴子落下來。假如第二隻靴子老也不落地，人的心就會一直被揪著。如今周永康案對與之有關的人或許就這般的心情。曾當了周永康十多年祕書的冀文林，在被抓一兩個月前曾私下對人透露，他經常突然感覺心跳加快，魂不守舍。不過目前害怕的不光是這些已經被抓的周永康親信，更害怕的應是曾慶紅、江澤民這種幕後黑手。

江習都想處理周案 要快快辦？

據說在審判薄熙來案時，由於薄熙來很擔心薄瓜瓜被抓，為了保兒子，在中紀委審訊他時，不得不服軟認罪，然而周永康與薄熙來還不太相同。周永康是個六親不認、連老婆都敢謀殺的人，而且從大陸媒體對劉漢案件的窮追猛打、以及對周濱賣官鬻爵、鑲事撈人等犯罪行為的揭露，周濱被判死刑的概率極高，周永康根本無力保全兒子的性命。

深知中共「坦白從寬，牢底坐穿；抗拒從嚴，回家過年」潛規則的周永康，面對習近平陣營的審訊，很可能會搞出個「零口供」，死活不認帳，讓審判難以進行。

從江派和習陣營的處境來看，雙方都有急於拋出周永康的因素存在。江派為了阻止越查越牽扯自己，希望盡早結案，而習陣營也面臨 2014 年中國社會固有的各項難題，經濟真相一現，泡沫破裂，失業率飆升、通貨膨脹嚴重，各類社會危機由此爆發。假如不在這之前處理好周永康案，江派趁機作亂，再策劃一場政變都是可能的。到那時，習近平的腦袋恐怕都保不住。

因此有人建議北京高層盡快公布周永康案。

打老虎不是目的　無法執政才是關鍵

《新紀元》在 2012 年 11 月就分析說，習近平之所以挑選強硬派王岐山來當中紀委書記，就是因為他深知上台後必須面對的攔路虎就是既得利益集團的阻撓，其表現形式就是 20 多年來形成的江派團伙。江派越是阻撓習搞改革，習就會越藉反腐來清理道路。

習近平上台後，儘管搞出了「習李王」的結盟，要用王岐山的反腐給李克強的改革開路，但上海自貿區的流產，金融改革和國企改革的受困，都促使了習陣營不得不加大力度反腐。習近平反覆強調他的改革是被逼的、不得不做的事，此話也有一定真實性，正因為中國經濟的危機爆發和中國社會的危險處境，逼得當權者不得不反腐，不得不變革，不得不處理周永康案。

第四節

王岐山強硬回擊
雲南副省長被抓

雲南昆明慘案發生後一周，3月9日，雲南副省長沈培平被抓。有消息稱，沈培平的靠山是雲南原省委書記白恩培，而白恩培則是周永康的大馬仔。（AFP）

雲南昆明慘案發生後一周，3月9日，雲南副省長沈培平被抓，據陸媒報導，沈培平和雲南省委書記秦光榮輸送數百億的利益給周永康家族，秦光榮還給周永康上千億錫礦資源。

陸媒踢爆沈培平 瞞上「調動警力」

2014年3月9日，中共中紀委監察網站稱，雲南省副省長沈培平正在接受調查。時年51歲的沈培平是地道的雲南人，2003年至2004年曾在雲南省政府任副祕書長，其後長期在思茅市（後改名為普洱市）工作，先後任市委副書記、代市長、市長、市委書記，2013年1月又升為雲南省副省長。

　　《新京報》當日引述普洱市一名中共退休老幹部披露，沈培平在任普洱市委副書記、市長期間，2008 年 7 月 19 日，孟連傣族拉祜族佤族自治縣發生群體性事件。

　　上述老幹部表示，針對當地膠農的合理訴求，沈培平背著省裡下令出動武警和警察，才導致事件升級。但一年後，沈培平升為普洱市委書記，「這是明顯帶病提拔」，老幹部說。

沈培平的後台是誰？

　　有消息稱，沈培平的靠山是雲南原省委書記白恩培，而白恩培則是周永康的大馬仔。白恩培曾與原雲南省長徐榮凱共同主導，將雲南寶貴的蘭坪鉛鋅礦，低價賣給了周永康的黑社會頭號馬仔劉漢。

　　中共官方資料顯示，白恩培曾在 2011 年陪同周永康出訪寮國，2007 年周永康考察雲南時，白恩培和時任省長的秦光榮相伴左右。而且，白恩培與周永康兩人在很多方面都十分相似，都積極參與迫害法輪功，如「雲南省法輪功轉化基地」就是白任期內實施的。此外，雲南也是進行器官移植手術醫院最多的省份之一。

　　曾任雲南政法委書記、省長的時任雲南省委書記秦光榮，也是憑藉鎮壓法輪功而獲高升，他積極投靠薄熙來，涉足薄案而受到了中共中央的調查，其腐敗問題也頻頻被海外媒體曝光。

　　中國時事評論員周曉輝分析：沈培平、白恩培與周永康因某種利益關係存在不可分割關係，剛剛發生在昆明的、被報導有江系馬仔主使的殺戮案，應該與他們有關聯，也很值得探究。或許沈培平的落馬正是習近平陣營向江系黑社會手法攪局的高調回應。

雲南省委書記叫板中南海

在雲南，除了沈培平、白恩培是江派人馬外，時任省委書記秦光榮更是周永康的鐵桿，秦光榮甚至不惜頂風作案，與北京對抗。

2014 年 7 月 30 日，秦光榮在雲南省省委中心學習會議上講話時稱，官員「不能因為一點自身利益就舉報；自身清白幹實事的也不要怕被舉報」，並說「雲南 100 封舉報信，可能 6 封是實的。」秦光榮的講話被認為是在與一天前 7 月 29 日剛剛拿下周永康的中南海叫板，相關的報導在中共官媒、大陸門戶網站及網路博客上迅速被刪除。

2013 年 9 月，中紀委王岐山曾和監察部聯合開通一綜合性網站，鼓勵網路舉報。該網站宣稱，可以接受民眾對反腐的意見，並提供網民舉報貪官的通道。

秦光榮一直是江派人馬。在重慶事件中積極支持薄熙來。2012 年 2 月 6 日王立軍闖美領館事件後，時任重慶市委書記的薄熙來到昆明 14 軍「考察」時，秦光榮曾一路陪同。

在 2012 年陳光誠事件時，江派《環球時報》發表評論，指責陳光誠為代表的民間自由人士暨維權力量「挾洋自重」，而後由官媒《人民日報》旗下的人民網轉載；《北京日報》發表評論指責陳光誠和美國一起抹黑中國，並將批評目標鎖定為民間維權力量。

《環時》的文章遭到國內自由力量的批評，以至於其網站很快撤銷了該文的網路版。在此種情況下，雲南官方網卻進行了轉載，引發關注。

秦光榮叫板中南海 底氣何來？

有報導稱，秦光榮能從雲南省政法委書記升任省長再至省委書記，就是因賣力迫害法輪功，獲得江澤民派系大力支持之故。

從 1999 年 7 月開始，當江澤民開始迫害法輪功之初，時任雲南省政法委書記的秦光榮，就開始參與殘酷鎮壓法輪功。秦光榮從那時起在雲南連連升官，成了追查迫害法輪功國際組織通告追查迫害法輪功的元凶之一。

中共在雲南全省對法輪功學員進行了系統迫害。據不完全統計，現已知雲南有上千名法輪功學員遭到綁架、抄家、關押，強行送「轉化班」洗腦的迫害；近 500 名法輪功學員被非法勞教、300 多人被判刑。至少 44 名法輪功學員被迫害致死，多人被迫害致殘。

此外，雲南也是開展器官移植手術醫院最多的省份之一。據海外「明慧網」公布的信息，雲南省在 1999 年 10 月，即中共開始迫害法輪功剛剛 3 個月後，就實施了首例肝移植手術，其後移植手術更是迅猛增長，僅昆明市第一人民醫院一家醫院 12 年就已累計完成 164 例肝臟移植手術，而雲南進行過器官移植的醫院高達 40 多家。這些數據都引發外界對雲南法輪功學員人體器官庫的猜想，秦光榮也被認為極可能涉及其中。

秦在 90 年代時候，其在湖南的「政治導師」，正是以「打擊法輪功心狠手辣」而臭名昭著的前省委書記王茂林。王茂林甚至曾推薦秦任中央「610」（專門迫害法輪功的機構）辦公室主任，後因種種原因沒有成行。這個位置後來給了李東生。

有報導稱，秦光榮能從雲南省政法委書記升任省長再至省委書記，就是因賣力迫害法輪功，獲得江澤民派系大力支持之故。

《大紀元》已報導，現任的三常委張德江、張高麗和劉雲山之所以能成為政治局常委，就是因為身負迫害法輪功的血債。在18大，江澤民因害怕被清算，以生死威脅胡錦濤而使此三人最終入常。

秦光榮已經上了「危險名單」

目前，江澤民遭到習近平看管，江澤民集團第二號人物曾慶紅被關在天津。2014年7月29日，前政法委書記周永康被當局「立案審查」。6月30日，江澤民的軍中心腹徐才厚落馬。

8月29日，前雲南書記白恩培落馬，被指涉及周永康案。網路也不斷熱傳江澤民窩點的幾名主要成員如江蘇省委書記羅志軍、上海市委書記韓正等將落馬或者遭到清洗，流傳的名單中也包括秦光榮。

等到了2014年10月，秦光榮被免去雲南省委書記職務，貶到人大擔任虛職：人大內務司法委員會副主任。

第九章

血案逼胡錦濤「南巡」徐才厚落馬

趁習近平訪歐之際，江澤民在央視變相「露面」，隨後竄入深圳攬局。局勢詭異之際，胡錦濤高調密集露面，打破「18大」不干政協議，令人聯想當年鄧小平「南巡」警告江澤民阻礙改革，胡錦濤也藉「湖南行」警告江別擋習近平的道。

（新紀元合成圖）

第一節

習出訪 江澤民趁機反撲

2014 年 3 月 27 日，茂名爆發了萬人抗議 PX 項目活動，原本平和無衝突，但江澤民在背後撐腰，血腥鎮壓不斷升級，特警開槍射殺民眾，致多人死亡的慘案。（AFP）

江澤民趁機反撲 習陣營頻頻出手

2014 年 3 月 22 日到 4 月 2 日，趁著習近平出訪歐洲兩周之際，中共前黨魁江澤民在此期間，不僅在中共黨媒央視上「露面」，而且還偷偷竄至廣東深圳，動作頻頻。

就在習近平離開中國五天後的 2014 年 3 月 27 日，中共黨媒新華網的兩則消息顯露出詭異的徵兆。

一則新聞是《江澤民在一機部（1970 — 1980）》一書由中央文獻出版社出版，主旨在吹捧江在第一機械工業部工作期間的表現。該新聞很快被各大網站轉載，而「五毛」們也紛紛留言、跟帖，對江的肉麻之語無以復加。按照 2012 年「習八條」的規定，已退休的中共官員出書要經過中共中央批准，各網站也無須大肆宣傳。

另一則新聞是《中華人民共和國和法蘭西共和國聯合聲明開創緊密持久的中法全面戰略夥伴關係新時代（全文）》，新聞伊始如此寫道：「應法蘭西共和國總統弗朗索瓦・奧朗德邀請，中華人民共和國副主席習近平於 2014 年 3 月 25 日至 28 日對法蘭西共和國進行國事訪問。」

習近平在此從「主席」被降格為「副主席」。新華網的這個錯誤是偶然失誤？還是有意為之？從這條新聞的重要性以及中共嚴格的層層把關的審查制度看，失誤的概率相當低，而更大的可能是有人藉「失誤」之名有意為之，故意貶抑習，並與前一新聞呼應，暗示江澤民並未退出江湖，習也並未成為真正的一把手。

時事評論員周曉輝認為，這兩則新聞一個捧江一個貶習，顯然背後的主謀應是主管媒體的江系常委劉雲山和前常委曾慶紅，這是繼 3 月 24 日江系給習陣營添堵後的又一刻意行動。

早在 24 日，新華網就在美國第一夫人米歇爾訪華之時，刊登了題為《外媒：美國國安局曾監控數位中國前任國家領導人》的新聞，報導了美國監控胡錦濤等中共領導人以及商務部、外交部、銀行和電信公司等行為，旨在打擊幾番相助習近平的奧巴馬政府，給習近平製造新的麻煩。習陣營一方面以外交辭令要求美國解釋，一方面由習近平公開詢問奧巴馬，算是化解了這個「小麻煩」。

24 日這一天，大陸作家余杰的新作《中國教父習近平》在香港出版，這是繼其攻擊溫家寶和胡錦濤之後的又一作品。早前網路就有消息稱，余杰是被江系外放到海外的特工，他被授意寫的書是江澤民集團行動計畫中的一部分，目的就是混淆視聽，打擊習近平。

　　面對江派從 24 日到 27 日的一再挑釁，習陣營也開始不斷還擊，3 月 31 日，與周永康瓜葛甚深的四川富豪劉漢提前開庭受審，同一天官方還宣布，「原解放軍總後勤部副部長谷俊山涉貪案已經交由軍事法院正式立案審理」。谷俊山一案的坐實，是江澤民集團在軍隊勢力遭清洗的風向標。除此之外，王岐山、李克強還開始整肅有江、曾背景的金融界，如摩根大通亞洲區投資銀行副主席、中國投資銀行首席執行官方方的突然辭職，三峽集團高層突然換人等等。

　　3 月 28 日，人民網還刊登評論《三峽集團幕後不排除有老老虎》，稱「三峽集團問題多多，幕後不排除有『老虎』，甚至有『大老虎』、『老老虎』的存在。那麼，中央對三峽集團董事長、總經理雙雙換人，是不是在勾畫一張『打虎路線圖』？」該評論的矛頭直指力推三峽工程上馬的江澤民。

隱藏在茂名、建三江血案後的祕密

　　如果說江派在報紙上的言論挑釁有些空泛乏力的話，他們在茂名和建三江製造的血案卻是真實有恐嚇力的。

　　此前在中共兩會前夕，江派一手策劃了香港《明報》砍人事件及昆明血案；兩會結束後的 2014 年 3 月 14 日，湖南長沙又發生當街砍死六人事件。民眾如驚弓之鳥，一有風吹草動就驚恐逃命。成都、廣州都出現了恐慌性大逃亡。這些都是江派故意製造的恐怖事件。江派自從失去薄熙來、周永康後，失去了軍事政變的本錢，由於權力的變更，隨著江派官員的退休和落選，使其失去了對政局的操控力。為了攪局，江派開始採用「屠戮百姓、製造社會混亂」的另類政變方式，讓現任當權者背黑鍋，在國內外的譴責聲中下台。

由於社會局勢處於失控邊緣，3 月 16 日，中共公安部對外宣稱，警方將繼續在北京等數個重點城市採取武裝巡邏，「最大限度地將警力擺上街面」成常態化，而且鼓勵緊急情況開槍，以免江派故意製造的惡性砍人事件再次發生。

這次的茂名血案，發生在廣東省茂名市。從 3 月 30 日起，民眾連日舉行大規模上街，抗議當地政府在人口密集的城區興建 PX（對二甲苯）化工廠，隔天的規模尤其浩大，至少有上萬人。全國各地類似抗議 PX 工程的民眾遊行已經舉行了多次，不過這次卻出現了意想不到的局面。

31 日，就在劉漢被審判、谷俊山被起訴的當天，茂名當局突然調集大批警力，除以暴力毆打、高壓水柱、催淚瓦斯驅散民眾外，還將裝甲車、坦克開上街頭，民眾把坦克照片傳到網上，一幅天安門「六四」景象再現。當局甚至還出動了飛機，一度封城封網，特警大打出手，網傳有 30 人被毆打致死，數百人受傷。就在外界驚詫於茂名突然圍城屠戮百姓的同時，網路傳出當局出現兩個聲音，既有「格殺勿論」，也有「充分聽取市民意見」等截然相反的指示。

江派在南邊的廣東茂名故意高調激發民眾憤怒情緒的同時，在北邊的黑龍江建三江農墾公安局也突然高調報導為法輪功學員辯護的四律師被抓事件。3 月 31 日晚上 18 時，在隱瞞了十天之後，建三江以官方微博通告的方式，公開回應拘留四名律師事件。第二天，大陸各大門戶網站、網媒等，都紛紛高調以「新聞」方式跟進這則微博。

2014 年 3 月 25 日黑龍江建三江七星拘留所門前，六位律師要求會見為法輪功學員辯護而遭綁架的四律師卻被拒，宣布絕食抗爭。現場還有一批聲援公民陪著絕食的律師一起守夜。（知情者提供）

　　不過這些新聞都很短，或說根本不能叫新聞，內容完全複製微博通告。江派搞出建三江這個新聞的目的，就是藉機再次誣陷法輪功，並公開挑戰習陣營提出的廢除黑監獄、廢除非法勞教等措施。

　　此前 3 月 21 日，四位律師和七位法輪功學員遭到近 20 名警察強行綁架。被抓期間，張俊杰律師遭到國保警察于文波和另一名警察的毆打，三根肋骨被打斷。王成律師遭酷刑身受重傷，有生命危險，另兩位律師也遭受嚴重酷刑。

　　建三江青龍山洗腦班自 2010 年 4 月，近 4 年期間非法拘禁了法輪功學員近百人。2014 年 3 月 20 日下午 4 時左右，受害人及家屬在王成、張俊杰、江天勇、唐吉田等律師陪同下，30 多人前往青龍山洗腦班交涉，要求立即釋放被非法關押的法輪功學員石孟昌、韓淑娟、蔣欣波等人。

　　事件在網上引起極大關注，同時一些國際媒體也都迅速進行了報導。大陸律師公民自發成立了失蹤公民營救團，接連不斷前往當地要求放人，成為網上熱點事件。很多律師說：「安排好後

事，去建三江依法會見！」還有的律師說：「願同去者只有一項
條件：不怕死。」

江澤民流竄深圳 致使茂名血案升級

據《大紀元》透露，2014 年 3 月 29 日左右，江澤民竄到廣
東深圳，對香港特首梁振英上任以來的種種亂港行為加以稱讚，
並力挺梁振英連任。

3 月 27 日，茂名爆發了萬人抗議 PX 項目活動，茂名市民遊
行後一直平和，與警方並無衝突。3 月 31 日下午 6 時許，守衛在
茂名市政府門口的特警發射了七、八枚催淚彈，隨後血腥鎮壓不
斷升級，當局斷網圍城，並出動特警開槍射殺抗議民眾，致多人
死亡。

據《大紀元》獲取中共內部消息，由於有身在深圳的江澤民
在背後撐腰，廣東省公安廳廳長、周永康政法系統馬仔李春生才
敢大肆鎮壓，致使茂名事件升級。茂名血案是昆明血案的一種延
續，是江派人馬製造事端，企圖趕習近平下台另類政變的一部分。

周永康及家屬不認罪

與此同時，周永康案也傳出一些新消息。2014 年 4 月 1 日《華
爾街日報》公開了對周永康兒子周濱（又名周斌）在美國的岳母
詹敏利的採訪。71 歲的老太太一口咬定「周濱是好人」，是中共
內部權力鬥爭的犧牲品，自己如何靠每月 4000 人民幣的退休金
生活。不過這位在大陸擁有十多家大集團公司、身價數千億的老

富婆沒有告訴人們的是，她早在 30 年前就到了美國，假如今天大陸還給她退休金，那真是奇蹟了，假如靠每月 400 美金的美國貧困線的收入，就能在加州黃金海岸高價社區過著舒適悠閒的生活，那也是奇蹟了。

不過，老太太的話證實了女婿周濱和女兒黃婉以及丈夫黃渝生已被北京當局關押，雖然老太太沒有說她是怎麼事先得到消息從而逃出來的，但她強硬的態度，顯然是江澤民集團反撲的一部分。

此前江派媒體也到處放風說，周永康在獄中拒不認罪，習近平無可奈何等等。江派媒體還放風說，中共多名前政治局常委元老認為，習近平放手王岐山反腐，引致高層分裂，還預測王岐山、李克強很快下台，甚至藉江蘇省新沂市電力公司職工張化權之名向各大媒體和機關投書稱《薄熙來即將走出牢房「回家」》。

不過與此相對應的是，李克強反復強調，改革開了弓哪還有回頭箭？只能是一抓到底、一往無前。中紀委監察部也在《中央紀委監察部機關深化機構改革》一文中談到中紀委第二輪機構改革，港澳中聯辦紀委成了第八紀檢監察室監督對象。中聯辦過去一直是江派曾慶紅的勢力範圍，這說明習近平開始在這個領域動手，中共江派人馬處境危險。

火燒眉毛 江澤民坐不住了

面對習李王聯手繼續抓「大老虎」，特別是一案雙查，要查周永康的上級，要抓國企高層的江派頭目、要抓三峽工程背後的「老老虎」，要抓上海、復旦大學等江派勢力範圍，江澤民坐不住了。4月2日《大紀元》報導說，江澤民親自到了深圳，給香港的梁振英和茂名的石油幫和政法幫撐腰、鼓勁。

英國《金融時報》4月1日來自該報駐北京、上海兩地的記者的報導，據三位知情人士透露，江澤民上月向習近平發出了明確的信號，提出要「收控、放慢數十年來最嚴厲的反腐敗運動」。江澤民表示反腐風暴可能削弱黨內基層的支持，威脅中共統治的穩定為由，提出「這場反腐敗運動的步伐不能搞得太快」。

與此同時，《動向》雜誌披露了江澤民寫給王岐山的一封信。江因曾與王的岳父姚依林有不錯的交情，因此江以私人信件方式對王「勸誡」，其要點大體有三：其一，中紀委現在有「謠裡反腐」的行為，「甚至根據香港一些反動報章『披露』的消息當線索」；其二，自由化勢力在活動，「企圖借我黨反腐『運動』，達到前蘇聯『公開性』的政治效果」；其三，一些老幹部形象受到了破壞，「據說查三峽就等於找『老老虎』，這是我個人所不能接受的」。

訊息源指：「該信是列印件而非手寫件，但最後確實是江澤民簽的名。」王岐山依中共組織程式將該信呈交中央書記處，並在常委會上公開其要點。王岐山表態說：「反腐與當年蘇共的『公開性』扯不上關係。」

第二節

胡錦濤放回馬槍 高調挺習

胡錦濤 10 天四次密集「露面」

2014 年 4 月初，就在江澤民變相露面、並到深圳致使茂名血案升級之後，18 大「捨身炸碉堡」以自身全退阻斷江澤民老人干政的胡錦濤，10 天內四次密集「露面」，高調挺習打江。

4 月 9 日上午，前中共國家主席胡錦濤現身湖南大學校園，據披露的現場圖片來看，胡錦濤參觀時，一張圖片臉色凝重，似乎並沒有遊山玩水那樣輕鬆。胡錦濤參觀了湖南大學的嶽麓書院。並由湖南省委書記和省長雙雙陪同，規格相當高，顯示胡錦濤在中共內部的影響力猶在。

4 月 5 日，胡錦濤再次「現身」於親習近平陣營的「財新網」，該網披露是胡錦濤下決定拿下谷俊山。報導稱，據中共軍科院大校公方彬表示，中共總後高層曾向時任中共軍委主席胡錦濤彙報了兩個多小時，向胡建議把谷俊山調離總後，胡不同意，認為這樣的人調到什麼地方都是禍害，胡下令懲處谷俊山。

3 月 28 日，原中共四川省委書記（當時的第一書記）93 歲的王黎之在成都病逝。4 月 2 日，中共喉舌「人民網」、「中新網」等轉載《四川日報》報導稱，在其病重期間和去世後，中共政治局常委和委員「習近平、李克強、俞正聲、劉雲山、劉奇葆、趙樂際、郭金龍、胡錦濤、朱鎔基、溫家寶、李嵐清、萬里、田紀雲、楊汝岱等」以不同方式表示慰問和哀悼。

報導中，胡錦濤、朱鎔基、溫家寶等中共前高層位居政治局常委和委員之後。但未見中共前黨魁江澤民名字。這也是近一年來，江澤民在重大集體場合再次不被「露面」。

嶽麓書院一個特別舉動 釋放信號

4 月 10 日，「新華網」、「人民網」等中共喉舌媒體以及大陸各大門戶網站紛紛以《胡錦濤參觀嶽麓書院婉拒題詞僅簽名字》為題報導稱，9 日上午 10 時許，胡錦濤到訪湖南大學，參觀位於校園之中的嶽麓書院。該院院長朱漢民請胡錦濤題詞。胡錦濤婉言拒絕，在工作人員的再三請求下，他最後簽下了自己的名字，並落上日期。

胡錦濤通過嚴守「習八條」的禁止題詞規定，明確釋放回擊江澤民干政的信號。

時政評論人趙遫珺分析稱，一向謹小慎微的胡錦濤，在萬不得已情況下，選擇了在 4 月 9 日現身號稱是江澤民派系堡壘的湖南，給習近平壓場，震懾江澤民意味明顯。

　　她並且表示，這很可能放出一個「回馬槍」的信號：如果習近平真被江澤民逼下台，他，胡錦濤可能會重新入常，主導中共新一屆政治局常委會。

參訪胡耀邦故居 暗含政治信號

　　美國之音報導，4月11日上午，在湖南省委書記等各級官員陪同下，參觀了胡耀邦故居和陳列館，逗留了一個小時。據悉，胡錦濤參觀期間向胡耀邦銅像鞠躬致敬。湖南當局對胡錦濤參訪胡耀邦故居的消息封鎖嚴密。

　　另據德國之聲報導，胡錦濤此行是由湖南省委書記徐守盛及當地一把手陪同，在胡耀邦故居只停留了一個多小時，但當地加強戒嚴措施，作為中國主要煙花、炮竹產地的瀏陽一律停產，胡耀邦故居也被封鎖長達五個小時，包括守護故居的胡耀邦侄子胡德資也被責令離開。胡錦濤此行為中辦安排，而習近平對此知情。

　　2014年4月15日是胡耀邦逝世25周年之日，1989年胡耀邦之死引發轟轟烈烈的「89學運」，6月4日遭鄧小平等中共領導人殘酷鎮壓。趙紫陽支持學生因此被罷免。此後很長時間，中共高官不敢涉胡耀邦。

　　湖南當地《瀏陽日報》4月12日報導了瀏陽四大班子領導赴胡耀邦故居觀看主題展覽的新聞，但隻字不提胡錦濤及湖南省委書記等上層官員。4月14日，「網易」、「騰訊網」、「新浪網」、「觀察者」和「北晨網」等大陸網路媒體轉載了香港媒體關於胡錦濤拜訪胡耀邦故居的相關報導，不過三個小時之後，「網易」和「新浪網」刪除此消息。

雖然胡錦濤訪問胡耀邦故居的消息被大陸媒體封鎖，但是現場照片還是在網路微博上顯現。這一消息是由網友「學習粉絲團」首次曝光。並附上了胡錦濤在故居門前的照片。照片顯示，現場人數眾多。該微博發出不久便遭到刪除，但是現在在新浪微博仍然可以看到被轉載的現場照。

「學習粉絲團」一直備受外界關注，因其經常發布習近平行程甚至比中共官方報導速度還快，外界盛傳，此微博帳號的背景不簡單，或是習近平團隊在打理。

外界公認，沒有胡耀邦就沒有胡錦濤的今天，1981 年 9 月胡錦濤在中共中央黨校青幹班學習時，結識了胡耀邦的大兒子、時任中國歷史博物館副館長的胡德平，並由此而得到胡耀邦的提拔，使其在兩年裡連升三級，從而開始了他的仕途之旅。

另外，習近平與胡耀邦兩家也關係匪淺。習近平的父親習仲勛是胡耀邦的最忠實盟友，習仲勛是當時唯一一個公開站出來為胡耀邦鳴冤的人，也是中共高層少有「一輩子沒有整過人的人」。法國《世界報》曾把習近平稱為胡耀邦的隔代繼承人，當年習就是胡耀邦親手從河北正定縣委書記提升為廈門市副市長的。

德國之聲在其報導中稱，正值胡耀邦逝世紀念日及「六四」25 周年等敏感日前夕，觀察人士分析，胡錦濤此行暗含政治信號，同時表明他在政治上完全支持習近平。

馬不停蹄 胡現身張家界、鳳凰城

4 月 14 日大陸晚上 7 時多「學習粉絲團」微博再推出胡錦濤現身張家界的兩張風景照片，邊上有不少陪同隨行人員。這次照片上胡錦濤略顯輕鬆一些，似不像其在嶽麓書院時臉色凝重。

有不少民眾也觀察到了此現象，安徽蕪湖有民眾表示，這次胡錦濤看起來開心了許多，澳洲學者丘月首則調侃表示：「走對路去看本家耀邦故居後，心情好多了。」

此前一天，4 月 13 日，中共黨媒「新華網」稱，中共中央政法委、總政治部聯合印發文件，要求中共縣級以上政府建立涉軍維權機構。這是繼 18 名中共軍頭集體表態「效忠」習近平之後，中共軍方的又一大動作。

文件要求中共政法機關開闢「綠色通道」，對涉軍糾紛和案件要優先解決，對部隊官兵和家屬的涉法問題要「急事急辦、特事特辦」。評論認為，現在中共軍隊是腐敗遍行，軍心不穩。

共青團鳳凰縣委官方微博消息稱：4 月 16 日，前國家主席胡錦濤一行來到湖南鳳凰城參觀遊覽。與此同時，一直跟蹤胡錦濤行程的學習粉絲團微博也發表了多張胡錦濤遊鳳凰城的圖片。圖片上可以看到現場遊人眾多。

中國問題專家任百鳴認為，胡此行高調密集的湖南之旅，顯然是周密計畫，與 1992 年的鄧「南巡」講話有異曲同工之妙。當年，鄧的改革開放路線受到江澤民的阻擋拖延，引發鄧的不滿，在北京不能發聲的情況下，「南巡」廣東，警告江，「誰不改革就下台」，迫使江緊急轉向。20 年後，出現類似局面，還是江從中作亂，背後干政，阻礙習近平「打虎」，胡出來為習保駕護航，所不同的是不便發聲，隨時用大量肢體語言，表達對江的警告。

外界分析認為，近來圍繞前政法委書記周永康將以何罪被拋出之際，江澤民集團一直擔心因迫害法輪功犯下的反人類罪遭到清算，法輪功問題始終成為中國局勢焦點。

第三節

胡力挺習拿下徐才厚

2014 年 3 月 15 日徐才厚在 301 醫院被正式調查。在胡錦濤時期，江澤民通過其軍中心腹、兩名軍委副主席徐才厚和郭伯雄一直把持著軍權，架空胡錦濤。（AFP）

徐才厚被查當天 胡錦濤拒絕見客

據港媒消息，退休的前總書記胡錦濤已通知中辦，從 2014 年 3 月 15 日起一律不會見來客和訪客，並稱，胡當時居住在北京西山一幢獨立的英式住宅中。此前《爭鳴》3 月號消息稱，2013 年新年期間，兒子江綿恆藉機勸其父親江澤民全退、徹底退，不批文件、不評政、不寫政經，江卻表態說：「這輩子很難做到」，並表示要干政到「生命一息」。

徐才厚落馬後，人們才知道，就在 3 月 15 日胡錦濤宣布拒不見客的同一天，徐才厚在 301 醫院被正式調查，徐被羈押在 301 醫院的南樓，整個一個大樓裡的人都被清空了，就關了徐才厚一人。

徐才厚是由中共前黨魁江澤民一手提拔起來的軍中代言人、被指是江澤民的「軍中最愛」。徐才厚與薄熙來、周永康等江派人馬都有很深的利益交往，參與薄、周政變。徐才厚還是中共軍隊迫害法輪功學員、進行活摘器官的主要責任人。

在胡錦濤時期，江澤民通過其軍中心腹、2名軍委副主席徐才厚和郭伯雄一直把持著軍權，架空胡錦濤。

《華盛頓時報》報導，美國政府內部的中共問題專家透露，胡錦濤在 2012 年交班給習近平之前，就已經警告習近平，徐才厚不可信任。

一名中共軍事官員曾告訴香港《南華早報》，徐才厚在習近平 2012 年 12 月接任軍委主席之前，將自己的人馬安排進入軍委高層。

有網路消息稱，谷俊山落馬，時任軍委副主席徐才厚、郭伯雄吃驚不小，害怕被供出，曾求教於江澤民。當時是「18 大」即將召開之時，江澤民曾安慰部下，自稱和胡達成共識「止於谷，不上追」，誰知道，習與胡也達成了共識「你查谷、我查上」。查谷是胡拍板決定，查徐是習的決定。

3 月 31 日，中共解放軍總後勤部原副部長谷俊山由軍事檢察院向軍事法院提起公訴。據報，谷俊山在調查期間「供出了幾乎所有人」，特別是前中共軍委副主席徐才厚。

習近平陣營已做好最壞打算

2013 年 12 月 20 日，周永康馬仔、中共前公安部副部長李東生落馬，官方罕見強調其隱密頭銜、跟迫害法輪功團體有關的「610 辦公室主任」等三個職務，引發江澤民集團極度恐懼和瘋狂反撲。2014 年 1 月 21 日，中共江澤民集團通過「離岸解密事件」發出「同歸於盡」的恐嚇信號。

習近平陣營迅即以更大的動作作出回應。第二天，1 月 22 日，中共央視新聞聯播公布了中央「深改小組」組長、副組長名單，習近平任組長，李克強任第一副組長並在央視露面。1 月 24 日，又公布了「國安委」領導層名單，習近平任主席，李克強擔任第一副主席。

至此，習近平身兼中共總書記、中央軍委主席、中共國家主席、國安委主席及中央深化改革領導小組一把手；而胡錦濤的心腹李克強則身兼國務院總理及「深改組」和「國安委」的二把手，直接安排到習近平接替人的位置。

在中共新成立的「全面深化改革領導小組」和「國家安全委員會」中，李克強分別擔任第一副組長和第一副主席。在中共新的權力結構中，如果以總統制來進行類比，那麼習近平相當於總統，李克強相當於副總統。

李克強作為總理主要負責經濟事務。安排李克強擔任「國家安全委員會」第一副主席的一個好處是：如果習近平發生不測，李克強能迅速接管習近平留下的權力。

第四節

七大軍頭效忠 徐才厚被拿下

3月15日徐才厚被內部逮捕，4月2日中共七大軍區司令員等18個大軍頭集體表態「支持習主席的指示」，顯示習江決鬥之勢，局勢一觸即發。（AFP）

習將以反人類罪及政變罪起訴周

2014年3月31日，《大紀元》引述北京消息稱，習近平當局計畫以反人類罪、政變，這二項主要罪來起訴周永康，但具體時間未定。中共內部因此點博弈十分激烈，事件過程中還有變數。

王立軍、薄熙來事件後，周、薄與江派密謀針對習近平的政變陰謀曝光，胡溫習聯手，拿下薄熙來後，隨即開始對周永康勢力進行圍剿。隨著參與政變的周永康在政法委系統內的死黨的紛紛落馬，中南海已掌握江澤民集團迫害法輪功的核心罪惡以及政變陰謀，這令江澤民血債幫恐懼萬分，生怕當局以活摘器官、反人類罪等公布周永康的罪行，為此製造了一系列的恐怖事件，一方面逼迫習近平當局以貪腐的名義將周永康案拋出，另一方面企圖再次政變迫使習近平下台，習、江搏擊陷入膠著狀態。

在此背景下，習近平當局擬以反人類罪、政變二項主要罪狀法辦周永康，點中了江派死穴，對江派將造成毀滅性的打擊。

2014年4月，《新紀元》也從中共高層知情人口中獲悉，周永康在獄中的確很死硬，他深知「坦白從寬，把牢底坐穿，抗拒從嚴，回家過年」的潛規則，死活不認罪，這和薄熙來是同一戰術。薄熙來起初還認罪了，但到了法庭上就徹底翻供，以至於老百姓戲稱，「審薄審出了一個清官」。當然薄熙來絕不是清官，他貪腐至少上百億人民幣，但習陣營導演的那場濟南審判鬧劇，讓自己很尷尬。

3月31日，周永康的黑幫馬仔劉漢也學薄熙來「死不認罪」，周濱的岳母還反咬一口說是權力爭奪中的內部陷害，這些都是曾慶紅、江澤民的主意：死不認帳，這讓想以所謂公開審判大老虎的習近平陣營很尷尬。當然，如果證據確鑿，哪怕周永康不認罪，也照樣可以給他判刑。

不過這位知情人說，現在傳出來周家貪腐上千億，不過這些錢都是借用在別人的名下，真正進周永康本人腰包的錢並不多。要查下去也就幾百萬、幾千萬，可能又查出一個「清官」來。因此，「北京這次不會再只靠貪腐來給周治罪了，貪腐罪名壓不跨周。」

此前也有消息說，北京想用薄谷開來模式、用殺人罪來懲罰周永康。十多年前，周永康為了迎娶江澤民妻子的外甥女賈曉燁，曾設計車禍害死周濱的母親王淑華。不過事情發生很久了，要找到確鑿證據比較難。

但反過來說，習近平陣營走到今天，正如李克強所說：「開弓沒有回頭箭」，只能往前走。

這時習陣營只有一條路，找到周永康更多貪腐之外的罪行，周永康的政變罪和反人類罪也就浮出水面了，同時找到更多涉及周永康案的大老虎，特別是軍隊中的貪腐同夥。於是江派的前軍委副主席徐才厚的罪行也就擺在日程上了。

七大軍區軍頭罕見集體表態擁習

於是在這一敏感時刻，4月2日，中共《解放軍報》罕見地以第六版整版的篇幅，刊登了系列文章，主題就是表達中共軍隊對習近平的擁護。同時，中共空軍司令員、七大軍區司令員、二炮副司令員、武警部隊司令員都發表署名文章，對習表效忠。

從中共所有軍頭都公開集體表態的情況來看，並非只為切割谷俊山，當初薄熙來倒台時，軍方表態支持倒薄，也沒有這樣大的動靜，當時《新紀元》分析說，這很可能是習近平要動軍中貪腐大老虎徐才厚的先兆。一年後人們得知，就在3月15日徐才厚被內部逮捕，於是4月2日才出現七大軍頭集體表態支持的正版報導。

3月31日陸媒報導谷俊山因涉嫌貪污、受賄、挪用公款、濫用職權等案，被軍事檢察院向軍事法院提起公訴。《紐約時報》4月1日透露谷案內幕稱，谷俊山已經向調查人員提供了足以指控他那些強大靠山的信息，他的主要靠山是2012年退休的前軍隊二號人物、政治局委員徐才厚。

報導引述一名曾與習近平共事的退休官員表示，習近平曾在內部講話當中批評軍隊的腐敗問題，指責軍隊中存在範圍更大的

「谷俊山現象」，要求採取行動「深挖產生谷俊山的土壤」，並威脅要把「大大小小的谷俊山」拉下馬，暗示他可能還會對中共軍隊當中的其他高層施加前所未有的懲罰。

谷俊山案震撼中共軍方，不僅因他貪污規模可能是軍隊近 20 年來最大醜聞，也可能因為習近平肅貪已威脅軍方高層，以及中共黨內大佬的勢力。

2012 年初落馬的谷俊山，其巨大貪腐案一直無法深入調查取證結案。2014 年 1 月網上流傳一封公開信稱，谷案是由時任軍委副主席徐才厚和郭伯雄的手下調查，所有情況均對總後封鎖。而軍紀委有人內外串通，上下其手，為谷通風報信，銷贓滅跡。由此激怒習近平。習上台後，擴大了對谷案的調查。

谷俊山是江澤民、曾慶紅、周永康這條貪腐鏈在軍隊的體現，被稱為「軍中巨貪，堪比和珅」。谷俊山被正式公訴，顯示由江澤民開啟的中共軍隊驚人腐敗，逐漸浮出水面，在徐才厚之後，郭伯雄、梁光烈的貪腐罪行也被大量曝光。

第十章

新疆血案
曾慶紅想借刀殺習

繼昆明血案之後，2014年4月30日新疆烏魯木齊火車站發生爆炸案。新疆是周永康盤踞多年的老巢，也是周、薄政變計畫中三條退路之一。分析指，烏魯木齊火車站爆炸案江派難脫干係，此事件也令江習鬥進入死局一盤。

習近平視察新疆的最後一天，烏魯木齊火車站發生大爆炸，挑釁意味濃。圖為2009年新疆「7‧5流血事件」後烏魯木齊火車站警備。（AFP）

第一節

習提前離開
烏魯木齊火車站爆炸

烏魯木齊爆炸 江習鬥入死局

2014 年 3 月 1 日昆明血案 60 天後，就在習近平視察新疆剛剛結束之際，4 月 30 日七時許，新疆烏魯木齊火車站發生大爆炸，挑釁意味濃，突顯中南海高層激烈博弈的敏感期，緊張勢態急劇升級，習近平很快對此發表強硬談話。

新疆發生爆炸的時間和地點均很敏感：時間是習近平視察新疆的最後一天，且是「五一」勞動節前一天，地點為長假期間人流最多的火車站，且與中共兩會前的昆明血案地點類似。另據最新官方消息，暴徒也是持刀亂砍殺無辜百姓，同時升級為爆炸。

大陸網民和新疆當地一警員在網路上發布爆炸照片顯示，現場場面凌亂，到處是血跡以及看似人體殘肢的東西。但照片兩小時後全部被刪。

中共官方最新消息稱，經警方初步查明，烏魯木齊火車南站爆炸是一起嚴重的恐怖襲擊案件，暴徒在烏魯木齊火車南站出站口接人處持刀砍殺群眾，同時引爆了爆炸裝置，造成 3 人死亡，79 人受傷，其中 4 人重傷（暫無生命危險）。

新疆爆炸挑釁 習近平強硬發言反擊

中共官媒報導稱，習近平得知發生爆炸案件後，立即表態稱反恐怖襲擊一刻也不能放鬆，並稱要「把恐怖分子的囂張氣焰打下去」。

隨即，中共央視在 30 分鐘的新聞聯播中，用了 23 分鐘的時間，播放了習近平於 4 月 27 日到 30 日視察新疆的電視新聞。

據悉，習近平在新疆訪問期間，保安力量加強到最高級。有分析認為，爆炸事件是有意選擇習近平剛剛離開警戒鬆懈的時候進行，爆炸發生時，習近平一行是否已經離開新疆，外界還不得而知。

對於新疆的爆炸案，中共當局十分緊張，與對上一次雲南昆明火車站斬人案的處理手法完全不一樣，網民上傳的現場圖片及留言，很快便被刪除，若以「新疆」、「烏魯木齊」等字眼搜索，只剩下有關習近平當周在新疆考察的報導。微博流傳的多張爆炸現場圖片及相關消息，在晚上 21 時半左右全部被刪除。有網友忍不住留言：「刷微博看到了不幸的消息，再一刷，全部都刪得乾乾淨淨⋯⋯我們不要封鎖不要遮掩，只要真相。」

路透社 4 月 30 日報導，微博圖片顯示，行李箱血跡斑斑，地面上瓦礫四散。另外一張圖片看起來好像在警察崗亭附近有一個小型爆炸區。從網民張貼到微博的照片推斷，發生爆炸的應是火車站正門外。

官方中新社引述目擊者話稱，爆炸在火車站出口附近的行李堆中發生，爆炸威力強大，傳出巨響，感到地面震動，附近酒店一名男子說，最初以為發生地震。火車及長途巴士一度暫停服務。

周永康老巢 江派難脫干係

據悉，新疆是江系鐵桿周永康盤踞多年的地盤，也是周、薄政變計畫中三條退路之中的一條。

而掌控新疆多年、被稱為「新疆王」的王樂泉，因有江澤民、周永康撐腰，在 2009 年新疆「7‧5 流血事件」中未被追究，此後被調任中共中央政法委副書記，成為周永康的副手。現任新疆一把手的張春賢也與江系藕斷絲連。在 3 月召開的中共兩會期間，他曾推卸罪責，將新疆的高壓政策造成的民族矛盾的責任，90％歸咎於所謂翻牆傳播境外暴力視頻的結果。

中國問題專家周曉輝認為：對於新疆出現的一系列「恐怖事件」，江系是脫不了干係的，習近平內心也應是清楚的。故此，來到喀什，習近平既是對恐怖主義的又一次宣戰，也是對製造恐怖活動的江系的強硬回應，即如其所言，要「保持嚴打高壓態勢，堅決把恐怖分子囂張氣焰打下去」。

專家：習考察新疆釋放兩信號

周曉輝認為：習近平此次新疆之行釋放了兩個主要信號。

一、選擇喀什為主要考察之地，意在向製造恐怖活動的江系傳遞己方強硬姿態的信號。喀什地區在近年來發生了多次所謂的「恐怖襲擊事件」，由於只有官方信息，而且很多信息不透明，外界根本無法判斷究竟發生了什麼事情，而所謂的「恐怖事件」究竟是緣於民族、宗教衝突和壓迫，還是真的恐怖襲擊，外界只能存疑。

此次習近平專程到喀什，並分別前往軍隊、武警、公安系統考察。從其言辭中，可以捕捉到的信息是：中國的恐怖活動應主要來自內部。

二、傳遞否定江系治疆政策、或將調整少數民族政策的信號。

習近平在訪問期間，新疆人給其帶上了花帽，該照片在各大網站以顯著位置刊登。花帽維族語稱「朵帕」，為新疆多個民族喜愛，是新疆民族身分的象徵。

2013 年 3 月，新疆各地曾出台了進一步禁止維吾爾民族習俗的規定，如無論是學校還是企業都嚴厲限制民族服裝：「不許穿特色服飾上班，蒙頭巾不讓上班，不讓帶花帽、頭巾，除了諾魯孜節獲准戴花帽一天。」

而此次習近平有意戴上花帽，除了有安撫之意外，更多的是在否定新疆的這種做法。

江派放風：新疆分裂分子要在北京進行恐怖襲擊

4 月 28 日，就在習近平現身新疆視察部隊、武警之際，海外博訊網報導稱：傳新疆分裂分子要在北京進行恐怖襲擊。此前 2013 年 10 月 28 日中午 12 點 05 分，北京有人開車衝撞天安門金水橋護欄，車輛起火燃燒，事件震驚國際。中共定性為涉「東突」恐怖襲擊。

北京消息稱，江派將事件升級為東突恐怖襲擊的目的是為了恐嚇國際社會、撕裂和分化中國社會及脅迫習近平。新疆一直是周永康的老巢，新疆很多衝突是周永康一夥因應其政治目的的需要來挑動及發起的。

消息還稱，衝撞天安門金水橋事件從「作案者」被定性為新疆人，一直到最後整個事件被定性為「東突恐怖襲擊」，另一個目的是給美國造成壓力。美國是新疆維權人士的支持者，給這起事件安上「東突恐怖襲擊」的名頭，會讓習近平在新疆問題上騎虎難下，並可能使得美國對此做出反彈，增加習的壓力。

習推翻恐襲來自「新疆勢力」

習近平對恐怖分子的強硬發言，成為中共各大官媒的頭條。在江派謀劃的多起恐怖事件都栽贓給「新疆分裂勢力」等背景下，習近平罕見高調表示，恐怖活動不是民族和宗教問題。與先前中共對系列恐怖事件的公開定調截然相反，突顯高層分裂。

2014年4月26日，中共官媒頭條突出報導，習近平4月25日再次強調「反恐和維護國家安全」，並提出，要保持高壓態勢，稱恐怖活動不是民族和宗教問題，是各族共同敵人。

中共兩會前夕，3月1日雲南昆明火車站突發嚴重暴力殺人事件，造成重大傷亡，事件震驚海內外，在報導方面，美國、中南海及雲南地方當局對該事件的定性上均不「同調」。

《大紀元》此前獲悉，3月1日發生的昆明血案砍人事件是江澤民集團策劃，並非疆獨勢力所為。

這也是江澤民因其迫害法輪功而恐懼日後遭清算，密謀通過在全國範圍內發動恐怖騷亂，製造全面混亂來廢黜習近平、讓自己的人馬穩坐最高權力之位以達到繼續維持迫害的目的。近期，江澤民正試圖利用恐怖襲擊的手法把習近平趕下台。

消息稱，江澤民集團接下來會有恐怖動作，還將製造系列恐怖活動，企圖恐嚇中國民眾。

四秒兩套恐襲行動？新疆爆炸案懸念加重

4月30日晚，烏魯木齊火車站出站口發生持刀砍人及爆炸事件。大陸官媒公布的消息稱，兩名嫌犯同時引爆爆炸裝置，致3死79傷，兩嫌犯當場被炸死，過程只有短短四秒。爆炸案發生後，當地民眾在網上發布的現場照片和相關消息以及評論均遭迅速刪除，剩下只有中共當局對此案的細節及定調的報導。

「法廣」5月5日對中共官方報導提出諸多質疑。罪犯在四秒鐘內引爆炸藥，但沒有確指是一枚炸藥裝置，還是兩名肇事者都有隨身炸藥裝置。

另外，在死傷者報告中，警方沒有給出被刀傷者是多少，被炸藥炸傷者是多少。警方沒有出示恐襲案肇事者使用的凶器，是匕首還是砍刀。

爆炸案發生在習近平突然走訪新疆的最後一天，時間和地點都十分敏感。報導質疑，在3月1日昆明火車站發生恐怖砍人事件後，各地的火車站都已經嚴密保安，派遣大量的武警軍人真槍實彈常態巡邏，烏魯木齊火車站在習近平到訪新疆安保升級情況下為何成為真空？

　　報導質疑，警方報告確定三人死亡，其中兩人是嫌犯，只稱一個嫌犯是 39 歲的維族男子色地爾丁沙吾提，但沒有公布第二人的姓名。

　　警方通緝擴大到搜尋一名死亡肇事罪犯的家人多達 10 人。這裡引出的懸念是，被通緝搜尋的人是否直接參與了烏魯木齊火車站的恐襲案，或是間接提供凶器與炸藥？

　　中國問題專家章天亮認為，「一般發生恐怖行動以後，都會有一個組織出來承認這個事情是他們幹的，趁機把他們的政治訴求表達出來。但是在中國發生這種恐怖行動之後，沒有任何人出來認帳，這就是一個很蹊蹺的事情。」

　　有民眾認為，官方結論明顯就是在栽贓嫁禍，兩個「暴徒」已經死亡，顯然是死無對證。這種匆忙得出的傾向性結論一看就是假的，不可信。

　　烏魯木齊市火車南站附近的徐女士對《大紀元》說：「爆炸以後我接到了警方發來的短信，讓我們不要隨便說，所以我也不敢跟你談這件事。」

　　爆炸發生後，大陸導演劉猛在實名註冊的新浪微博上發布消息稱，三名死者都是警察，在盤查行人過程中被炸彈炸死。

　　新浪微博上身分認證為「新疆阿克蘇市公安局偵查員孫愷」的民眾亦發帖稱，有三名警察在爆炸中喪生，並表示「戰友走好」。

　　一位烏魯木齊市民眾在接受新唐人電視台採訪時也表示，有目擊者看到襲擊者在砍人後，爆炸物引燃之前就跑掉了。

大陸三起火車站恐襲事件 藏匿三大謎團

2014 年 5 月 6 日上午 11 時 30 分左右，廣州火車站再次發生持刀砍人事件，至少造成六人受傷。（AFP）

2014 年 5 月 6 日上午，廣州火車站發生持刀砍人事件，這是兩個月來，繼昆明火車站砍人事件、新疆烏魯木齊火車站的爆炸事件，發生在大陸火車站的第三起恐怖襲擊血案。中共對這三起恐襲事件的定性和報導，卻充滿破綻，謎團重重。

5 月 6 日上午 11 時 30 分左右，廣州火車站再次發生持刀砍人事件，至少造成六人受傷。此事件備受外界存疑的謎團如下：

謎團之一：廣州火車站砍人事件凶手人數

據《南方都市報》披露，5 月 6 日當天上午 11 時 30 分許，昆明開出的 K366 次列車到達廣州，經歷昆明恐襲案的楊先生剛出站，就聽到有人喊「殺人了，快跑」。一個穿著白衣、帶著白帽的年輕男子，正在揮舞一把半米長的砍刀四處亂砍，一名脖子被砍的男子邊流血邊跑，一個姑娘長髮「唰」一下就斷了。

中共官媒《人民日報》在事發後最初引述廣州警方的消息說，四名行凶者之中，一人死亡、一人被捕、兩人逃脫。

但之後，廣州警方稱凶嫌只有一人，被擊傷，並沒有被擊斃。

廣州公安官方微博當天18時21分發布消息稱，行凶嫌犯為一人。

而「財新網」、《廣州日報》等大陸媒體引用目擊者的話說，行凶的至少有四人。「財新網」截至5月6日下午5時的報導說，廣州火車站行凶者已有兩人被捕。其中一人在現場行凶後被捕，另一人已於當天下午在廣州大北立交被警方抓獲。根據目擊者描述，行凶者共有四名，這意味著還有兩名行凶者尚未落網。

凶手單獨作案與有組織的作案，性質可能完全不同。官方媒體之間，媒體與民間對凶手人數的描述不盡相同，究竟是何原因，成了外界對廣州火車站恐怖案件的第一個謎團。

謎團之二：凶手經專業訓練 行凶對象為女性

5月6日下午14時許，廣州火車站廣場解封恢復使用，特警武裝進場戒備。

廣州火車站出站口在事件發生後下閘封閉，環衛人員清掃地上的血跡，目擊者仍然心有餘悸。一名目擊者說：「（當時）很多人都是像瘋了一樣跑，誰都害怕嘛，發生這種事。」

目擊者王先生告訴《大紀元》，聽現場圍觀的民眾議論，那幾個砍人的男子都像是經過專業訓練的殺手一樣，砍人手法非常熟練、凶狠。大家都感到非常恐慌，認為這種事情太頻繁了，昆明砍人事件至今心裡還有陰影，就又出來這個事。

有目擊者告訴財新記者，至少兩名行凶的對象是女性，犯罪嫌疑人均砍向女性頸部。

一名姓吳的目擊者告訴財新記者：當時一名行凶者就在售票大廳外行凶。這名犯罪嫌疑人身穿白襯衣和牛仔褲，身高大約1米65，體型偏瘦，手持西瓜刀。他的第一名行凶對象是一名從出站口出來的女性，一刀砍在脖子上。

「中國廣播網」引述現場目擊者話報導，一名女子傷勢非常嚴重，血流滿地。被襲擊人差點動脈都被砍斷，全部是一刀到位。

在人口密集的大陸重要火車站行凶，又針對弱勢的女性下手，似乎成了這次恐怖襲擊的一個特點。如同之前的昆明火車站和烏魯木齊火車站的恐怖事件，迄今沒有任何組織和個人聲明對此事負責，成了外界的不解之謎。

謎團之三：官方報告不提「新疆分裂勢力」

此前發生的昆明火車站砍人事件、新疆烏魯木齊火車站的爆炸事件，以及 2013 年的北京天安門吉普車在毛像下的爆炸事件等震驚國際的血案，官方媒體均在尚未清楚掌握證據之間匆匆定案，把恐怖事件的凶手歸為「新疆分裂勢力」、「宗教極端分子」等。

而在廣州火車站砍人事件發生的同一天，5 月 6 日，中共首部國家安全藍皮書《中國國家安全研究報告（2014）》在北京發布。報告引述中共現代國際關係研究院副院長馮仲平承認：「目前國內安全面臨的最大威脅之一就是恐怖主義。」值得關注的是，這份報告並未提及「新疆分裂勢力」。

在 2014 年 3 月的中共兩會上，中共總理李克強脫稿譴責在昆明火車站的恐怖活動，也隻字未提「新疆分裂勢力」。4 月 25 日，習近平在政治局會議上也表示，恐怖事件的發生不是民族和宗教的問題。中共領導人的講話，與中共官方媒體對恐怖事件的定性卻完全不同，現在成了外界的又一個謎團。

外界認為，官方媒體之前在對嫌疑犯的情況還未清楚的掌握之前，就對恐怖襲擊事件匆匆定性，將問題指向民族問題，公開駁逆習近平最近講話，其用意更像是有意在挑釁習近平，並轉移公眾對爆炸案幕後真凶的注意力。

中國問題專家趙邁珺分析說：如此持續不斷地頻繁強調反恐，說明習近平對昆明血案念念不忘，一直在著手布署對製造昆明血案的江澤民集團進行反恐層面的還擊。4月25日，習近平在中共政治局會議上的反恐講話，並稱恐怖活動不是民族和宗教問題，是各族共同敵人。這等於以「你懂的」方式指明了習近平要打擊的恐怖勢力是江澤民集團。

民眾質疑：中國特色的恐怖襲擊！

網民古奈姆在微博表示：不是說連菜刀都已經實名嗎？不是說到處都是攝像頭嗎？不是說警察都已經帶槍巡邏嗎？為何還接二連三發生砍人事件？！手持的都是半米長大刀？！或統一黑衣或民族服裝，哪裡最熱鬧就往哪裡砍，事後沒有任何組織出來承認，也沒有提出任何訴求——這真是中國特色的恐怖襲擊！

大陸媒體人唐古拉：北京、昆明、廣州……一起起恐怖事件，如果不公開確鑿的證據，不公開拒捕審訊審判的過程，無法讓我相信犯罪的是新疆人，更別說讓國際社會相信。

一位旅居西雅圖的中國人在微博說：遮遮掩掩幹什麼，有話直說，不就是政治上失利的一方企圖攪亂社會，逼習大大放人就範，和那年「918」打砸搶不一樣嗎！習已經說得夠明白了，和新疆人無關。還讓面癱出來站台混淆視聽。

第二節

曾慶紅想藉疆獨分子暗殺習

專家認為，中共以搞暗殺、暴動、滅門、綁票等恐怖事件起家，是恐怖分子的老祖宗。曾慶紅本人又是大特務頭子，搞起這些活動駕輕就熟。（AFP）

曾慶紅新疆血案後被捕

在 2014 年 4 月 30 日新疆血案發生後，有消息說，這是江派針對習近平的一次暗殺。習近平是 4 月 27 日到 30 日訪問烏魯木齊，30 日習近平原定在新疆吃了晚飯再坐火車離開，但他臨時決定提前離開，結果就在習的專列離開幾小時後，烏魯木齊火車站發生爆炸。

當時周永康已經在 5 個月前的 2013 年 12 月 1 日被內部抓捕，徐才厚也在 2014 年 3 月 15 日被囚禁在 301 醫院，當時在外能夠打聽習近平行程安排，而且能調動新疆江派舊部的，就唯有曾慶紅。在這之前，習近平陣營已經開始悄悄調查曾慶紅，曾慶紅一看自己危險了，就開始策劃反撲，企圖用暴力恐嚇的方式阻止對其的調查。

　　據北京消息人士透露，習近平新疆之行前夕，曾慶紅動員周永康在政法系統的親信，將習近平的行程洩露給疆獨激進分子，江派原本想藉維吾爾激進組織的力量來暗殺習近平，借刀殺人，哪知習近平提前離開了。

　　一回到北京，習近平就查這次暗殺與曾慶紅的關係。第二天，據《大紀元》5月1日的獨家消息，中紀委決定內部立案調查前政治局常委曾慶紅，而江澤民近期頻頻露面，就是試圖遊說仍然對中國政局有影響力的中共前高級官員及相關家族聯名施壓習近平，要求集體阻止習近平和王岐山調查曾慶紅。

知情人士：5 月有大事發生

　　就在4月30日發生新疆大爆炸案的第二天5月1日，香港出版的中共喉舌《大公報》，以兩個整版誣衊法輪功，公開刊文、刊照片，造謠攻擊香港法輪功佛學會負責人簡鴻章、《大紀元》總編郭君。這是法輪功和平理性反迫害15年來，法輪功被迫害真相廣為人知之際，《大公報》一反以往香港媒體對法輪功的攻擊較為隱蔽的做法，罕有地以大篇幅抹黑的報導方式，公開為江派鎮壓法輪功站台。

　　《大紀元》從來自北京的消息稱，5月上旬有大事發生，他還說：目前習近平已經掌控了原屬於江派的「國安」系統，已由新的「國家安全委員會」掌控。後來人們猜測，這個大事就是指對曾慶紅的調查。

　　此消息來源還透露，目前局勢非常敏感。中共江派安插在香港《文匯報》、《大公報》的特工們，特別留意和針對香港《大紀元》記者。

外界分析認為，這一系列反常行為，突顯江派處於滅亡前夕的瘋狂。

江澤民為曾慶紅求情被拒

在習近平決定調查曾慶紅之際，江澤民到處遊說，企圖讓中共元老們出面為曾慶紅說情，但都被拒絕了。

據悉，江澤民聲稱，「在我有生之年，不要查他，我死了之後，你們怎麼查都可以。」不過，據透露，江的苦苦哀求被拒絕，退休高官們不僅拒絕給習寫信，而且表示會聽現任領導層的意見。

曾經不可一世的江澤民，如今四處哀求卻被拒絕，釋放出的信號就是：

一、江本人和江系確實大勢已去，自身能否保全已成當務之急。江希望自己可以全身而退。

二、拒絕寫信的中共高官們亦清楚認清形勢，並刻意與江保持距離，畢竟江和江系的罪惡無人能遮蓋，也無人可以為其承擔。

三、高官們表示「會聽現任領導層的意見」，就是以示對習近平的支持，也間接說明習已基本掌控大權，在這場生死博弈中居於上峰。

四、曾慶紅大事不妙，江已無力為其提供保護，或許他將是繼周永康之後被盯的又一隻「大老虎」。

從表面上看，江央求退休高官阻止習、王查處曾慶紅，是為了保全曾，因為作為江的「軍師」，曾協助江掌握大權並毒死楊尚昆、為江鎮壓法輪功出謀劃策，並與羅幹等人炮製了「天安門自焚案」，嫁禍法輪功，還積極參與迫害法輪功。為保 18 大後權力不失，他還為江系人馬制定了「20 字訣」，即團結紅二代、分化胡溫習、智取房峰輝、爭取新代表等。此外，諸種跡象表明，近期發生在大陸的一系列恐怖活動的背後都有曾慶紅的鬼影。

可以說，曾慶紅所做的壞事都與江緊密相連，二者是一榮俱榮、一損俱損的關係。因此，江澤民不讓查曾慶紅，就是為保自身不被查，而江所言的「我死了之後，你們怎麼查都可以」正是其意圖最直接的彰顯。顯然，江並非真心在乎曾的死活，而其哀求的最終目的就是保全自己。

然而，從江的哀求被拒絕，從曾慶紅的家人、親屬、親信相繼被警告、被調查，比如擔任廣州紀委書記的曾慶紅的內姪女王曉玲被舉報，曾慶淮桃色新聞和曾寶寶與周永康之子周濱的生意交集被曝光，曾的親信華潤集團董事長宋林落馬、國家電網公司董事長劉振亞的工作遭到審計，曾的兒子曾偉吞併山東魯能集團的舊聞再度被炒……都在昭示著曾慶紅真的懸了，而習陣營對其是箭在弦上，必然要發。

無疑，四面楚歌的曾慶紅被清理已是早晚之事，而與其緊密相連的江澤民也將面臨同樣命運，其意圖可以逃脫清算和懲罰的妄想注定是水中花、鏡中月，因為人做了什麼惡事，遲早都是要還的，而且沒有人可以逃脫，天理在衡量著一切。

第三節

曾慶紅被五面圍剿

在劉漢案審結、李春城被「雙開」之際，海外不斷放出周永康將被拋出的消息，如何給其定罪依舊是中南海博弈焦點。從2014年中共兩會前後的3月初，10多名蒙面黑衣人手持長刀在昆明火車站瘋狂砍人，開啟大陸恐怖血腥氣氛，截至同年的4月底，大陸多個省市爆發暴力襲擊，北京被曝進入警備狀態。

與此同時，曾慶紅親戚遭實名舉報，其心腹華潤董事長宋林戲劇性落馬，習近平對江系背景的恐怖事件發出厲聲警告，顯示中南海局勢緊張。

曾內姪女被舉報「讓舉報飛一會」

2014年4月29日，就在周永康四川的鐵桿李春城被「雙開」的同一天，大陸《新京報》發表文章稱：《廣州日報》原社長戴玉慶受審時當庭舉報廣州市紀委書記王曉玲，無論王曉玲是否被冤枉，議程既已開啟，紀委系統都會盡早從正面予以調查回應，而這，需要一點時間。讓「舉報」先飛一會兒，且等且調查。

此文《讓舉報先飛一會兒》是根據大陸前幾年一部很熱門的電影《讓子彈飛》中的台詞而來，《新京報》這個調子引爆網民圍觀和熱議，民眾認為「王曉玲背後是誰才是關鍵」。

在中共江派首領江澤民和長期掌控宣傳口的前常委李長春等露面釋放死戰到底的信號之後，4月22日，大陸媒體人在新浪微博轉發，《廣州日報》原社長戴玉慶妻子舉報廣州紀委書記王曉玲涉嫌粵傳媒內幕交易。王曉玲是前中共政治局常委曾慶紅妻子王鳳清的姪女，在習、江激戰之際，江澤民集團的頭號軍師曾慶紅終被針對。

審計署進駐國家電網 魯能案被聚焦

4月29日，法廣引述北京消息稱，中共國家審計署已進駐國家電網公司，正對董事長劉振亞進行任中經濟責任審計（下稱「任中審計」）。專注於能源行業報導的自媒體「能見度」稱，審計署是在4月初進駐國家電網公司總部的。

所謂「任中審計」是指在中共官員任職期間進行的經濟責任審計；而在其不再擔任所任職務時進行的審計為離任經濟責任審計。

據中共國家統計局山東調查總隊截至2005年底的資料，魯能集團以總資產738.05億元居山東企業第一，總規模不僅超過原母體山東電力集團，也超過勝利油田、兗州煤礦、海爾集團等其他知名本地企業巨頭。

《財經》2007年1月8日揭露，山東最大型國有企業魯能集團在轉制中，被前中共國家副主席曾慶紅的兒子曾偉和他的朋友趙君士以37.3億元的價格，買下了帳本淨值738.05億元，實際價值1100億元、甚至更多（因為此前就已布局，國家電網的規劃完全是按照魯能的產業分布來布署的，魯能已被精心打造成一隻可以下金雞蛋的母雞）的山東魯能91.6％的股權。

此報導當年在政商圈內曾引發軒然大波，最後處置卻波瀾不驚，原因是，當年插手獲利的，就有時任政治局常委曾慶紅之子，因此官方調查最終不了了之。當時《財經》的報導並沒有點出曾偉的名字，但之後《財經》還是遭到重大打擊，總編胡舒立和她的團隊被趕出《財經》雜誌。

有傳聞稱，在山東魯能幾百億資產中，100億已歸入曾家名下。知情人透露，曾氏家族資產約在120億左右。此外，曾偉插手眾多項目，獲取巨額傭金，移民澳洲後更是一擲千金，買下最貴的豪宅，還要推倒重建，令當地媒體都瞠目結舌。而曾慶紅的弟弟曾慶淮亦官亦商，一直活躍於香港和大陸政、商、文的圈子中。

北京政治觀察家告訴媒體，曾慶紅的兒子曾偉之事早在「17大」前中南海就人人皆知，當時曾有評論稱，曾偉的醜聞已成曾慶紅的致命傷，而他的弟弟曾慶淮也弄了不少是非，這些都已被政治對手掌握。

曾慶紅在五個方面被習近平圍剿

審計署進駐國家電網，曾偉「魯能案」被擺上台；華潤集團前董事長宋林倒台；曾慶紅內姪女被實名舉報；心腹王剛被曝是周永康案在逃證人劉迎霞的後台；及其一向盤踞的駐港澳機構中聯辦被納入王岐山的監管範圍，曾慶紅已經是在遭「五線」圍剿。

2014年4月19日，曾慶紅在香港安插的核心人物——華潤集團董事長宋林被撤職。宋林一直在香港力挺江澤民集團扶植的香港特首梁振英。宋林的落馬，表明曾慶紅的勢力正在被清洗。

4月22日，曾慶紅妻子王鳳清的姪女——廣州市委常委、紀委書記王曉玲遭實名舉報涉嫌粵傳媒內幕交易，習近平陣營的大陸媒體財新網對此詳細報導，但並沒有點明王曉玲與曾慶紅的親屬關係。罕見的是中共官媒和大陸媒體連日來不斷對此追蹤報導。

2月20日，哈爾濱翔鷹集團董事長劉迎霞涉嫌行賄犯罪在逃，被撤銷中共政協委員資格。曾慶紅的心腹、江澤民時期中辦主任王剛被曝是劉迎霞真正後台。

據中共黨媒新華社3月17日報導，中紀委監察部進行18大之後第二輪機構「改革」。負責查處案件的監察室增加到了12個，並首次明確第八紀檢監察室負責監督港澳中聯辦。

美國華府的中國問題專家石藏山分析認為，過去中聯辦一直是江派曾慶紅的勢力範圍，負責港澳工作，現在也納入中紀委監管範圍，一些長期跟隨中共江澤民集團的人處境危急，說明習近平開始在這個領域動手。曾慶紅以前主管港澳，中聯辦特別腐敗，一抓一個準。青關會就是曾慶紅和周永康發展起來的黑社會組織。

江派大佬密集露面曾慶紅或陷危局

此前 4 月初，在與習近平政治結盟的胡錦濤十天五次密集露面後，江派前朝大佬李長春、賈慶林等隨後也爭相「露面」，連江澤民本人也現身老巢揚州和上海。然而，江派二號人物曾慶紅卻未「露面」。

外界發現，曾慶紅已在很多重大場合「消失」：如習仲勛的百年紀念會、紅線女追悼會，尤其是 1 月 9 日邵逸夫的追悼會，曾管理香港事務的中共中央主要官員都有露面，但十多年來負責港澳工作的最重要人物曾慶紅沒能「露面」。

中共兩會後，在江澤民集團布署的恐怖襲擊威脅下，中南海為掩蓋內部嚴重分裂和瀕臨崩潰的現狀，將保黨壓倒一切，但短暫妥協與平衡很快被打破，新一輪搏殺開始。

曾慶紅發動「恐怖」動員

早前 3 月 1 日昆明血腥事件發生後，中共江澤民集團與中南海現任最高當權者習近平所在陣營之間的政治角力進入升級的狀態。據悉，中南海高層內部已斷定 3 月 1 日的昆明恐怖事件就是江澤民集團所為。江澤民集團精心策劃了昆明恐怖襲擊事件。原本要同時將在五個城市進行，但是出現意外之後，其餘四個城市並未有所動作。

3 月 8 日，曾慶紅在香港媒體《明報》上露面。《明報》當時稱，前《基本法》起草委員會委員、中國人民大學法學院教授許崇德 7 日出殯，前中共國家副主席曾慶紅罕見送花圈。而值得關注的是，大陸媒體對曾慶紅為許崇德送花圈沒有任何報導。

當時周永康案如何定性成為習近平陣營與江澤民集團殊死搏擊的關鍵點。曾慶紅一直在中共內部掌控特務系統，其已清楚地看到了，周永康案時間拖得越長，江澤民集團勢力解體速度越快，只能拿出「殺手」，製造恐怖事件，讓社會陷入混亂，以期在民怨沸騰下，達到讓習近平下台或者達到「要死一起死」的效果。

據悉，曾慶紅接下來會有更猛烈反擊，選擇在自己的勢力範圍《明報》上露面，就是為了告訴江澤民集團的成員自己還沒被抓、還有行動自由，為江澤民勢力打氣，準備下一階段更殘酷的決鬥，發出「恐怖」大動員。於是一篇題為《習近平是內奸，中國到了緊要關頭》的網文廣為流傳，其要點是批評習近平對昆明恐怖襲擊案、馬航客機失蹤案處理不當，以反腐敗為名「打擊石油、鐵路、電力等系統的國有經濟政治領導力量」，打擊薄熙來和周永康都採取了株連九族的手法。

文章公開鼓動「盡快組織起來」，發動「你死我活的革命行動」。這與曾慶紅正在策劃並已經煽動部分實施的系列恐怖襲擊事件形成呼應。

江派犯「反人類」罪 策劃政變自救

中國問題專家章天亮認為：中共以搞暗殺、暴動、滅門、綁票等恐怖事件起家，是恐怖分子的老祖宗。曾慶紅作為中共特務頭子曾山的兒子，本人又是大特務頭子，搞起這些活動自然駕輕就熟。

分析指出，江澤民集團因為對法輪功團體犯下「群體滅絕」

和「反人類」罪行而恐懼萬分，企圖發動政變，將薄熙來推上中共總書記之位來延續迫害和自保。周必須要得到曾慶紅和江澤民的支持，才敢實施這一計畫。因此，周永康遭調查後，也一定會供出曾與江，就像當年薄熙來咬出周永康一樣。

因此曾慶紅的一系列活動，絕對不是為了保周永康，而是為了自保。鑒於曾策劃政變，曾與習近平之間已無妥協餘地。

曾慶紅內姪女「闢謠」 反遭新華社阻擊

據香港媒體報導，4 月 23 日，大陸傳媒報導《廣州日報》原社長戴玉慶妻子，向中紀委實名舉報廣州市紀委書記王曉玲涉嫌《廣州日報》部分資產借殼上市的粵傳媒內幕交易，短短數月獲利 7000 餘萬人民幣後，廣州官方透露王 25 日到越秀區公開活動，顯示她「沒事」；粵傳媒也發公告，澄清當年公司上市「無內幕交易」。

香港媒體說，新華社官方微博「新華社中國網事」卻對此呼籲進行調查。官方微博稱，有關公司的公告和廣州媒體的報導，並不能平息輿論對王曉玲實名舉報的質疑。王曉玲與股市巨鱷徐鵬夫妻是否親屬、是否涉嫌內幕交易，需證監會等部門調查。

文中還說，儘管廣州市傳媒為王曉玲造勢，但廣東省有關部門並未出聲，省級媒體如《南方日報》等，更沒有任何撐王的跡象。

據悉，王曉玲被實名舉報後，有微博網友找出其在 2011 年 12 月 28 日當選廣州市紀委書記時，涉嫌使用虛假簡歷、後在政府網站上進行過修改的舊日傳聞。足見網民對此事的關注。

反腐燒向曾慶紅

　　傳王曉玲為前中共常委曾慶紅的內姪女。法廣中文網披露，王曉玲與某前政治局常委的親屬關係在廣東官場廣為人知，王甚至在辦公室中懸掛和某前政治局常委的合影。據公開資料顯示，王曉玲，女，1955 年 7 月生，山東牟平人，漢族。而某前政治局常委太太，1940 年 11 月出生，也是山東牟平人，漢族。退休前為原國家質檢總局副局長。

　　中國時事評論員趙遴珺表示，這次王曉玲被舉報，其模式幾乎和宋林案起始時完全相同：同樣是記者舉報，同樣是通過微博，同樣涉及到曾慶紅。如果王曉玲被拿下，那麼可以推斷：中南海想要對曾慶紅動手，中南海想抓曾慶紅。

　　隨著周永康案被公開越來越近，習近平反腐之火燒向江派二號人物曾慶紅，離一號人物江澤民越來越近。江澤民和習近平之間的爭鬥更加激烈。

第十一章

親信紛紛落馬
曾慶紅被包圍

江派二號人物曾慶紅告急——新疆爆炸案後，官媒明示將有「更大老虎」落網，中共審計署進駐國家電網，使曾慶紅之子深涉的「魯能案」被外界聚焦。除了在石油系統的貪腐與周永康無法切割之外，曾慶紅在電力系統的貪腐鏈也逐漸浮出水面。

（大紀元合成圖）

第一節

習近平要清查 曾慶紅慌了

華潤集團董事長宋林（右）的落馬，以及中聯辦被納入中紀委監管，顯示曾慶紅（上）在香港的勢力正在被清洗。（大紀元合成圖）

胡錦濤拒見曾慶紅 湖南露面藏兩祕密

2014 年 4 月中旬，胡錦濤在江澤民集團湖南窩點密集露面，被大陸官媒高調報導。一個月後，當新疆血案發生曾慶紅問題浮出水面時，多家港媒披露當時未被曝光的兩條消息，包括胡錦濤看望老畫家黃永玉以及拒見江派前常委曾慶紅。胡力挺習近平，震懾江派意味明顯。

據港媒 5 月 4 日消息，胡錦濤 4 月中旬到湖南期間，於 4 月 11 日看望了在鳳凰老家的年過 90 的中國知名老畫家黃永玉。報導並刊有兩張胡錦濤夫婦與黃永玉等人的合照。

4 月 9 日至 16 日，胡錦濤在江澤民集團湖南窩點持續露面。胡錦濤相繼參觀了胡耀邦故居、嶽麓書院、鳳凰古城，大陸官媒和門戶網站曾高調報導。但當時未見報導胡看望黃永玉。

黃永玉曾表示，對文革「我不原諒，也不忘記」。

此外報導還稱，胡錦濤湖南現身期間，原來湖南省委安排曾慶紅有機會與胡錦濤見面，但是遭胡拒絕。

據悉，習近平打虎又鎖定新目標，即江澤民的頭號軍師曾慶紅已進入中紀委內部立案調查階段，被列為繼薄熙來、周永康案之後的第二號專案。曾慶紅被多方面圍剿。

軍頭集體效忠習近平 中南海危急

自4月9日以來，退休後一直低調的胡錦濤頻頻高調在湖南現身，參訪前中共領導人胡耀邦故居，由於胡耀邦生前的政治處境，加上適逢「六四」事件周年前夕，此事引起外界高度關注。

胡錦濤此次連番現蹤的消息，主要是由親習近平陣營的微博透露與發布，力挺習近平的意味明顯。同時也顯示胡錦濤的動作得到現任當權者的首肯。

胡錦濤高調現身之前，江澤民趁習近平外出訪歐之際頻頻攬局，並竄到深圳，升級茂名血腥鎮壓，延續昆明血案、搞「另類政變」活動。

4月2日習近平結束外訪回到北京。同日，包括七大軍區司令員在內的中共解放軍18個正大軍區級機構軍頭，突然在中共軍方媒體上發表文章，集體表態「效忠」習近平，成為自1977年鄧小平復出以來35年來從未有過的事。被認為中南海非常危急，內部出大問題才會這樣。

習反腐 江派二號人物曾慶紅告急

就在曾慶紅的腐敗醜聞不斷被釋出之際，2014 年 5 月 5 日，港媒又將 11 年前，曾有中聯辦「大內總管」之稱的蔡小洪向英國出賣情報的舊聞拿出來翻炒，隨後該事件在中國大陸網路迅速發酵，成為大陸論壇最熱的帖子。曾慶紅也再次成為關注的焦點。

曾慶紅自 2003 年開始長期控制中聯辦，此前的報導稱其剛剛遭到中共內部立案調查。港媒突然再度熱炒 2003 年中聯辦高層出賣情報的間諜案，同時還稱，大陸派駐港澳官員「被指普遍存在貪腐問題」，對中聯辦官員的警告意味明顯。中聯辦在曾慶紅的多年經營下，親信遍布，而曾本人也涉及與蔡小洪一樣的問題：賣國撈錢。

還有報導稱，中紀委 4 月拍板通過，針對央企在港澳人員進行反腐大整頓，將對華潤、中銀、中信、光大國際及招商局這五大中資集團進行審計。在香港囂張一時的青關會成員，背景多與中資企業、中聯辦等中共組織有密切聯繫。

最近多方報導稱，大陸派駐港澳官員除被指普遍存在貪腐問題外，更因職位敏感，長期都是外國情報單位的收買目標。曾是中聯辦「大內總管」、前司法部部長蔡誠之子蔡小洪，2003 年被揭發向英國出賣情報，被判刑 15 年。文章還稱同案有多名中聯辦人員受牽連。

原為中聯辦祕書長的蔡小洪，職務上負責中聯辦內部的統籌和協調工作，中聯辦內部重要文件大多都會經他傳達，故被稱為中聯辦的「大內總管」。

曾慶紅在中聯辦有大批親信

港媒舊聞熱炒後，該事件成為大陸部分論壇最熱的帖子之一，官方也罕見沒有對其刪除。同時，中國大陸多家媒體、門戶網站對此做出報導。

1997 年香港主權交接之前，北京主管香港事務的部門直接掌控在江澤民手中。江的政治大管家曾慶紅早期就開始主管港澳事務，當了副主席後，作為港澳事務協調小組組長，被稱為大特務頭子的曾慶紅開始以其特有的黑白兩道混合手段直接對付香港民主派。十多年下來，港澳事務基本都由曾一個人說了算。

曾慶紅的黑道手段不單是鎮壓港人，也是用來在中共內部打擊胡、溫、習的武器，目的是保住江派在香港的權力，並在政治上綁架胡、習。

自 2012 年胡錦濤「七一」訪港前到中共 18 大習近平上台後，香港突然出現牽涉江湖黑社會勢力的親共團伙、中共「610」系統在香港的分支機構——青關會。該團伙衝擊香港法輪功學員講真相景點，在香港煽動仇恨、製造文革式暴力。青關會成員背景多與中資企業、中聯辦等中共組織有密切聯繫。

2013 年 6 月香港悼念「六四鐵漢」李旺陽「被自殺」活動，一名市民被青關會成員圍毆，警方拘捕一名男子，該男子是燕京啤酒公司經理，上司是總經理洪偉成，港媒稱，洪不公開的頭銜是青關會主席。

消息指，洪並非由燕京啤酒總公司選派，他曾任中聯辦前官員，並受前國家副主席曾慶紅、前中共政法委書記周永康栽培，在港設立燕京分公司掩飾，滲透商界，打壓法輪功。

親共團伙、中共 610 系統在香港的分支機構——青關會頭目之一洪偉成（前排右，穿小格子恤衫者），曾任中聯辦前官員，是曾慶紅在港親信之一。（大紀元）

　　港媒突然再度熱炒 2003 年中聯辦高層出賣情報的間諜案，同時還稱，大陸派駐港澳官員「被指普遍存在貪腐問題」。曾慶紅曾經經營中聯辦多年，親信遍布。舊聞熱炒，對中聯辦官員的警告意味明顯。

　　還有報導稱，中紀委 2014 年 4 月拍板通過，將對華潤、中銀、中信、光大國際及招商局這五大中資集團進行審計。中共中紀委書記王岐山在會上措辭嚴厲表示，審計、清查、整頓與反腐肅貪工作相結合，「絕不半途而止，絕不遇難而退，絕不留尾巴」。王岐山還稱，中南海擔心「這些官員貪腐墮落到最後通敵賣國」。

中聯辦受到王岐山中紀委的監管

　　3 月 17 日中共官方消息稱，中紀委監察部進行中共「18 大」之後的第二輪機構改革。負責查處案件的監察室增加到了 12 個，並首次明確第八紀檢監察室負責監督港澳中聯辦。中聯辦等機構開始受到王岐山中紀委的監管。

　　美國華府中國問題專家石藏山分析認為，過去中聯辦一直是江派曾慶紅的勢力範圍，負責港澳工作，現在也納入中紀委監管範圍，一些長期跟隨中共江澤民集團的人處境危急，說明習近平開始在這個領域動手。

曾慶紅「賣國洗錢」內幕驚人

前中聯辦官員蔡小洪被曝出賣情報獲利，而曾慶紅本人在賣國撈錢上更為嚴重。曾慶紅曾經動用手上的權力，與江澤民家族一起，在胡錦濤執政初期祕密擬定了對台所謂的「妥協政策」，通過運用國家軍事、政治力量來為家族洗錢和套現。

一位知情人透露，當年曾慶紅手握港澳事務的大權後，第一步是安排香港特首的人選，在董建華後換上了曾蔭權；第二步是開始實施一個名為 CEPA（大陸與香港關於建立更緊密經貿關係的安排）的優惠政策，看起來是招商引資，實質是一位台灣政經界的「通天大鱷」與江、曾兩家密謀的結果。

據稱，這位台灣的「大鱷」，在 2003 年時候以低價買下香港的一家銀行。從此台資開始經由香港、澳門等地「大搖大擺」進入大陸，也給江、曾家族境外洗錢開通了大門。並幫助江、曾兩家多方撈錢。

知情人說，這位台灣「大鱷」在台灣的政界根基很深，與其熟識的一台灣「高級政要」看好江澤民和曾慶紅，把錢投入台灣「大鱷」的銀行，再從那裡收買了曾慶紅和江澤民家族，最後竟然還祕密「購買了江、曾集團後幾年對台妥協政策的保證」，所以那幾年，在關鍵時刻，「總是會有人出來在對台輿論上發表意見，迎合這位高級政要的需要。」

2007 年 10 月中旬，曾慶紅在「17 大」後卸任，為台灣「大鱷」

做了最後的交易：讓台灣「大鱷」的財產保險公司被批准在大陸運營。

曾慶紅被立案調查 遭多方圍剿

4月17日，華潤集團董事長宋林被調查，幾天後落馬。宋林的後台正是曾慶紅。在曾慶紅的授意下，宋林一直在香港力挺江澤民集團扶植的香港特首梁振英。宋林的落馬，以及中聯辦被納入中紀委監管，顯示曾慶紅在香港的勢力正在被清洗。

4月22日，大陸媒體人在新浪微博轉發，《廣州日報》原社長戴玉慶妻子舉報廣州市委常委、紀委書記王曉玲，涉嫌粵傳媒內幕交易，習近平陣營的大陸媒體「財新網」對此進行了詳細報導。據悉，王曉玲是曾慶紅太太王鳳清的姪女。

4月29日有報導稱，中共國家審計署已進駐國家電網公司，正對董事長劉振亞進行任中經濟責任審計。劉振亞曾任山東魯能集團董事局主席，據稱劉是曾慶紅的兒子曾偉從山東魯能撈錢700億事件的幕後黑手。

據悉，曾慶紅已於2013年3月中共兩會後，徹底失去了十多年來對港澳事務的影響力和控制權。

第二節

曾慶紅外圍親信被抓

中共審計署進駐國家電網，曾慶紅親信、電網董事長劉振亞（圖）被擺上台，曾慶紅之子涉及的「魯能案」也被外界聚焦。（大紀元合成圖）

國家電網朱長林落馬 周永康案延燒曾慶紅

就在曾慶紅被查的同時，2014 年 5 月，中共國家電網華北分部主任朱長林被帶走調查，成為中共審計署派數百人進駐國家電網公司後落馬的第一個高管。此舉也意味著電力系統的「打虎」首次由地方上升到國家電網層面。習近平陣營的大陸媒體「財新網」已經點明此案牽扯周永康已經落馬的心腹李春城和郭永祥，同時也牽扯到曾慶紅。

4 月 17 日，大陸媒體「財新網」報導稱，中共國家電網華北分部主任朱長林日前被帶走調查。朱長林在四川電力擔任「一把手」長達七年，與剛剛公開宣布被立案調查的周永康案「周邊」——四川省委原副書記李春城和四川省原副省長郭永祥均有交集。消息人士透露，朱長林出事並不意外，但目前不清楚是在哪一任期出的問題。

朱長林是 4 月 17 日中共審計署派數百人進駐國家電網公司後落馬的第一個高管。朱長林現在的職務是國家電網總經理助理，現該公司的董事長是靠魯能事件向曾慶紅家族輸送上百億資產的劉振亞。

中國問題專家周曉輝認為，朱長林與國家電網公司董事長劉振亞有交集，朱升遷北京獲得了劉的支持，而劉振亞被視為曾慶紅的親信。朱長林被調查，或許不僅能挖到涉及周永康家族的貪腐黑幕，也能挖到劉振亞是如何給曾慶紅家族輸送利益的內情。無論是哪種情況，電力系統引發的震盪將不亞於石油系統，而其目的應是為了拿下更大的老虎。

新疆爆炸後「電老虎」被擺上台

5 月 7 日，習近平陣營的大陸媒體「財新網」發表《李春城四川沉浮錄》稱：四川省委原副書記李春城是 2012 年 12 月 2 日被中央紀委帶離的，郭永祥則是 2013 年 6 月 23 日被中央紀委證實接受調查。兩名四川省委前常委進入司法程序，一個中共建政以來腐敗規模、程度和政治權力史無前例的重大涉黑貪腐集團系列案，正逐步完成立案調查，更多案情真相將漸次浮出水面。

值得注意的是，這裡點明了是一個「重大涉黑貪腐集團系列案」，為日後升級此案埋下伏筆。

烏魯木齊火車站爆炸案第二天，中共官媒「人民網」報導暗示，李春城背後的「大老虎」周永康不是終極目標。

5月1日，「人民網」刊登名為《李春城被雙開標誌串案收官》的文章開篇稱：從近日的走向看，無論是電力口、宣傳口還是信訪口，反腐敗的領域不斷擴大，不再只是圍繞一隻大老虎進行。

其實，針對電力系統的動作早已有跡象，在朱長林被查之前，已經有多個地方「電老虎」被查。

2014 年 4 月 21 日中紀委監察部網站消息稱，寧夏電力公司銀川市供電局局長馬林國接受調查。

2014 年 2 月 9 日廣東省紀委通報，廣東電網公司原總經理吳周春正被雙規。

與電力系統有關的煤炭層面亦有不少反腐動作。2014 年 4 月 17 日，華潤集團董事長宋林被調查，而宋林所涉及問題就與山西煤炭有關。

曾慶紅心腹宋林牽入周案貪腐鏈

2014 年 4 月 19 日，曾慶紅在香港安插的核心人物——華潤集團董事長宋林被撤職。

隨著媒體對宋林涉案情節的步步揭祕，外號「煤炭大王」的前山西首富張新明浮出水面，此人政商關係極度複雜，不僅與金道銘、申維辰、宋林等人關係密切，與周永康現任妻子賈曉燁的父親亦有「業務往來」。

2010 年 2 月，華潤電力、華潤聯盛與外號「煤炭大王」的前山西首富張新明簽約，高價收購張新明名下金業集團屬下資產。而宋林被外界懷疑嚴重瀆職並導致約 50 億人民幣國有資產流失的，正是這一收購案。

周永康案延伸曾慶紅遭五方面圍剿

在 2014 年 7 月 29 日周永康被立案調查之前，周的貪腐被海內外各大媒體持續揭露半年多，然而將以何罪定案是江澤民集團的心病。2014 年 3 月中共兩會前，因恐懼習近平陣營將拋出周案的核心——政變和反人類罪，曾慶紅不惜製造香港和昆明血案，藉此恐嚇中南海，此前離岸資金醜聞更是發出同中南海「要死一起死」的威脅。

中共兩會過後，習近平頻繁動作收緊軍權：35 個軍頭分三次集體表態效忠；並開始從高層至地方清理宣傳口。同時，曾慶紅遭五個方面圍剿：中共審計署進駐國家電網，曾偉「魯能案」重回視線；曾慶紅在香港的馬仔、華潤集團前董事長宋林倒台；曾慶紅內姪女被實名舉報；前中辦主任、心腹王剛被曝是周永康案在逃證人劉迎霞的後台；及其一向盤踞的駐港澳機構中聯辦被納入王岐山的監管範圍。

中國問題專家章天亮在《曾慶紅生死危局的最明顯跡象》一文中表示：江澤民集團因為對法輪功團體犯下「群體滅絕」和「反人類」罪行而恐懼萬分，企圖發動政變，將薄熙來推上總書記之位來延續迫害和自保。周勢必要得到曾慶紅和江澤民的支持，才敢實施這一計畫。因此，周永康遭調查後，也一定會供出曾與江，就像當年薄熙來一定會咬出周永康一樣。

審計組查上心腹劉振亞 曾慶紅危急

官媒公開對國家電網公司董事長劉振亞的 10 年工作審計，

等同變相公開對江澤民集團頭號軍師曾慶紅的調查，這是江、習激戰的重大信號，顯示習近平開始針對江澤民集團實際掌門人曾慶紅動手。

2014 年 4 月 30 日晚間 7 點左右，新疆烏魯木齊火車站發生爆炸，造成至少 3 人死亡，70 多人受傷。同一天，官方「新華網」引用消息稱，中共國家審計署已進駐國家電網公司，針對董事長劉振亞進行在任期間的經濟責任審計。這次審計是全面審計，審計時間跨度長達十年。2004 年，劉振亞升任國家電網公司總經理、黨組書記，至今正好 10 年。

劉振亞曾經幫助曾慶紅的兒子在山東魯能集團私有化過程中獲利上百億。再加上劉賣力迫害法輪功，使其不斷受到曾慶紅的提拔和重用，成為曾家族在電力行業的利益輸送者。但是，劉仗著自己背後是曾慶紅，其所作所為得罪了溫家寶，也令李鵬家族相當不滿。

10 年審計 針對劉振亞

4 月 30 日，官方「新華網」引用消息稱，從 4 月 17 日開始，中共審計署從五個特派辦派出數百人進駐中國國家電網公司，針對董事長劉振亞進行任中經濟責任審計，但是並沒有說明審計的重點。

此前，在中石油蔣潔敏被調任國資委主任後，審計組也進入了中石油，很快，蔣潔敏在 2013 年 9 月 1 日落馬。

華府中國問題專家石藏山說，4 月 30 日的爆炸當日，江、習博弈異常激烈，官方「新華網」公開對國家電網公司的調查，也是變相公開對江澤民集團頭號軍師、前中共政治局常委、江澤民集團第二號人物曾慶紅的調查，這是中國政治聚焦點，江、習激戰中的重大信號，顯示習近平開始針對江澤民集團實際掌門人曾慶紅動手。

幫曾慶紅家族輸送巨額利益

劉振亞出身於山東電力系統。從技術員一步步升到山東電力集團公司董事長兼山東魯能集團董事局主席。從 2000 年開始，任國家電力公司副總經理；2002 年成為國家電網公司副總經理，2004 年起任國家電網總經理、書記。

據中共國家統計局山東調查總隊截至 2005 年底的資料，魯能集團以總資產 738.05 億元居山東企業第一。

根據 2007 年《財經》雜誌封面報導《誰的魯能》的調查，在內部人嚴密運籌之下，兩家位於北京的企業——北京首大能源集團有限公司（下稱首大能源）和北京國源聯合有限公司——獲得 700 多億資產的魯能集團 91.6% 的股份，兩家公司收購總價格約為 37.3 億元。

《財經》報導曝光，收購者是前中共國家副主席曾慶紅的兒子曾偉和他的朋友趙君士。而謀劃這一利益輸送的，正是在魯能有著深厚基礎的劉振亞。

劉振亞在 2005 年將魯能拱手送給曾慶紅家族，而在 2000 年是時任中組部長曾慶紅把劉振亞提拔為國家電力公司副總經理的。

劉振亞惹毛溫家寶

2002 年，溫家寶以「在發電環節引入競爭機制」為由，藉反壟斷推動電力改革。主要動作是推行「廠網分開」，將國家電力公司管理的電力資產按照「發電」和「電網」兩類業務進行劃分。

簡單地說，在發電環節將國家電力公司的發電資產變成五個全國性的獨立發電公司。電網資產則分別設立國家電網公司和中國南方電網有限責任公司。可以說，這七家巨頭，瓜分了全中國大陸的電力。2000 年年底時候，劉振亞就已經憑著曾慶紅的關係，成為國家電網公司籌備組副組長。2004 年，劉振亞成為國家電網公司總經理。

2010 年，《商務周刊》封面報導《國網帝國》一文稱，劉振亞所主導下的國家電網公司，違反溫家寶電力改革確定下的「廠網分離，主輔分離，輸配分離」原則，兼併下游的電力設備行業；重回發電領域；通過建設以特高壓為核心的電網，建立全國一張網，將「輸配分離」弄得名存實亡。

此後，《商務周刊》遭到整肅。《國網帝國》一文引用了《中國工業報內參》的大量內容，而此類內參內容，據稱一般是提供給國務院決策層閱讀的。當時，劉振亞惹怒溫家寶的說法也不脛而走。

劉振亞仗勢不買李鵬家族的帳

劉振亞在當時，憑藉是曾慶紅的人，並不對占據發電系統大部分資源的李鵬家族買帳。在中國大陸現有的五大發電集團中，華能集團、中國電力國際（中電投下的子公司）、國家電力被認為是李鵬家族的天下。

從 2003 年開始，中國大陸遭遇嚴重的電荒。五大發電集團也不斷圈地，大幅裝機，搶占市場。

根據當年規定，不得進入發電市場的國家電網公司，顯然希望繼續染指發電業，自劉振亞成為總經理後，開始祕密收購發電公司及涉足發電設備行業。對此，外界也一直有批評聲音，認為國家電網公司有打造中國「第六大發電集團」的野心。

到了 2006 年之後，國家電網公司更加肆無忌憚，索性開始公開行動。據悉，這種「不符合規矩」的行為，也招致了李鵬家族的不滿。

最顯著的事實，莫過於山東魯能集團（涉足煤電、鋁業、房地產），被劉振亞低價變賣給曾慶紅的時候，魯能已屬於國家電網，又回到劉振亞的手中。

劉振亞直接參與迫害法輪功

劉振亞國家電網任職期間，充當江澤民集團迫害法輪功的「打手」，繼續取悅江澤民和曾慶紅等人，企圖在仕途上能再上一層。劉振亞不但自己親自上陣誣衊法輪功，在中電網 27 家網省公司中，至少 139 名修煉法輪功的員工遭受迫害，其中 16 人被迫害致死、致瘋和失蹤。

劉振亞迫害法輪功學員形式包括：限制人身自由，非法綁架、關押、監控和跟蹤；同時還對法輪功學員，採取解雇、扣發工資、

罰款等方式進行經濟迫害；另外還利用強行以「洗腦班」的形式
進行精神迫害。

曾慶紅突然露面「示威」中南海

就在《新紀元》周刊等境外媒體大量報導曾慶紅親信被查，
曾慶紅本人危險之際，香港《明報》報導，2014 年 5 月 14 日，
曾慶紅在中央政治局委員兼上海市委書記韓正，以及前中共國家
主席江澤民兒子、上海科技大學校長江綿恆陪同下，參觀了上海
的韓天衡美術館，並與大陸著名篆刻家韓天衡合照。

據稱，曾慶紅此行是以私人身分參加的一次活動，大陸幾大
門戶網站以及微博等 14 日均未見有相關報導。從網上傳出的照
片可見，曾慶紅較退休前顯瘦削和蒼老。此前，曾慶紅已有很長
時間未公開露面。

此次蹊蹺的是，中共元老露面多是單獨露面，而曾慶紅與江
澤民兒子江綿恆及上海市委書記韓正同時現身，港媒《東方日報》
解讀此既是表明自身「暫時安全」，也在顯示江曾關係牢不可破？
似乎上海幫核心成員仍能「頂得住」，這無疑是對中南海高層的
示威挑戰。

江派三號人物周永康 2013 年底被傳出調查並軟禁後，雖直
至 2014 年 7 月底才被公布立案調查，但期間，周永康的親信心
腹及家人幾乎被「一鍋端」。如今江派二號人物、江澤民頭號軍
師曾慶紅也被熱傳不妙了。

江頻露面遊說 想保曾慶紅遭拒

據悉，曾慶紅案已在王岐山反腐的審議日程中，曾慶紅案成為習近平繼薄熙來、周永康之後，打老虎的最新目標，被列為第二號專案，暗示終極大老虎則是江澤民。

於是江澤民按耐不住，頻頻露面，試圖遊說仍對中國政局有影響力的中共前高級官員及相關家族聯名施壓習近平，要求集體阻止習近平和王岐山調查江派人馬曾慶紅，但遭到抵制，多數中共前高官拒絕為江上書。

據老軍官們透露，江聲稱：「在我有生之年，不要查他，我死了之後，你們怎麼查都可以。」江派大佬李長春、賈慶林也紛紛露面，為江派人馬打氣。

至此，江派政變計畫潰敗多米諾骨牌效應的第四波來臨：江派終極大佬江澤民出面為江派第二號人物曾慶紅求情。

這表明曾慶紅或已被內控，只是中南海祕而不宣罷了。

曾慶紅多重「政變」計畫潰敗

有趣的是，這是江派政變計畫潰敗骨牌效應的第三波。2012年2月6日，王立軍事件爆發之後，薄熙來慌了神，派出重慶武裝安全部隊包圍美國駐成都總領事館，自己躲到雲南「餵鳥」，引起胡錦濤的嚴重懷疑，最終被「下課」。

2012年3月7日，就在胡、溫、習、李決定將薄熙來免職之際，周永康極力保薄，並在2012年3月19日動用武警和溫家寶搶奪薄熙來的「財長」、大連實德集團有限公司董事長徐明，發動「3‧

19 北京政變」，被胡錦濤調集 38 軍入京挫敗。

隨後，2012 年 5 月，周永康被削權，厄運降臨，終被中南海抓捕。

周永康被抓 曾慶紅慌神

周永康 2013 年底傳出被抓，這一次輪到曾慶紅慌神了，因為他也參與了周、薄政變，如果中南海要追查周永康的政變罪行，曾慶紅很難與之切割。於是，曾慶紅在中國新年前夕向當局申請和太太到澳洲探望億萬富豪兒子，被中組部告知「經政治局反覆研究」，多方面考慮還是不批准。

2014 年 3 月 1 日昆明恐怖襲擊事件發生之後，曾慶紅和周永康的心腹在「兩會」期間表現得很囂張。

3 月 6 日，曾慶紅祕書施芝鴻高調談深改組人事，周永康的原助手陳冀平則高調「越權」透露國安委人事內幕，兩人的舉措被認為應刺痛了中南海最敏感的神經。

3 月 7 日，中共軍方《解放軍報》以兩個版面發表了 18 名中共將領的署名文章，表態效忠習近平，中南海想以此震懾江派。

不過，曾慶紅顯然不吃中南海這一套。

3 月 8 日，幾個月未露面的曾慶紅，通過香港媒體《明報》突然露面。《明報》稱，前《基本法》起草委員會委員、中國人民大學法學院教授許崇德 7 日出殯，前中共國家副主席曾慶紅罕見致送花圈。

詭異的是，也是在 3 月 8 日這一天，載有 154 名中國人的馬航 MH370 客機發生失聯事件，其原因至今成謎。

曾慶紅恐襲計畫落空

而且，中共「兩會」前夕，江派策劃了一個大動作：在多個城市實施恐怖襲擊事件，期以殺戮民眾的方式，推倒習近平；退而求其次，也要脅迫習近平僅以「貪腐」定罪周永康，不碰觸其政變及反人類罪等核心罪行。江派原本想同時在五個城市實施這一計畫，但出現意外之後，最後只在昆明發生。

3月1日，雲南昆明發生震驚中外的恐怖血案，多名統一著裝的暴徒蒙面持刀在雲南昆明火車站廣場、售票廳等處砍殺無辜民眾，最少造成32死、143人受傷。

曾慶紅號稱是江派的頭號軍師，是江派手握實權人物，上述江派的恐襲計畫，他應該是主要的操盤手。

曾慶紅千算、萬算，這一次卻算到自己頭上了，這樣一來，他捲入了周薄政變，成為江派新一輪政變的主角了，自然成為中南海一定要處置的對象了。

習胡對決江派

在局勢空前危機之下，2014年4月2日和18日，中共35名軍頭兩次集體發聲，效忠習近平，這是中共軍隊35年來罕見的動作。4月9日至17日，習近平的政治盟友、前中共總書記胡錦濤五次高調露面。突顯當前中共高層嚴重分崩態勢。

4月19日和21日，江澤民突然現身老巢揚州和上海。5月初，江派前朝大佬李長春、賈慶林、李嵐清等隨後也爭相露面以示「暫時安全」，但江派二號人物曾慶紅卻始終缺席這一輪「露面」。

傳習近平王岐山兩周一次密會

2014 年 2 月以來，中共當局加快了對江派人馬的清洗，又有八名省部級高官落馬，其中包括跟隨周永康十多年的祕書、原海南省副省長冀文林，江派要員曾慶紅在香港的馬仔、華潤（集團）有限公司董事長宋林等。

5 月初，海外消息人士牛淚撰文表示，據來自北京高層的內部消息，當局為了把「打虎」運動推行下去，習近平和王岐山早已約好每兩周單獨會面一次，並已堅持了差不多一年多時間。藉此頻密見面，雙方交流思路、交換看法，研究「打虎」重點，尋找突破口。

中紀委書記王岐山與習近平關係密切，從 70 年代的知青就開始交往。據悉，習近平在陝西做知青從北京回延川時，曾路過王岐山插隊的地方借宿並同蓋過一床被子。同時，兩人同屬於紅二代，習近平是中共元老習仲勳之子，王岐山則是另一名中共元老姚依林的女婿。兩家走得很近。

在中共的「18 大」召開之際，重慶事件爆發，由中共前黨魁江澤民主導的「周薄政變」曝光，江派人馬企圖從中共繼任者習近平手中奪取中共最高權力的陰謀流產。「18 大」上，習近平出任中共總書記，王岐山出任中紀委書記。

在當局從「18 大」之後開始的「打虎」行動中，僅 2013 年就有近 30 名江派省部級高官落馬。江派人馬頻頻阻擊習近平陣營，從操縱股票大起大落的金融事件，到向外選擇性的釋放習近平當權者的「離岸」金融問題、雇凶屠殺百姓的「昆明血案」，再到江派退休大佬紛紛出動，顯示出中共局勢異常緊張。

習近平陣營也抓緊回收權力，習近平先後兼任「國安委」、「深改小組」、「軍隊與國防改革小組」等最高權力機關的一把手。同時，王岐山的權力也不斷擴張，已逐漸形成了「全面覆蓋」的態勢。

中南海進入「遊擊戰」階段

周永康在被抓捕之前，實際上已失去了人身自由。2013 年 4 月，周永康在其無錫老家，曾當眾說：「這可能是我最後一次來看望大家了。」與此類似，有媒體報導，胡錦濤 2014 年 4 月在湖南現身期間，原本中共湖南省委安排曾慶紅有機會與胡錦濤見面，但是遭胡拒絕。連與胡錦濤見面的自由都沒有了，曾慶紅的真實處境可見一斑。

有評論說，江澤民已經老得在等死，曾慶紅失去完整的人身自由，處境大不妙。中南海博弈進入恐襲和反恐襲「遊擊戰」階段。

第三節

香港中資等被嚴查
江派「虎窩」告急

港中資高管被查 涉曾心腹宋林案

2014 年 5 月 16 日，香港中旅總經理王帥廷被查、中石油副總裁薄啟亮「失去聯絡」，12 日中共國家電網公司總經理助理朱長林被帶走調查，顯示江派大佬的黨羽被密集清洗。習近平、王岐山針對央企打虎頻率明顯加快，落馬者背後前中共黨魁江澤民及江派原常委曾慶紅、周永康的鬼影幢幢。

5 月 16 日，中共中紀委網站公布，香港中旅總經理王帥廷涉嫌在華潤集團工作期間「嚴重違紀違法」，目前正被調查；但沒有具體說明「違紀違法」細節。這是繼華潤集團董事長宋林被調查後，又一香港中資企業高層被調查。

王帥廷 2010 年 7 月接替宋林出任華潤董事會主席一職，兼任華潤電力控股有限公司董事局主席，華潤創業有限公司董事。

2011 年 5 月，王帥廷調任香港中旅集團，任職行政總裁。而華潤集團董事長宋林此前 4 月 23 日已被解職。

接下來更多華潤高層「突然失蹤」。5 月 12 日，陸媒《第一財經日報》報導，據華潤集團一名內部人士透露，宋林案還在繼續發酵，更多人受到中紀委調查，其中集團戰略管理部便有人遭到調查，「前兩天還在香港，突然人就不見了，辦公室貼上了白色封條。」

就在宋林「落馬」的同一天（2014 年 4 月 17 日），華潤置地執行董事、董事會副主席王宏琨被帶走進行調查。另有兩位不願具名的消息人士透露，宋林被宣布調查後幾小時，華潤金融控股有限公司行政總裁吳丁被帶走。

華潤集團協助中聯辦控制香港，內部設有中共特工情報部門，華潤的最高層也同時受命於中共安全部，華潤集團一直是中共分管港澳事務的前政治局常委、特務頭子曾慶紅的勢力範圍。

獲悉，宋林之所以從一個名不見經傳的實習生，奇蹟般地從內部升遷為董事長，打破華潤董事長由外經貿部副部長或部長助理出任的慣例，靠的就是投靠中共江派勢力。華潤在香港是中共江派曾慶紅扎根的老巢，即中共新界黑幫勢力。

傳習近平下令徹查宋林案

宋林於 2014 年 4 月 17 日「落馬」後，香港《明報》引述熟知該事件詳情的三個不同消息來源報導，宋林此番被查，是中共總書記習近平作出的相關指示。

最早舉報宋林的前《山西晚報》記者李建軍向《大紀元》表

示，這次宋林被拿下，顯示中紀委下一步動作是要揪出宋林背後的「保護傘」。他透露，中紀委已經將宋林案列為繼周永康案件之後的第三號大案。

據悉，宋林案涉前中共最高層，華潤方面曾聲稱「後台很硬」。溫家寶曾主張調查華潤，被「人為制止」。宋林的「落馬」，表明曾慶紅的勢力正在被清洗。

宋林是中共江澤民集團大佬曾慶紅的心腹、薄熙來的同夥，他在曾慶紅的授意下，一直在香港力挺江澤民集團在香港扶植的特首梁振英。

據悉，習近平打虎鎖定新目標，即江澤民的頭號軍師曾慶紅，中紀委內部立案調查已進入程序，被列為繼薄熙來、周永康案之後的第二號專案。

周永康老巢中石油窩案續發酵

香港中旅總經理王帥廷被查的同一天，2014 年 5 月 16 日，財新網引述消息人士稱，中石油副總裁薄啟亮是於 13 日或 14 日「失去聯絡」。15 日，紀檢和公安人員搜查了薄的辦公室。薄的祕書亦被帶走。中國石油 16 日晚間發布公告，公司副總裁薄啟亮因工作崗位調整，已於 4 月 26 日起不再擔任公司副總裁職務。薄啟亮這幾次重要的提升都發生在已落馬的蔣潔敏掌控中石油期間。

另有消息稱，中石油伊朗公司總經理張本全 4 月上旬亦遭帶走調查。過去半年來，中石油副總王永春、李華林，中石油副總裁冉新權，中石油原董事長蔣潔敏，中石油總地質師王道富，中石油四川石化總經理栗東生等多名中石油高管被調查、免職。

2014 年 5 月 7 日左右，中國石油天然氣重慶銷售分公司副總經理彭小虎被檢察院帶走。同時被要求協助調查的還有加油站管理處處長江崇林等人。3 月初，中石油重慶公司總會計師李建華被檢察院辦案人員帶走。

中共前政法委書記周永康的倒台正是從石油系統大地震開始，隨後有超過 120 名處級以上的官員因中石油窩案而被專案組調查。

朱長林落馬 牽出曾慶紅

此前，5 月 7 日，陸媒「財新網」報導，中共國家電網公司總經理助理、華北分部主任朱長林已被帶走調查。朱長林是 4 月 17 日中共審計署數百人進駐中共國家電網公司後，該系統落馬的第一個高管。朱曾經在四川電力擔任「一把手」七年，與剛剛公開宣布被立案調查的周永康案「外圍」——四川省委原副書記李春城和四川省原副省長郭永祥均有交集。

中國問題專家周曉輝認為，朱長林的升遷獲得中共國家電網公司董事長劉振亞的支持，劉振亞則是曾慶紅的親信。朱長林被查，或許不僅涉及周永康家族的貪腐黑幕，也能挖到劉振亞如何給曾慶紅家族輸送利益的內情。無論是哪種情況，電力系統引發的震盪將不亞於石油系統，而其目的應是為了拿下更大的「老虎」。

4 月 30 日，官媒稱，中共國家電網公司董事長劉振亞的 10 年工作遭審計。劉振亞曾經幫助曾慶紅的兒子在山東魯能集團私有化過程中獲利上百億，加上賣力迫害法輪功的背景，不斷受到曾慶紅的提拔和重用，成為曾家族在電力行業的利益輸送者。劉更仗著自己的後台曾慶紅。

魏鵬遠家搜出上億 涉江澤民馬仔案

2014 年 5 月，據大陸媒體報導，中共能源局煤炭司副司長魏鵬遠被有關部門帶走調查。報導稱，魏被帶走時，家中發現上億現金，以 16 台點鈔機清點，當場燒壞了四台。

大陸財新網引述消息人士透露，魏鵬遠在能源局煤炭司負責項目改造、煤礦基建的審批和核准工作，有可能是這個過程出了問題。

資料顯示，魏長期在發改委煤炭處工作。2008 年中共能源局成立，魏鵬遠由煤炭處處長升任為中共能源局煤炭司副司長，屬於正處級副司長。

據悉，早前已經被帶走調查的中共能源局核電司副司長郝衛平也在同年由電力處處長升任電力司副司長。據了解，4 月 15 日傍晚，郝衛平妻子準備從首都機場出境被發現，有關部門人員直接去郝衛平家，隨後將郝衛平帶走。

據媒體報導，郝衛平長期在發改委從事電力管理工作，2004年成為電力處處長，2008 年中共能源局成立時升為電力司副司長。2013 年 3 月中共能源局與電監會合併成立新能源局，5 月才改任核電司司長。

外界懷疑，魏、郝被查是否與原發改委副主任、中共能源局局長劉鐵男案有關聯。2013 年 3 月 18 日，劉鐵男卸任中共能源局局長。2013 年 8 月 8 日，劉鐵男被開除黨籍和公職。

劉鐵男是江澤民的馬仔，也是江派在財經系統內的代言人之一，江派曾利用發改委、能源局掠取大筆黑金。劉鐵男 1999 年以後進入發改委，2008 年 3 月出任發改委副主任，2011 年 1 月兼能源局局長。前能源局長張國寶、劉鐵男等人正是替江派效命的馬前卒。

在港央企受到清查

據《第一財經日報》2014 年 5 月 9 日報導，招商局副總裁余利明當天在出席美國商會舉辦的「中國論壇」後，向記者承認相關審計工作正在進行，且程度有加強。

一位接近中信集團的人士透露，這階段中紀委的審計工作「挺厲害的」。

此前，4 月 11 日，中共中紀委常委會通過一項針對性反腐肅貪整頓行動，提及香港五大央企：華潤、中銀、中信、光大國際以及招商局等集團。

中共中紀委書記王岐山要求把對五大集團展開的審計、清查、整頓與反腐肅貪工作相結合。

5 月 7 日，與王岐山關係密切的「財新網」報導稱，5 月 5 日，中信集團召開會議，52 歲的李慶萍出任中信銀行黨委書記兼行長；次日，中信銀行也宣布了這一消息。

報導稱，知情人士透露，原中信集團監事長、中信銀行黨委書記及行長朱小黃將調至中信集團，出任集團黨委副書記兼監事長。中信銀行副行長孫德順將出任中信銀行常務副行長。

　　中共大型國企、金融領域過去一直被江派人馬所把持。隨著習江鬥的不斷加劇，江澤民集團用其所把控的大型國企與習近平陣營對決，甚至不惜毀掉中國經濟。

　　據悉，在薄熙來案件開審前一周，江澤民集團為了攪局，操縱股票導致大陸股市暴漲暴跌，引發中國證券史上最大錯帳交易糾紛。

第十二章

軍頭北京宣誓
習近平南京宣戰

2014 年 12 月 12 日，37 名共軍頭在中共軍媒發文表「效忠」習。
13 日，習出席南京大屠殺死難者國家公祭儀式時在講話中提到
「反人類罪」。分析認為，習這番話也似乎暗示要嚴懲犯下「反
人類罪」而在全球近 20 個國家和地區被起訴的江澤民。

2014 年 12 月 13 日，習出席南京大屠殺死難者國家公祭儀式時在講
話中提到「反人類罪」。分析認為，習這番話也似乎暗示要嚴懲
江澤民。（新紀元合成圖）

第一節

習近平發聲：押上性命無所謂

習近平 2014 年 6 月 26 日在政治局的敏感講話內容，8 月 4 日刊登在中共《長白山日報》。習近平稱：「與腐敗作鬥爭，個人生死，個人毀譽，無所謂。」（大紀元合成圖）

2014 年 8 月 4 日，陸媒《長白山日報》頭條報導，中共吉林長白山市委 8 月 1 日召開一場會議中傳達中共總書記習近平的講話，習稱：「與腐敗作鬥爭，個人生死，個人毀譽，無所謂。」

此次習近平針對反腐所言「個人生死、毀譽無所謂」引起外界高度關注。中共喉舌「新華網」論壇也發表署名文章《習近平反腐為啥提到「個人生死，個人毀譽」》，但該文很快被刪除。

打掉周不是反腐句號 暗指江曾危矣

7 月 29 日，中共正國級高官周永康被正式宣布立案審查。周永康被拿下後，黨媒「人民網」刊發評論文章《打掉「大老虎」周永康不是反腐句號》，但此文很快被刪除。不過此說法還是被廣泛轉發，引起人們對周永康背後的「老老虎」的關注。

據悉，這個評論的標題來自習近平 7 月 26 日在中共政治局的講話。人民網根據會議發表的評論文章，引起中共內部大譁，劉雲山下令將其撤下。

人民網此文被外界解讀為釋放重大信號：處置周永康之後，中南海還有更大動作，其背後的「更多更大老虎」——江澤民和曾慶紅呼之欲出。

接著，中共官媒新華網也發表評論文章，稱「以周永康的落馬為節點」、「反腐達到了一個高潮，但這決不是句號，反腐也決不會是一陣子」，再現人民網的觀點。

而習近平陣營媒體「財新網」發表文章稱，周永康落馬，反腐工作不會減緩，而是會深化，甚至可能打更大的「老虎」。同時，大陸門戶網站「網易」發表文章《中紀委打虎記：曾徹查黨主席》。二文也暗示會徹查周永康的背後人物江澤民及曾慶紅。

在外界看來，隸屬於財新傳媒的「財新網」、「新世紀」等媒體，通常會有一些帶有某種風向標的報導。

江派多次企圖暗殺習近平、王岐山

中共「18 大」後，習近平以高調反腐清算江派勢力，江派高官頻頻落馬。江澤民、曾慶紅等人對習近平陣營恨之入骨，不斷發起攻擊，不惜製造重大恐怖流血事件，甚至多次企圖暗殺習近平、王岐山。

為此，中共中央成立了特別工作領導辦公室，專門負責追查暗殺事件源頭。

官媒最近也披露，原中央巡視組組長祁培文曾收到恐嚇信，信上只有幾句話：「這個地方沒有你做的事，玩一玩回去吧。你要是不回去，沒有好下場。」

據報導，王岐山主導下的中央巡視組，經常高調在各地巡視查貪時遭到打擊報復，甚至偷襲。

中共內部資料顯示，2013 年 9 月至 2014 年 3 月底，已有近 60 名中紀委、地方省紀委有關一線人員被暗殺或失蹤，30 多名檢察官員被暗殺或失蹤。而王岐山自上任以來也先後四次遭到暗殺。

港媒披露，2013 年夏季北戴河會議前後，周永康至少兩次策劃暗殺習近平，包括在會議室放置計時炸彈，和趁習到北京 301 醫院體檢時打毒針，試圖再次發動政變。

江曾威脅攪局 習回應「誰怕誰」

周永康被軟禁後，江澤民、曾慶紅繼續攪局，製造包括「3‧1 昆明屠殺事件」在內的多起暴力流血事件，導致大量民眾傷亡，並企圖通過製造社會混亂，達到趕習近平下台的政治目的。

據港媒披露，習近平在 2014 年 6 月 26 日中共政治局會議上講話，就反腐問題針對有人威脅說要走著瞧，習近平回應「誰怕誰」！

中共江澤民當政時代，中共官場腐敗大行其道，前總理朱鎔基對中共貪官橫行、腐敗叢生曾震怒說道：「我這裡準備了一百口棺材，九十九口留給貪官，一口留給我自己，無非是個同歸於盡。」

習近平在 6 月 26 日的中共政治局會議上，還引用了朱鎔基這句話。

習近平上述講話後，6 月到 7 月之內，江派正國級和副國級高官周永康、徐才厚落馬。

6 月 30 日，習近平親自召開政治局會議，決定將中共前軍委副主席徐才厚「開除黨籍」，並將其移交軍事檢察機關處理。

徐才厚是中共前黨魁江澤民一手提拔的，被視為江澤民的「軍中最愛」，追隨江澤民在中共軍隊中不遺餘力地迫害法輪功，是中共軍隊進行活摘器官的主要負責人，並捲入了江派周、薄政變。

一個月之後的 7 月 29 日，周永康被宣布立案審查。

此後，周永康背後的曾慶紅、江澤民被關注；周永康的罪名也被聚集。眾所周知，周永康及其家族是巨貪，同時周永康還涉政變、殺人、強姦、淫亂、濫用職權等罪。據海外「追查國際」的報告顯示，周永康犯下群體滅絕罪、酷刑罪、反人類罪，罪大惡極。

第二節

江澤民被監視居住
習抓江已無阻力

周永康被立案審查後，民間要求「槍斃周永康」、「抓捕江澤民」呼聲不斷，有數種跡象顯示中共江澤民勢力已露潰敗跡象。（大紀元合成圖）

　　進入 2014 年下半年，江澤民處境越發不妙，其身邊的心腹陸續被抓。2014 年 6 月 30 日，江澤民軍中的代言人、前中共軍委副主席徐才厚被公布開除黨籍送軍事司法；7 月 29 日，周永康被公布「立案審查」；7 月 12 日，江澤民的「軍師」曾慶紅被曝關押在天津接受祕密調查；7 月 26 日，江澤民父子密友、上海光明集團原董事長王宗南因涉嫌挪用公款和受賄被帶走。

　　此外，7 月 29 日，中共中紀委巡視組進駐江澤民的老家江蘇。第二天，中紀委巡視組又進駐江澤民的老巢上海。江澤民父子其他的發跡地，如中科院、一汽等地也在第二輪巡視之列。

　　上海百姓在獲悉中央巡視組 7 月 30 日進駐後，要求拿下江澤民的呼聲高漲，街頭巷尾的民眾都在痛罵江澤民。種種跡象顯示，北京當局處理江澤民已進入實質階段。

《江澤民被帶走》視頻照片熱傳

7月30日，有人在 Youtube 網站發布了一段題為《江澤民被帶走》的視頻。發布者聲稱：「最新消息，網上有片段播放前中央軍委主席江澤民被帶走，有記者在現場拍攝。消息未經證實。」當天，新浪微博上有附照片帖文稱「被紀委帶走的一瞬間」，所附照片同視頻中一幕吻合。相關照片和帖文迅速被刪。

事實上，該視頻是 2014 年 4 月下旬江澤民在上海露面時的內容。

有分析稱，熱傳江澤民被捕訊息這一現象顯示了社會的普遍期待，也或是某些政治派別故意釋放信息來探測民意。無論是什麼緣由，這種現象在江澤民實權在握時都是不可能發生的。

3 個月內兩度被噤聲 江澤民成啞巴

2012 年 2 月 6 日王立軍事件後，江澤民的權勢在每年一次的北戴河會議上，連續 3 年每況愈下。2014 年北戴河會議結束至今，沒有任何一家海內外媒體對於江澤民的出聲有所報導。

2014 年的北戴河會議於 8 月上旬召開。在此之前，江派媒體吹噓江澤民又去了北戴河，但隨後未曾透露過任何有關江澤民出席會議的任何細節，或江是否參加了「非正式的切磋會議」。這是江澤民在 2014 年春夏三個月內第二次被「噤聲」。

此前的 5 月 20 日，俄羅斯總統普京在上海和江澤民會面。

據報導，此次會面是由江提出，直至最後才獲得習近平同意。但大陸官媒對會面全面封殺。微博上「學習粉絲團」發布消息時，也沒有提及江澤民任何隻言片語，江被噤聲成了「啞巴」。

江澤民在這兩次如此大的場合都被噤聲，外界普遍認為江澤民已受到控制，處境比民間公認貪腐的賈慶林還糟糕。

前常委紛露面獨不見江 傳被看住

2014年7月11日，中國享房網總裁程凌虛在微博發布消息稱，中共當局7月10日凌晨，動用38軍500人，祕密抓捕了賈慶林，並將其異地關押在呼和浩特市。還有署名南都校尉在微博發文表示，賈慶林被祕密羈押地點是呼倫貝爾。這個消息很快傳遍網路。隨後在7月中旬，網上曬出賈慶林現身秦皇島長壽山景區的照片，未見地方主要官員陪同，地方傳媒也沒有報導。

8月24日晚，賈慶林與中共中央政治局原常委、中紀委原書記賀國強一同現身國家大劇院，觀看大型舞劇《絲海夢尋》。與賈慶林不一樣的是，從6、7月開始傳聞滿天飛的曾慶紅和江澤民，卻罕見地一直未現身「闢謠」。

與此同時，胡錦濤、溫家寶、朱鎔基、李瑞環、宋平、萬里等中共其他前常委，都不斷地出現在公眾面前，兩相對比，更顯得江澤民、曾慶紅被「消聲與消形」的詭祕。

對付江澤民「紅二代」挺習達共識

7月17日，港媒引用資深媒體評論人的說法稱，紅二代基本達成共識，會站在習近平一邊對付江澤民。而太子黨、「紅二代」等已經成為習近平的支持者。

自由亞洲電台的資深評論人士林保華在 17 日的評論中稱，「紅二代」之間已經取得了基本共識，會支持「拋出江澤民，成全習近平」。

《明報》7 月 12 日的報導稱，多名知情的京城「紅後代」（紅色後代）透露，習近平在「18 大」前隱身 13 天期間，與逾百名重要「紅後代」頭面人物會面。除胡耀邦子女外，還包括中共元帥葉劍英的後人、徐向前之子徐小巖等，所代表的「紅後代」家族成員超過 1000 人，近 8 成家族支持習近平。

習近平現時的權力結構，背後有胡錦濤、溫家寶和「紅二代」們的支持。

2014 年 2 月 15 日，在北京的一個新年團拜會上，有數百名中共「紅二代」力挺習近平。大會召集人是中共元老胡喬木之女胡木英，她在會中力挺習近平反腐「打老虎」，呼籲紅二代認清形勢，擁護支持習近平。當時，這個表態就被認為是太子黨、「紅二代」們在集體向習近平表忠心。

反腐指向「蜘蛛網」中心 江難逃

江澤民的危險處境，不但華人媒體紛紛報導，連西方主流媒體也持相似的看法，海內外專家都看出了江派末日的臨近。

2014 年 8 月 14 日，《紐約時報》報導稱，多個月來在中國聊天社群當中的政治談話一直與「老虎和蒼蠅」有關。習近平反腐運動中落馬的老虎，有前安全主管周老虎，有前中央軍委副主席徐老虎，還有許多「蒼蠅」被指控腐敗或政治或道德的罪名。

　　但是 8 月初開始，聊天者一直聚焦於一個新的動物：一隻蜘蛛。指的就是江澤民。江澤民在 2002 年卸任中共總書記職務，但他仍然通過在黨內、軍隊和商業同盟的網絡保持影響力。分析稱，為改變中國這種通過腐敗和經濟既得利益集團凝聚起來的狀態，江澤民經營 20 年之久的網絡需要被清理掉。

　　「它好像是一個特權既得利益集團的網絡，江澤民就是網中間的那隻蜘蛛。」新加坡李光耀公共政策學院教授黃靖說。

　　「他是中間的那隻蜘蛛，但是我想他是一隻半死的蜘蛛。」黃靖說，習近平的「反腐」運動是打破特權集團的一個方式。如果繼續下去，將看到利益集團的總司令就是江澤民。

怕被抓捕 江澤民躲進醫院

　　88 歲的江澤民，身體越來越虛弱，有關他死亡的報導周期性的流傳。《大紀元》獲悉，中紀委巡視組進駐上海後，江澤民害怕自己被抓，2014 年 8 月初藉口病重住進醫院。9 月初，有接近江澤民醫務人員的最新消息稱，江已出院，但被習近平陣營派人看管起來。

　　有關江澤民入院的消息，日本媒體之前也做了報導。日媒表示，江澤民「病情惡化」與其心腹周永康被審查有關。據了解，江澤民一直反對調查周永康，因而受到精神上的刺激，病情陷於惡化狀態。

　　7 月 29 日，中共前常委、原政法委書記周永康被公布「立案審查」。當天，王岐山中紀委巡視組進駐中共前黨魁江澤民老家江蘇。次日，巡視組進駐江澤民老巢上海以及發跡地一汽等地。

6 月底以來，江澤民的心腹、前軍委副主席徐才厚、前政法委書記周永康以及江澤民父子密友王宗南等人紛紛落馬。北京官場上，各個派系的官員們為了避禍，都紛紛遠離江澤民。

江澤民處境「你懂的」

8 月 30 日，大陸媒體《羊城晚報》刊發一幅蛤蟆輸液圖，被大陸和香港媒體紛紛轉載。圖中蛤蟆病入膏肓，身上掛了 5 個吊瓶，圖說只有一個「治」字，但大陸民眾顯然讀懂了圖的寓意——前中共獨裁者江澤民病危。許多民眾在微博表達喜悅之情。同日，《東京新聞》引述熟悉中日關係的消息人士的話說，現年 88 歲的江澤民於 8 月初在上海住宅因病情惡化而緊急住院。

8 月 27 日，中共最高法院就輿論關注的周永康案表態，稱周案暫未進入訴訟程式。25 日中共政協常委會上，有政協委員當場問王岐山：「打完周永康這隻『大老虎』後，還有沒有更大的老虎？」王岐山笑而不答。再問王岐山是不是「你懂的」時，他笑說：「以後你就慢慢懂。」

自從 2014 年 3 月中共政協發言人就周永康案回答記者提問時使用了一句「你懂的」之後，這個詞就迅速竄紅網路，並成為回應和詮釋中共當下政治內情的流行語。消息本身是否屬實、人們是否最終知道答案已經不再重要，重要的是回答者從此有了無限的自由回應空間，提問者也從此有了無限的聯想空間，一切盡在不言中。在中共的政治氛圍下，更多的是需要意會而不可言傳。不過及早看清時局，對每個人的重要性自是不言而喻。

第三節

藉南京公祭
習近平向江澤民「宣戰」

2014 年 12 月 13 日，習出席南京大屠殺死難者國家公祭儀式時在講話中提到「反人類罪」。分析認為，習這番話也似乎暗示要嚴懲犯下「反人類罪」的江澤民。（AFP）

　　中國人非常注重日期。每逢大事，如結婚、開店、辦紅白喜事等，一定會找本皇曆來查找一個好日子。現代人即使不用皇曆，也還是喜歡有點特殊性的日子。如每年的 10 月 10 日，是國民政府的國慶，俗稱「雙十節」，每年的 11 月 11 日也被大陸商家炒作成了「光棍節」，2014 年 11 月 11 日，大陸一天的網購銷售額就達到 93 億美金，如今的 2014 年 12 月 12 日，也被習近平陣營操作成了一個很特殊的日子。

12 月 12 日發生的事都指向江澤民

　　12 月 12 上午 9 點，上海光明食品集團原董事長王宗南因「涉受賄、挪用公款」一案在上海市第二中級法院開庭審理。王宗南被指控受賄共計價值269萬餘元，夥同他人共同挪用公款1.9億元。

王宗南是中共前黨魁江澤民父子的密友，據說江家過年請客，每年幾乎都有王宗南的位置。光明集團前身是上海益民食品一廠，而江澤民在中共建政之初曾擔任副廠長。2006年8月，光明集團在江澤民的過問下完成重組。該集團公司成立之後，王宗南被調任董事長。

12月12日凌晨，大陸媒體報導，中共中紀委將向中共中央辦公廳、組織部、宣傳部、統戰部、中共人大機關、國務院辦公廳、中共政協機關等中共中央和國家機關新設7家派駐機構。這是一年前中共18屆三中全會早已決議之事，不過偏偏選在這個時間點對外公布，外界認為含義很深。特別是在負責人大的張德江，利用白皮書挑起香港混亂局面以及掌控中共中宣部的劉雲山不斷刪除、修改習近平的講話之後，人大和中宣部被中紀委常年進駐，更令外界關注。

有趣的是，同樣是在12月12日，中央紀委監察部網站發表了一個短消息，說王岐山會見泰國前國會副主席，王透露了北京反腐的一些方法和技巧，「要有靜氣、不颳風……踩著不變步伐，把握力度和節奏。」人們不禁想，打虎是保持怎樣的節奏呢？

除王岐山這番不平常的表態外，習近平也有大動作。

據官媒報導，12月9日至11日，習近平和全體政治局常委在北京開了次中央經濟工作會議。最近大陸經濟狀況很不妙，經濟增長速度實際已跌破7%，人民幣降息，股市如過山車一樣異常起伏，就如同2013年8月16日的光大烏龍指事件，背後人為操控的跡象明顯。

　　外界分析，這波經濟異常現象，極可能是江派人為操控所為。因以江派為主體的既得利益群體，被習的反腐追打得惱羞成怒，他們最希望中國經濟出問題，進而造成社會混亂，以便亂中奪權，將習近平趕下台。就如同此前，江派製造昆明血案等恐怖襲擊事件，造成社會混亂。

　　官方報導還說，12 月 11 日習近平現身江蘇省南京市考察，12 月 13 日，習以國家主席身分出席中共首個南京大屠殺公祭儀式，14 日，習以軍委主席的身分前往南京軍區機關視察，再次強調肅清徐才厚案的「惡劣影響」，被外界認為習這番談話，背後的隱喻極深。

　　南京軍區主管安徽、江蘇、浙江、江西、福建、上海五省一市的共軍事事務，曾與習近平的父親習仲勛的淵源頗深。從 1999 年到 2002 年，習近平一直兼任南京軍區國防動員委員會副主任，南京軍區被稱為習的嫡系部隊。

　　此前的 10 月 30 日，當局在福建古田鎮開共軍政治工作會議，習近平在 31 日出席該會議時首次公開提到徐才厚案，強調要「肅清徐才厚案影響」。

　　習在到訪南京的 4 天前，12 月 10 日，中共軍方《解放軍報》發表了一篇題為《做老實人不做「兩面人」》的文章，把徐才厚定位為「國妖」。

　　南京軍區的管轄區域包括江蘇和上海，前者是江澤民的老家，後者是江澤民的老巢。

　　在中共軍報稱徐才厚是「國妖」之後，習近平到南京軍區再提肅清徐案的影響，被視為矛頭指向徐才厚的後台老闆江澤民的意味明顯。

　　而奇怪的是，官方沒有報導 12 月 12 日習近平在南京做了什麼，但就在 12 月 12 日，中共軍方卻有大動作。

「滅江戰役」前的「誓師大會」

　　12 月 12 日，中共軍媒《中國軍法》報導了 37 軍頭向習近平表態「效忠」的消息。這是 2014 年一年之內，中共軍方至少第 7 次向習表態。這次表態的 37 共軍將領包含中共軍隊最高級別的兩個層級：一級領導層（軍委）和二級領導層（四總部、軍兵種、大軍區、最高軍事學府），換言之，除了習近平之外，中共軍隊第二把手至第三十八把手，集體公開地表態挺第一把手，這在中共歷史上是罕見的。

　　分析稱，軍方如此高頻率的表態，只能說明中南海局勢險惡，內部矛盾尖銳，習必須牢牢掌握軍權，才能坐穩中南海。

　　人們發現，這次將領都以（或同時以）個人名義表態效忠。例如，魏鳳和、張海陽分別是二炮軍、政主官，若在以往兩人聯名撰文即代表二炮，而這次軍方則要求以個人名義表態，外界認為這可能是「軍委主席負責制」將要逐級下伸的一個信號。

　　有分析說，徐才厚、周永康已是死老虎，不需習近平再費太多時間和精力。即使逮捕郭伯雄、曾慶紅之類，也只需中共軍隊像以往的表態形式，部分表態即可。如此全編制、全陣仗、全體共軍將領集中表態，只有對（前）最高領導人動手才有此需要。「這與此說是在效忠，不如說是在兩軍開戰前的動員大會、誓師大會」。

　　「擒拿江澤民的戰役就要打響了！」消息人士如是說。

習藉「反人類罪」警告江派

12月13日，中共舉行南京大屠殺死難者國家公祭儀式，習近平出席該儀式，並在講話中提到「反人類罪」，稱公祭不是要「延續仇恨」。另外，習提到「遠東國際軍事法庭和中國審判戰犯軍事法庭，都對南京大屠殺慘案進行調查並從法律上作出定性和定論」，這是國際社會對「反人類犯罪集團」進行公審的典型案例。

習近平說：「歷史不會因時代變遷而改變，事實也不會因巧舌抵賴而消失。南京大屠殺慘案鐵證如山、不容篡改。」分析認為，習這番話固然是對日本軍國主義勢力的表態，但恐怕也有對其他犯有「反人類罪」的一些人的警告意味。

之前大陸百度百科解禁「江石溪」的一文中曾用到「鐵證如山」一詞。最近百度百科也解禁了「江世俊」（江澤民之生父），在維基百科中直接把「江世俊」的日偽漢奸身分描繪得十分清楚。令外界聯想，習近平提反人類罪，是否是針對江澤民？

從2000年以來，江澤民已在全球30多個國家和地區被起訴，除了酷刑罪之外，江犯下的主要罪名就是反人類罪。自1999年起，江澤民非法鎮壓法輪功學員，並下令活摘法輪功學員器官，因而犯下反人類罪。

習當著張德江的面說：「害怕了吧」

據中共黨媒新華網報導，12月13日習近平出席南京公祭儀式後，走進侵華日軍南京大屠殺遇難同胞紀念館。報導所附照片和圖說顯示江派常委、人大委員長張德江跟隨習近平一起參觀，但正文中未提及張德江。

該文報導，習近平參觀過程中，在南京大屠殺主戰犯谷壽夫被判處死刑的展板前，紀念館館長朱成山向習近平介紹說，谷壽夫臨刑前兩腿發軟。習近平說：「這個傢夥也有怕的時候啊！」在看到「百人斬」兩名戰犯被執行死刑的照片，習近平說：「好，害怕了吧！」

習近平當著張德江的面說「害怕了吧！」，被認為頗有弦外之音，針對的還是張德江的主子江澤民。

據密級史料披露，江世俊1938年參加日偽漢奸組織「和平救國會」，南京淪陷後又供職於「南京臨時維持會」，為侵華日軍效力。1940年3月，汪精衛偽政府在「行政院」下設立了宣傳部，江世俊出任宣傳部副部長兼社論委員會主任委員，主持偽中央政府宣傳部日常工作，替侵華日軍在淪陷區進行法西斯洗腦宣傳活動。

正是由於江世俊的高級漢奸身分，江澤民才得以於1942年進入偽中央大學，並參加了丁默村開辦的偽中央大學青年幹部培訓班第四期培訓，也成為日偽漢奸。

分析認為，這次習近平在南京先提「反人類罪」，說「害怕了吧！」，再去「鎮江」，是以「你懂的」方式向外界釋放要對江澤民下重手的信號。

傳江派南京軍區參謀長楊暉被查

另外在12月12日前後，還發生了幾件與江澤民有關的事。

就在習近平視察南京軍區之際，網上有消息稱，前任總參二部部長、現任南京軍區參謀長楊暉，涉嫌瀆職、貪腐以及徐才厚的問題正接受審查。

據悉，楊暉是江派成員，利用其分管俄羅斯的機會，在江澤民的心腹熊光楷的牽線下與江澤民相識，從此傍上江澤民。在軍中，楊暉與江澤民的另外幾名心腹如由喜貴、賈廷安等稱兄道弟，楊暉和周永康的祕書關係也非常密切。

在薄熙來與周永康落馬之後，當 2014 年 9 月中共軍隊向習近平表態時，楊暉都還隻字不提習近平。有分析說，楊暉之所以敢如此公開挑釁習近平，是因自恃有江澤民等人在背後撐腰。分析表示，習近平在軍隊集體表態效忠下江澤民宣戰，拿下楊暉成為雙方正式交手的第一回合。

習近平要拿土皇帝江澤民的人頭

2013 年 11 月 3 日，中共三中全會前夕，北京天安門發生汽車爆炸案，湖南長沙也爆出至少 5 起機場「詐彈」案，此時，習近平突然出現在湘西「摘柚子」。

據官媒報導，在鳳凰縣廖家橋鎮菖蒲塘村，枝頭掛滿柚子，村民們正在採摘，習近平捧住一個柚子，輕輕一擰就摘了下來。一連摘了兩個，他說：「這是技術活啊。」

有消息稱，習陣營故意把這個細節報導出來，別有用意。湘西歷來出土匪，是江系殘餘勢力的天下，摘下兩個柚子也即要摘下兩個土皇帝的人頭，更宣稱是技術活，寓意很深。

當時薄案審判已結束，中共前政法委書記周永康成為薄案第二季主角。周永康曾掌控中共「第二中央」政法委，被民眾視為「土皇帝」；而江澤民退位後因害怕其一手發動的迫害法輪功罪惡會被清算，一直霸權不放，也被稱為一個真正的「土皇帝」。

2013年12月初，中南海向外界放風稱周永康已經被抓捕。當時引起江派的極度恐慌。2014年1月，江派接連策劃了陳光標紐約逼宮醜劇和「離岸解密」事件，被視為是發出，「要死大家一起死」的信號。

2014年3月1日，江澤民集團又策劃了昆明恐怖襲擊事件，一方面是企圖以殺戮民眾的方式推倒習近平下台，另一方面是想脅迫習近平當局僅以貪腐名義定罪周永康。

3月31日，《大紀元》接獲來自北京的消息，習近平當局計畫以反人類罪、政變，這二項主要罪來起訴周永康。7月29日，周永康被宣布立案審查。12月6日，中共官方通報，周永康被「開除黨籍」並予以逮捕。

《大紀元》獲悉，習近平已經在中共內部提出，建議判處周永康死刑。官方報導中也能看出些許端倪。12月10日，中共《人民日報》發文盤點中共歷史5個高級「叛徒」均被處死，此被視為官方可能以此暗示周的下場和中共歷史上的那些「叛徒」一樣，將判處周永康死刑。

周永康的核心罪行是政變和活摘法輪功學員器官，其背後是江澤民、曾慶紅、羅幹等江派大佬。習近平藉南京大屠殺強調「反人類罪」，也是在暗示，要嚴懲江澤民。

分析認為，12月12日發生了這麼多事，概括地說，習陣營已經在這天對江澤民宣戰，一場逮捕江澤民的好戲馬上就要開演了。

江澤民逼習近平反目成仇

第十三章

習反腐之「頂」
指向江澤民曾慶紅

2015 年 1 月 11 日，中共官媒一篇文章《習近平：反腐不定指標、上不封頂》引起外界的注意：反腐「上不封頂」？在中共前軍委副主席徐才厚和中共前政治局常委周永康落馬之後，徐、周之「上」的「頂」指的是誰呢？種種跡象顯示，江、曾就是習近平口中的反腐之「頂」。

（大紀元合成圖）

第一節

江欲「東山再起」
被習連打三棒

2014 年 12 月底，江澤民在海南島登東山嶺，但相關報導隨後被刪。底圖為 2014 年 12 月 17 日，一座規模不小的「天安門」出現在上海徐匯濱江綠地附近。（新紀元合成圖）

2015 年 1 月 3 日，大陸多家媒體援引海南東山嶺微信公眾號發布的消息稱，88 歲的前中共黨魁江澤民在海南島著名景區東山嶺公開露面，消息稱他一家三代同遊，海南省委書記羅保銘作陪。

報導公布了江澤民說的幾句話：「這麼好的風景名勝，海南要大力宣傳，北京也要大力宣傳，我回北京也為你們宣傳宣傳，以後這山就人山人海了。」

政論家陳破空解讀說，江澤民的意思是：「我在北京仍然有地位，北京那些人（當權者）仍然聽我的，我叫他們宣傳，他們就得宣傳；因為我神通廣大，所以會帶來人山人海。」輕浮、狂妄、霸氣依舊，竟不知今夕是何年！江澤民這番話，足以惹惱習近平。

香港《明報》引述當地人稱，東山嶺雖不高峻，然有山有海，寓意更顯霸氣，人們登臨此地，圖的就是「東山再起」之意。

違反北京規定 網路報導被刪

「新浪」、「搜狐」等門戶網站當天轉發了這則海南地方政府的官方微信，「和訊網」、「鳳凰網」、「騰訊網」也都相繼轉載。不過很快就被刪除了，到晚上11點，「江澤民出遊東山嶺」的消息在大陸網站上全部消失了，江的出遊照片也被刪除。

照片上滿臉老年斑的江澤民，雖然比以前瘦多了，但眼中的凶光並未減少。其中一張是江澤民下山時，在眾人的攙扶下，一副腿軟、生怕跌倒的戰戰兢兢樣。

早在半年前的2014年6月，曾慶紅被習近平內部控制之際，江澤民私下聯絡中共大佬，企圖就曾慶紅案發動反擊，當時習近平公布了「退休常委禁止私下和公開的會面令」。據《前哨》報導，禁令主要包括：「一、退休政治局委員以上所有領導人（包括前總書記），出遊、視察、參觀必須獲得中央辦公廳（即現任領導人）的批准。」「三、出席中央辦公廳批准的上述活動，退休領導人可獲所到地官員的接送和陪同。但原則上官媒不得予以報導，小範圍的網媒報導也不提倡。一切申請監督、懲處事宜，均由中央辦公廳全權負責。」

從此次大陸網站的刪除行動中人們可以猜測，江澤民的東山行沒有得到中共中央辦公廳的批准，而且違反了當局「不予報導」的宣傳原則。很顯然，江澤民此舉也違反了習近平上台之初制定的「習八條」。

江出遊東山暗示「東山再起」

據外界分析，在江澤民老巢上海發生踩踏慘劇、江派馬仔上海市委書記韓正面臨問責的大背景下，在習近平不斷在軍隊、中宣部、外交部等部門進行人事大調整之際，江的東山嶺之行所言所行，都對外傳遞著如下信息：

一、江選中東山，是想要「東山再起」、要與現任當局對決；二、江「要回北京宣傳宣傳」，意思是要回北京大幹一場；三、江借用爬山之舉向外界表示，不僅自己身體尚可，而且依舊有實力大幹一場；四，利用海南省委書記的陪同和地方政府的非正式報導，公開傳遞要另立山頭並且要與北京對立。

習立刻給江三大棒子回擊

面對江澤民傳遞「東山再起」的挑戰信號，儘管第二天是周日，人們還是看到了習近平陣營的回應，不是一個，而是三個。

2015 年 1 月 4 日，官方宣布，被外界稱為周永康心腹的海南省省長蔣定之，被調回江蘇，擔任江蘇省人大副主任的虛職；同一天，江澤民的心腹、南京市委書記楊衛澤突然被宣布落馬，成為 2015 年被調查的第一個副省級官員、中共 18 大以來第 8 個落馬的 18 屆中央候補委員。此前不久楊衛澤還用手機群發信息，為自己落馬傳言闢謠；緊接著，1 月 8 日，江澤民長子江綿恆被卸任中科院上海分院院長。

江澤民為何此時要傳遞「東山再起」的信號，為何習近平立刻就給予反擊呢？尋求這個答案，就需跳出此事件，並回顧在此之前中南海出現的幾件大事。

江澤民與習近平生死搏鬥，也是中共政局的一大主線，《新紀元》周刊和書籍就此問題做了很多報導。以最近的事件來說。2014 年 10 月 1 日的慶祝宴會上，很久未露面的江澤民和其心腹曾慶紅一起出現在酒宴上。當時各方大佬都陰沉著臉，毫無歡慶之色，被百姓稱為「鴻門宴」。

當時《新紀元》周刊分析認為，這可能是江派與習陣營就周永康案達成了協議。就像薄熙來被判無期徒刑一樣，在習近平、王岐山的「打貪腐大老虎」的猛烈攻勢下，江澤民、曾慶紅再度「斷臂求生」，靠拋棄薄熙來、周永康等，換取江、曾自己落馬前的反撲時間和反撲空間。不久人們看到，12 月 5 日深夜，習近平打破江澤民制定的「刑不上常委」的潛規則，正式逮捕周永康，移送司法審判。

12 月 12 日，與江澤民父子關係密切的上海光明食品集團原董事長王宗南被審判，同一天，中共 37 個最高軍頭突然再次集體宣誓對習近平「效忠」，這是軍方 2014 年一年內第 7 次宣誓效忠，中共建政以來從未出現的事。12 日同一天，習近平隱身在南京，為第二天的南京大屠殺公祭準備稿子，公開用日本曾犯下的「反人類罪」，暗示江澤民活摘法輪功學員器官的「反人類罪」。這一天，中紀委的 7 個派駐機構還進駐了中共中央辦公廳、統戰部、人大、政協。《新紀元》報導說，那個軍頭聚會，其實類似於習近平要挑戰江澤民的「誓師大會」，「逮捕江澤民的戰役就要打響了！」

緊接著的 12 月 22 日，胡錦濤的心腹令計劃被查，江派和團派各損一員。《新紀元》解讀說，這是習近平為了消除江派的藉口，平衡左右，目的就是為了更有力的打擊江派。因為此前落馬的 60 多高官幾乎都是江派人馬，被江派攻擊成「選擇性反腐」。

在這樣的大背景下，習近平在其上台後的第二個新年講話中，兩次提及反腐，並強調反腐決心。習表示，2014 年當局加大了反腐敗力度，以零容忍的態度嚴懲腐敗之徒。對於腐敗分子，「發現一個查處一個」，而且在 2015 年要繼續「改革」，並稱「開弓沒有回頭箭，改革關頭勇者勝」。

江澤民迷信風水 以隱喻公開挑釁

人們把江澤民出遊東山，解讀為「東山再起」，有其道理，因為在中共官場上經常用這種隱喻的方式，傳遞晦澀的政治信息。

據悉，江澤民十分迷信，比如他從來不去「鎮江」這個地方，因為怕被鎮住，而上次南京公祭後，習近平偏偏去了鎮江，被視為是有意傳遞「鎮住江澤民」的信號。江澤民提拔張德江，則是因為這對江「有德有利」。另外，江澤民懼怕迫害法輪功死後下地獄，經常在家抄寫《地藏經》，並且找風水師給他看祖墳風水。

據民間傳言，江澤民在其祖籍地——江蘇揚州江灣依水而建了一座非常隱祕的風水局，保安非常嚴密，外人不可進入。其中一部分包括其祖父江石溪的墳墓，整個布局很像北京的國家大劇院，而國家大劇院是江澤民為其姘頭宋祖英而建，都是吸水長運的布局。

2001 年 12 月 13 日正式開工的國家大劇院，耗資 38 億元，其外形就像一個水中「大墳包」，大劇院的入口在地下，人們得通過一條墓道式樣的水下通道才能進入劇院。儘管外界強烈反對在天安門廣場的中心安置這樣一個墳包，讓故宮和大會堂都「開門見墳」，但江澤民依然故我。

建「上海天安門」對抗「北京天安門」

2014 年底，上海出現一個類似北京天安門城樓的建築。12 月 18 日，大陸官媒新華網發表標題為《上海市區現山寨「天安門」》的圖片新聞。報導稱，12 月 17 日，一座規模不小的「天安門」出現在上海徐匯濱江綠地附近。這個「上海天安門」與「北京天安門」很相像，城門兩邊都設有高高的紅色圍牆。據稱，這是某美術館為配合一展覽，花費了 12 天搭建出來的。但未點明具體是上海哪家美術館。

按時間推算，「上海天安門」12 月 17 日建成，花了 12 天時間，那就是從 12 月 5 日或 6 日開始搭建的，這正是周永康被移送司法的日子。分析認為，迷信的江澤民也許想用這大紅的龐然大物為自己清除晦氣，在「沖喜」的同時，也為下一場習江生死鬥做準備。

上海一直是江澤民的老巢和江派勢力大本營，在江澤民離開北京之後，大部分時間都在上海。同時江為保護其上海老巢，在周邊多個城市都布控了自己心腹人馬，如南京市、揚州市等，如今這些地方江澤民的親信不斷落馬，江害怕上海失守，才修建這樣一個堡壘式的紅東西，給自己壯膽，也是給嘍囉們打氣。

當初薄熙來在大連時想升官，風水師就授意他在大連廣場修建了一個類似天安門華表的「大連華表」，而且還比北京的華表高。如今江澤民也是用同樣的手法，想在風水上抗衡習近平。

　　據說，修建這個「上海天安門」的美術館負責人，就是江澤民的親戚、中國美術學院院長、中國美術家協會副主席、浙江省文聯主席許江。此前江澤民曾藉參觀許江的美術展而露面。

　　另外，江澤民喜歡用同音字來傳遞某種信息。就是 2014 年 5 月 14 日，在被習近平內控的前夕，江澤民集團二號人物、久未露面的中共前政治局常委曾慶紅，突然在江澤民兒子江綿恆及上海市委書記韓正的陪同下，選擇參觀了上海「韓天衡美術館」。

　　曾慶紅參觀這個美術館，一方面是為了「闢謠」，表明自己還有露面的資格，另一方面是在給嘍囉們打氣，同時也是在向習近平叫陣，因為「天衡」一詞有三個含義。據時事評論員周曉輝分析，一是天子的威權，二是諸葛亮八陣之一的陣名，三是天象名，因為「韓天衡」的諧音就是「撼天衡」，意思就是撼動天子的威權，很明顯就是公開跟習陣營「叫陣」，要「血戰到底」。

　　12 月 17 日「上海天安門」建成，12 月 18 日官媒做了報導，12 月 19 日中紀委突然傳布查處已經退休的 71 歲上海寶山區原區委書記姜燮富。姜燮富曾長期在城建、房地產領域任職，與江澤民次子江綿康有密切交集。評論認為，上海的天安門不是隨便的一個裝飾品，而且江派別有用心的挑戰書。

江派蔣定之被貶到虛職

　　面對江派新一輪的「東山」挑釁，習近平馬上拿下了江派在海南省的省長蔣定之。

　　現年 60 歲的蔣定之是江蘇溧陽人，被指是周永康的心腹，2000 年 5 月至 2003 年出任周永康老家江蘇省無錫市委書記。蔣定之此前多次傳出涉嫌周永康案被調查的消息。蔣在任無錫市委書記期間，給予周永康的兄弟價值5億人民幣的基建項目，蔣還憑藉老關係，給周永康長子周濱在江蘇土地和銀行貸款方面輸送了巨大的利益。

海南省是江派的主要窩點之一。不但省長蔣定之是周永康的人馬，2014年7月8日被調查、9月30日被雙開的中共海南省原副省長譚力，也屬於周永康一手提拔起來的四川幫；而2014年2月18日被調查的中共海南省副省長冀文林，則是周永康的祕書幫要員。換句話說，習近平陣營早就盯住海南了。

從公開簡歷來看，蔣定之曾長期在江蘇，曾任江蘇省委組織部副部長、江蘇省委常委、副省長等職務。2005年離開江蘇前，蔣已是江蘇省委常委。2010年底轉海南任職，2012年任省長。

不過這次蔣是由一省「一把手」，轉任中共人大的「二把手」，而且官媒報導說，中共江蘇省委組織部長王炯、江蘇省人大常委會常務副主任張衛國等人，還專門從江蘇到海南，去接被貶回江蘇的蔣定之，讓人覺得蹊蹺。

接替蔣定之的劉賜貴公開亮陣

2015年1月4日，官方宣布接替蔣定之的是習近平的心腹、原國家海洋局長劉賜貴。1月5日，新華網發表標題為《自「曝」家門海南代省長：拒絕打我旗號辦事》的報導。文章中劉賜貴主動盤點自己新年幾天的工作日程表時，詳細介紹每天上午、下午身在何處，其中提到2014年12月29日下午中共中央高層跟他談話。他還稱，「任何打著我的旗號辦事的都應該拒絕」。文章表面上是說他的家屬不會打著他的旗號辦事，但被視為內涵很多。

新華社報導中還提到，2014 年 12 月 31 日，海南省官方媒體發布消息，中共中央日前決定：劉賜貴任中共海南省委委員、常委、副書記；中共海南省委決定：劉賜貴任海南省黨組書記。

分析認為新華社在報導中透露的信息是，劉賜貴在 12 月 29 日就知道自己調到海南，也就是說，江澤民去東山嶺的時間，可能是在 12 月 22 日令計劃落馬與 12 月 29 日撤換蔣定之之間，很可能是 24 日聖誕節左右。江看見令計劃終於被江派設計落馬，心裡一高興，就到海南一遊，想「東山再起」了。

令人注意的是，新華網海南頻道曾報導說，1 月 5 日下午，中共海南省委書記羅保銘跟陪蔣定之赴蘇任職的江蘇省委組織部長王炯一行見面，在吹捧江蘇同時，對卸任的蔣定之「充分肯定」。報導列舉參加會見的兩省官員，但接任蔣定之出任海南省委副書記、代省長的劉賜貴未出現在會見名單中。

令人質疑的是，12 月 30 日劉賜貴就被任命了，人也到了海南，按理說「新老交接」，新人一定會到場的，但劉賜貴沒有露面，這似乎說明，劉賜貴與羅保銘、蔣定之不是同一個派系的，劉是習派，而羅、蔣是江派。

江派海南書記羅保銘危險了

人們從官方報導中還看到了一個異樣。根據海南當地媒體「南海網」1 月 4 日的報導，海南省第五屆代表大會常務委員會第 12 次會議在海口召開。會議決定接受蔣定之辭去海南省省長職務。報導還稱，「羅保銘對蔣定之作出高度評價」，蔣定之則回應說：「等閒識得東風面，萬紫千紅總是春」。

值得注意的是，羅保銘還故意提到，在任後期，蔣定之「克服了健康問題」。似有意解釋，蔣的辭職，不是被撤職、調離，而是因病調換職務。江派媒體也放風說，蔣目前在江蘇治病。

但這些說辭被認為只有一個目的：不要讓外界知道蔣定之是被習懲罰而調離的，這也從側面證實了，現任海南省委書記羅保銘也是江派人馬。而羅保銘違反習近平的禁令，未經中共中央辦公廳栗戰書的同意，就私自陪同江澤民出遊，恐會被懲治。不過或許為了穩定海南局勢，習近平不在同一天內同時撤換海南省長和省委書記。

2014 年 7 月 29 日，周永康被立案審查後，全中國 31 省區就周案表態，中共公安部、中石油、政法委、軍方、武警等也都作出了相似表態，支持對周永康的查處，「同中央保持一致」。不過，與眾不同的是，海南省雖然也表態支持懲罰周永康，但在支持信上未提與黨中央「保持一致」。被戲稱，這是全中國唯一一「叛逆」的省份。這也讓羅保銘的江派旗幟更加明顯。

很多人預測，羅保銘很快就會像江派的前雲南省委書記秦光榮一樣，被調任虛職，日後被查處。

南京市委書記楊衛澤應聲落馬

江澤民公示要東山再起，習近平不但清理了參與其中的海南省，還把沒有參與此事、但隸屬江澤民派系的南京市委書記楊衛澤也順勢拉下馬，以此作為對江派的反擊。

2015 年 1 月 4 日晚，江蘇省委常委、南京市委書記楊衛澤落

2015 年 1 月 4 日，中共南京市委書記楊衛澤（左）被公布落馬。2013 年 10 月 17 日與楊衛澤搭班的南京市長季建業（右）被調查，至此，南京成為市長和市委書記雙雙落馬的省會城市。（大紀元資料室）

馬。楊衛澤 2011 年 3 月出任南京市委書記，在這個位置上坐了 3 年 9 個月。

楊衛澤 1999 年任蘇州市委副書記、蘇州市長，2004 年任無錫市委書記，2006 年升任江蘇省委常委，2011 年任南京市委書記。據財新網報導，楊衛澤在周永康的老家無錫當市委書記 6 年半，期間幫周永康重建「故居」及「祖墳」等，被周的二弟公開吹噓為「自己人」。

據可靠消息，楊衛澤和江蘇省委書記羅志軍給周永康的兄弟和妹妹、以及兒子周濱輸送大量利益，目的是在薄熙來奪權後，周永康承諾羅志軍任中共公安部長。當時報導稱，楊衛澤和羅志軍都被調查中。2014 年 9 月，多家海外媒體報導，楊衛澤涉及嚴重腐敗，曾向周永康輸送美女主播。

1 月 4 日，就在楊衛澤落馬的當天，網路及媒體熱傳中共無錫市新區宣傳部長余敏燕被帶走調查。據傳，這名 80 後美女部長是楊衛澤的情婦，兩人同居多年，並育有一女。4 日當天，楊衛澤的妻子和祕書也被帶走調查。

南京出現「塌方式腐敗」

在楊衛澤落馬的同時，有消息稱，先前已盛傳南京政協主席沈健被立案調查。據海外茉莉花網站的報導，中共江蘇省委書記羅志軍的心腹、南京市政協主席沈健已被立案調查。

沈健從 2013 年 1 月開始擔任南京市政協主席，曾長期擔任羅志軍的祕書長，羅志軍曾任南京市長、南京市委書記，沈健則隨其任南京市政府祕書長、辦公廳主任，南京市委祕書長、辦公廳主任。

在過去一年多的時間裡，南京市已經有多名官員落馬。一年多前的 2013 年 10 月 17 日，與楊衛澤搭班的時任南京市長季建業被宣布接受調查，此次楊衛澤落馬，南京成為市長和市委書記雙雙落馬的省會城市，有媒體說，南京成為中共 18 大以來的反腐風暴又一個「風暴眼」，面臨山西那樣的「塌方式」腐敗。

季建業是中共前黨魁江澤民的心腹馬仔，曾在江澤民老家揚州市任職長達 8 年，被稱為江澤民的「揚州大管家」。季建業於 2013 年 10 月 16 日被宣布「雙規」，2014 年 1 月 30 日被移送司法機關處理，12 月 17 日被提起公訴。

在季建業被雙規到被公訴的這一年多時間裡，南京還有 3 名區委書記落馬或被免職。他們是：2014 年 6 月 18 日，六合區委書記、南京化工園區黨工委書記婁學全遭免職。9 月 18 日，剛滿 50 歲的婁學全在家中自縊身亡；2014 年 8 月 18 日，溧水區委書記姜明被查；2014 年 9 月 13 日，南京市委常委、建鄴區委書記馮亞軍被查。

2015 年 1 月 4 日，澎湃新聞以《楊衛澤落馬前哪些南京官員已經「進」去了》為題報導說，馮亞軍、姜明、婁學全均是 2011 年 6 月後擔任所在區區委書記的，彼時楊衛澤履新南京市委書記 3 個月，馮亞軍、姜明、婁學全都可以被視為楊衛澤和季建業提拔起來的。

馮亞軍突然落馬 與暗殺習近平有關

在這三人中，值得一提的是南京市委常委、建鄴區委書記馮亞軍。2014 年 9 月 13 日傍晚，馮亞軍被突然宣布落馬。據知情人士透露，馮亞軍是在當天下午開會會場上被紀檢人員帶走，事先沒有任何徵兆。

馮亞軍此前長期擔任南京市青奧會領導小組成員，並任組委常務副祕書長。從他落馬的時間來看，印證了此前《新紀元》有關習近平到南京青奧會擔心被暗算的消息。

2010 年 2 月南京青奧會申請成功。按國際慣例，國家元首要出席青奧會開幕式。2014 年 8 月 16 日晚間，習近平及妻子彭麗媛出席了開幕式。在薄熙來受審之前，坊間已經在傳，江派有計畫利用這次青奧會對習採取不利舉動，因為南京軍區參謀長楊暉涉嫌與徐才厚一起組建私家軍，意圖對中南海不利。

那次南京青奧會，人們看到很多異常。比如，南京市長季建業沒有按照國際慣例，擔任青奧會主席，一直被認為周永康心腹的江蘇省委書記羅志軍，也罕見沒有陪同習近平出席開幕式，而跟習寸步不離的是中共軍委委員、總參謀長房峰輝。習近平也沒有按照慣例，順便到江蘇視察，而是直來直去，快速離開了南京。

在李克強出席的閉幕式上也是如此，不過由於有外事安排，陪同李克強的不是房峰輝，而是中共軍委委員、總政治部主任張陽。

分析認為，在開幕式之前，習近平陣營或許已發覺南京有問題，但為了讓青奧會順利進行，習隱忍不發，只是加強自身防範，一旦會議結束後，參與其中的青奧會領導小組成員馮亞軍就應聲落馬。

江綿恆卸任中科院上海分院院長

等到了 1 月 8 日，大陸中國科學院上海分院網站發布人事變動消息，江綿恆被撤職，不再擔任中科院上海分院院長職務。

報導說，1 月 6 日上午，上海分院突然召開幹部調整宣布大會，中科院人事局局長李和風宣布朱志遠任中科院上海分院院長，江綿恆「因年齡關係」不再擔任此職務。

官方沒有提及江綿恆的年齡，但公開資料顯示，江綿恆於 1951 年 4 月出生在上海，也就是說，2015 年 1 月江綿恆才 63 歲多，還有一年多時間才到法定的 65 歲普通人退休年齡。作為教授級專家，中共一般允許到 70 歲退休。

官方簡歷還說，「江綿恆……現為上海科技大學校長。並擔任中國網路通信有限公司（CNC）、上海汽車工業（集團）總公司、上海機場集團公司等董事會成員。」也就是說，現在江綿恆唯一的正式工作頭銜就是上海科技大學校長。

該大學名字聽起來很大，不過只是 2013 年 9 月 30 日才被中共教育部批准成立的新學校。2014 年 2 月《人民日報》稱其當年本科計畫招生 200 人。而在 2013 年，江綿恆利讓中科院上海分院與上海科技大學聯合招生了 300 名碩士生。

1 月 8 日晚 8 時 40 分，具有習近平陣營背景的財新網報導了江綿恆卸任的消息，同時人們還看到十餘條網民跟帖：「老的想東山再起，小的卻栽下了。」「小老虎他爸，你懂的！」「這是第一步棋。靜看下回分解。」

不過有消息說，三個月前的 2014 年 10 月，當在中紀委進駐上海後不到一個月，江綿恆不再擔任此職的通知已在內部流傳。

據《前哨》2014 年 10 月刊報導，2014 年 7 月 30 日周永康被宣布立案調查的第二天，中紀委巡視組進駐江澤民的老巢上海。實際當時已有重磅人物出狀況了，他就是江澤民長子江綿恆。

有人分析，假如江澤民一家三代不去「東山再起」，江綿恆這個中科院上海分院院長的頭銜至少還會在表面上多挺一段時間。

從 2015 年開局前幾天這一系列紛繁複雜的變故中，很多人預測，「接下來還有好戲看」。

第二節

習反腐之頂指向江曾

2015 年 1 月 11 日，中共官黨媒新華網在首頁頭條以標題《習近平：反腐不定指標、上不封頂》報導了習近平自中共 18 大以來關於反腐的言論摘登，報導稱許多內容是首次公開發表。「上不封頂」言論來自習近平 2014 年 10 月 23 日在四中全會二次會議上的講話，當時周永康、徐才厚已經落馬。

該報導被大陸媒體紛紛轉載，標題中均突出「上不封頂」字樣。報導引起海內外反響，人們紛紛猜測：習近平提到的反腐之「頂」，到底是指誰呢？

1 月 12 日，新華網發出評論文章《反腐敗「不定指標、上不封頂」警示了誰》，文章先泛泛地說，這句話表明反腐敗註定是一場你死我活的「拉鋸戰」，最後點撥說，「不定指標、上不封頂」是一種信號，對那些有非分之想的人，特別是正在醞釀重出江湖的蠢蠢欲動的「老虎」、「蒼蠅」，將形成強大震懾。其中的「重出江湖」，讓外界找到了揭開反腐之「頂」對應者真實面紗的一點蛛絲馬跡。

就在 1 月 3 日，大陸多家媒體援引「海南東山嶺」的微信帳號信息稱，江澤民一家三代同遊海南東山嶺。當天轉載這條消息的大陸門戶網站又全部刪除該消息。而江澤民遊東山嶺被外界視為其欲「東山再起」。

時政評論員夏小強認為，新華網的這篇評論非常犀利。文章所稱「特別是正在醞釀重出江湖的蠢蠢欲動的『老虎』」，就差直接點出江澤民的名字了。因為此前江澤民在海南登東山，已經明確放出「東山再起」信息，這篇文章用「重出江湖」來對應江澤民的「東山再起」。

此前，2014 年 6 月 30 日，中共前軍委副主席徐才厚被「開除黨籍」並移交軍事檢察機關。2014 年 7 月 29 日，中共前政治局常委、前政法委書記周永康被立案審查。徐才厚是江澤民的「軍中最愛」，屬軍中「大老虎」；周永康則是「維穩沙皇」，是正國級「大老虎」。這兩者的貪腐內幕都足以駭人聽聞：前者家族據傳在香港洗錢百億港元；後者家族貪污金額高達近千億元人民幣。

習近平在徐才厚和周永康落馬之後，在四中全會上提出反腐「上不封頂」，指向更大「老虎」的意味明顯。按照新華網評論的分析，反腐之「頂」的「大老虎」，其中一隻就是江澤民。

分析認為，江澤民不學無術，無德無才，如果只是江澤民在搞陰謀詭計，那還不足以對習近平構成致命的威脅。但是，江澤民背後的「狗頭軍師」、江澤民集團的第二號人物曾慶紅卻老奸巨猾、詭計多端而又手段陰毒。所謂「狼狽為奸」，無疑，曾慶紅也是「頂」頭「大老虎」江澤民身邊的一隻「大老虎」。

除了上面的分析外，近期發生的諸多事件也表明，江澤民和曾慶紅是習近平口中的反腐之「頂」。

電信運營商被北郵教授炮轟

在 1 月 11 日召開的「第 14 屆北郵工商管理新年論壇」上，北京郵電大學教授闞凱力表示，隨著智慧手機和移動互聯網的普及，真正為消費者服務的是互聯網，電信網路已經沒有客戶，電信業僅僅是一個互聯網的基礎設施。他認為，既然電信網路主要是用來做互聯網使用，電信業應該成為公用事業管理，它應該是免費的。電信網路和城市道路一樣，應該由國家稅收支持，然後免費的向全體公民提供服務。

闞凱力建議三大運營商從資本市場上退市。他說，運營商利用資本市場進行資本積累的任務已完成，應該退市了，換句話說就是像自來水公司，自來水公司全世界沒有上市的吧。他更表示，作為基礎公共設施，若不能做到不收費，但至少應禁止盈利。

中國電信行業長期以來由江澤民家族控制，成為江家「錢庫」。江澤民的長子江綿恆更有「電信大王」稱號，其「電信王國」包括中國網通、中國聯通和中國移動。最近，這個行業的醜聞被中共官媒頻繁曝光。2014 年 12 月 12 日，中共官媒新華網刊登了一篇其記者遭遇中國聯通「連環坑」的經歷，稱中國聯通「騙你隱私再黑錢」。

12 月 9 日，中共多家官媒也報導了電信運營商移動、聯通、電信因長期的壟斷地位使其扣費有「貓膩」、存在霸王條款等，用戶一不小心就會掉進「坑」裡。

12月6日，中共央視新聞報導，中國移動亂收費用現象嚴重，移動用戶被一些莫名其妙的服務項目稀裡糊塗扣錢。報導稱，電信運營商利用壟斷優勢，用層出不窮的霸王條款、語焉不詳的各種計費，對行動電話用戶的權益肆意侵害，消費者的錢在不知不覺中轉到電信運營商口袋中，被民眾斥為「搶劫」。

江澤民兒子江綿恆被突然免職

1月8日，中科院上海分院網站報導稱，1月6日上午召開了人事調整宣布大會，中科院人事局局長李和風宣布朱志遠任中科院上海分院院長。中科院副院長詹文龍同時在會上宣布，江綿恆是「因年齡原因」不再擔任中科院上海分院院長職務。

1月8日晚間20時40分，大陸財新網以標題《江綿恆卸任中科院上海分院院長》援引中科院上海分院網站的消息報導，並附上江綿恆的不完整簡歷，其中未提江綿恆的年齡。

外界似乎都認為這消息不單純，網上也紛紛計算江綿恆的真實年齡。上海的胡先生表示：「因年齡原因」，多大年齡可作為免職的原因，是某人某組織為某人特別規定的，還是對任何人都適用的？江綿恆1951年出生，現在剛剛63歲。

據公開資料顯示朱志遠1959年10月生，現任中國科學院上海分院常務副院長。去年2月21日，江綿恆、朱志遠分別任上海科技大學校長和書記。

北京時政觀察員華頗向《大紀元》表示，江綿恆不再擔任中科院上海分院的職務是習近平的一種反擊。他說：「江澤民一家三代去海南高調旅遊，自己發消息，指手畫腳。我想習近平是以這種方式懲戒一下江家，讓江綿恆從中科院退休，把他職務解除了，因此江澤民也是吃了啞巴虧。」

「習近平藉此告訴江澤民，現在是誰的天下，你已經過氣了，你還指手畫腳幹什麼。讓你不要露面，你還露面，那就要付出代價。直接的結果就是：江家大本營的南京市委書記楊衛澤突然被落馬，這還不算，現在江的大兒子再被去除職務，這就是習近平一種反擊。」

傳江澤民妻侄王榮被調離深圳

中共官媒報導，中共總理李克強1月4日、5日接連兩天考察深圳。

據《南方都市報》報導，1月7日，廣東省委書記胡春華主持召開省委常委會議，傳達習近平要求深圳「進一步開動腦筋」、「大膽探索」云云。

據香港《蘋果日報》報導，李克強視察深圳後，深圳市即出現人事變動。新浪微博流傳深圳市書記王榮8日結束在深圳的職務，9日將離開深圳，調任安徽省。有網民於微博稱，王榮目前正在五洲賓館辦理交接手續。有傳接任其職務者，是陝西省委宣傳部部長景俊海。

早在王榮任無錫、蘇州市委書記期間，外界就盛傳王榮是江澤民妻子王冶坪的侄子。深圳市是江派重要窩點，江澤民姘頭黃麗滿等人曾長期盤據深圳。汪洋任職廣東省委書記時處置大批江派廣東幫、政法委高官，並延燒前深圳市委書記黃麗滿。2009年

6月，江澤民急調王榮「空降」深圳，王榮上任後不久就宣布「大赦涉案高官」，對峙汪洋意味濃。

江澤民的揚州「大管家」將受審

　　山東省煙台市中級法院官方微博 1 月 12 日公布，煙台中院定於 1 月 16 日公開開庭審理前南京市長季建業受賄案。

　　季建業 2013 年 10 月 16 日被「雙規」，3 天後遭免職；2014 年除夕被宣布開除黨籍、移送司法機關處理；2014 年 2 月 7 日，季建業被立案偵查並採取強制措施。

　　檢察院起訴書稱，季建業在擔任江蘇省蘇州市、昆山市、揚州市、南京市的黨政要職期間，「為他人謀取利益，非法收受他人巨額財物」。從 1990 年 10 月至 2013 年 10 月這段期間，從蘇州到南京，季建業一路腐敗。因為南京在季建業任上，整座城市成了一個大工地，他本人也被南京市民送上「季挖挖」、「推土機市長」、「砍樹市長」等綽號。

　　季建業是江澤民的心腹，受江澤民提拔一路高升，在江澤民老家揚州任市長、書記達 8 年，被稱為江澤民在揚州的「大管家」。2005 年，江澤民「全退」後第一次返鄉時，季建業陪在江身邊鞍前馬後伺候。2010 年 1 月，季建業升任南京市長。

江祕書賈廷安被曝與王守業勾結

　　日前，中共原總後勤部基建營房部部長張金昌在 2015 年第一期的《炎黃春秋》上撰寫萬言長文，首度詳細披露已經落馬的原中共海軍副司令員王守業黑幕，暗指王當年能當上總後基建營房部部長，是依靠河南老鄉、時任中共中央軍委辦公廳主任賈廷安。賈廷安長期擔任原中共中央軍委主席江澤民祕書，如今為總政治部副主任。

文章稱，王守業利用工作之便經常投機鑽營，在參加軍委常務會議討論營房有關議題時，利用拉老鄉關係接近和拉攏中央軍委領導的祕書 XXX，從吃請開始，禮尚往來，然後打得火熱，親如兄弟。4 個月後，XXX 祕書竟以中央軍委領導辦公室的名義正式打電話給總後高層，要報王守業為營房部部長。1996 年 1 月，軍委正式任命王守業為總後基建營房部部長。

張金昌後來在一次與退下來的總後高層交談時，張當面問過：「當時我向你多次彙報過王守業道德敗壞、品質惡劣的問題，為什麼他還能當部長？」他說：「你不知道，當時 X 辦打了電話的。」張說：「不就是 XXX 祕書打的電話嗎？」他說：「他的電話當然是代表 X 辦的。」據海外的報導，文章中的祕書 XXX，就是賈廷安。X 辦指的是江辦。

《炎黃春秋》發表了這篇文章後，原文被刪除，但消息已經被大量海內外媒體轉載報導。

曾慶紅被中南海瞄準

香港《南華早報》1 月 12 日引述消息人士的話稱，中共國安部副部長馬建已被「雙規」，他的幾個親屬也遭到調查。

報導稱，馬建有 30 年中共國安部門工作經驗，2006 年升任副部長。而北京知情人士向海外媒體透露，馬建曾負責中共國安部第十局，監控駐外機構人員、留學生，偵查所謂境外「反動組織」的活動。

報導稱，馬建在國際情報圈子廣為人知，一旦證實其落馬，勢必引起轟動。中共現行國安系統是在江澤民時代形成。曾慶紅主管中共國安系統，廣植羽翼。

學者何清漣發推文分析稱，國安部常務副部長馬建是 30 多年的老國安，是曾慶紅的馬前卒。

據日本《朝日新聞》1 月 13 日報導，中共當局將反腐擴大至和官員走得較近的文藝圈人員。報導引述北京外交人士消息稱，中紀委最近已經擴大了調查範圍，將著名書法家和音樂家等文藝圈人士劃入了調查對象。原因是這些人士利用和喜愛收藏字畫的高官的私人關係，為行賄商人和官員提供了方便。

2014 年 5 月 15 日，據香港媒體和大陸一些門戶網站報導，長時間未公開露面的中共政治局前常委、前國家副主席曾慶紅，5 月 14 日上午現身上海嘉定區的韓天衡美術館，並與篆刻家韓天衡合照。從新聞配發的合影照片上看，當時上海市委書記韓正和江綿恆也伴隨左右。

分析認為，中共當局將反腐範圍擴大到文藝圈，或許會涉及到韓天衡，進而牽出曾慶紅。此外，大陸影星梅婷近期再被「翻舊帳」，也被視為意有所指。

2014 年 12 月，海外《匯報》雜誌報導，梅婷與周永康的兒子周濱和管家吳兵有緊密關係，她所投資的公司及影視作品等背後均有周濱妻子黃婉、岳母詹敏利、周家「白手套」吳兵等人的影子，且有消息稱梅婷曾與吳兵同居兩年。此前梅婷曾透過經理人否認與周家關係密切。

港媒曾報導，梅婷曾為曾慶紅的胞弟曾慶淮的情婦。消息稱，曾慶淮幾乎會參加所有梅婷主演的影視片新聞發布會，梅婷曾為近 70 歲的曾慶淮懷孕並生下了小孩。

中共文化界的幕後大佬是已失蹤多時的曾慶紅的胞弟曾慶淮，其被安插在文化部為江派服務。曾慶淮曾是中共文化部特別巡視員，為中共文藝圈的幕後掌權者。

據港媒報導，曾慶淮在文化部負責文藝演出，成立北京歌華有限公司，上市圈錢數億，壟斷全北京的有線電視接入服務，每年僅這一項就幾千萬，之後又開辦歌華寬帶網路服務公司，又每年獲利幾千萬。

同時，曾慶淮在文化部利用管文藝演出的便利，大肆玩弄文藝界女星，編織出一張巨大的貪腐淫亂關係網，涉許多大案要案。

曾慶淮還捲入了薄熙來案，支持重慶的「唱紅打黑」，親自策劃了江澤民情婦宋祖英 2011 年 10 月在重慶舉辦的大型音樂會，並從中撈取好處。

港媒《前哨》雜誌曾報導，接近中紀委消息人士告知：江派第二號人物曾慶紅一再阻撓習近平法辦周永康，阻擋中紀委反腐，因此中南海的部分反腐行動瞄準了曾慶紅。

此前，有陸媒曾總結中共高官落馬的路線圖，分為五個階段，分別是：外圍布局；親信下台；宣布被「組織」調查；真假消息紛出；宣布移交司法。從現在的情況來看，江澤民已經身處這個落馬「套路」之中，介於親信下台和宣布被「組織」調查的中間階段。曾慶紅則處於親信下台的前期階段。

中國大變動系列 **032**

江澤民逼習近平反目成仇

作者：王淨文、季達。**執行編輯**：張淑華 / 黃采文 / 韋拓。**美術編輯**：吳姿瑤。**出版**：
新紀元周刊出版社有限公司。**地址**：香港荃灣白田壩街5-21號嘉力工業中心B座3樓25。
電話：886-2-2949-3258 (台灣) 852-2730-2380 (香港)。**傳真**：886-2-2949-3250 (台灣) /
852-2399-0060 (香港)。**Email**:mag_service@epochtimes.com。**網址**：www.epochweekly.com
。**香港發行**：田園書屋。**地址**：九龍旺角西洋菜街56號2樓。**電話**：852-2394-8863。**台灣**
發行：高見文化行銷股份有限公司。**地址**：新北市樹林區佳園路二段70-1號。**電話**：
886-2-2668-9005。**規格**：21cm×14.8cm。**國際書號**：ISBN978-988-13131-9-5。**定價**：
HK$128 / NT$450。**出版日期**：2015年4月。

新紀元
NEW EPOCH WEEKLY